일제고사를 넘어서

초판 1쇄 인쇄   2011년 7월 02일
초판 1쇄 발행   2011년 7월 12일

지은이   한국교육연구네트워크
펴낸이   김승희
펴낸곳   도서출판 살림터

기획   정광일
디자인   썸앤준
일러스트   이태수
필름출력   딕스
인쇄 · 제본   (주)현문
종이   월드페이퍼(주)

주소   서울시 마포구 서교동 395-27
전화   02-3141-6553
팩스   02-3141-6555
출판등록   2008년 3월 18일 제313-1990-12호
이메일   gwang80@hanmail.net

ISBN   978-89-94445-11-3 (03370)

일제고사를 넘어서

변별을 위한 평가에서 교육을 위한 평가로!

한국교육연구네트워크 엮음

머리말

이 책은 한국교육연구네트워크 부설 교육정책연구소 주관으로 한국 교육의 주요 문제들을 고찰하기 위한 총서 시리즈 중 두 번째 책이다. 이 책에서는 일제고사의 문제를 교육학적 관점에서 평가적 국가관, 외국의 사례 그리고 교사의 전문성 측면에서 고찰하였으며(제1부), 한국의 사회현상과 관련시켜 일제고사를 반대하는 이유와 그 해악성을 검토하고(제2부), 일제고사의 문제점 해결을 위한 외국의 사례와 새로운 평가의 패러다임 그리고 성적 표기 방식까지를 포함하는 대안과 과제(제3부)를 제시하고 있다.

최근 학업성취도평가를 모든 학생에게 일제히 실시하는 검사(이른바 일제고사)는 평가 전문가는 물론 일선 학교에서조차 많은 논란이 되고 있다. 그 논란의 핵심은 평가에 대한 기본 시각(평가관)에서부터 평가(일제고사)의 목적, 방법 그리고 그 결과의 활용 등 평가 전반에 걸쳐 있다.

모든 학업성취도평가는 근본적으로 인본주의적 입장에 기반을 둔 학생 중심의 평가관을 확립한다는 전제에서 출발해야 한다. 이러한 관점에서 본다면 현재의 평가는 '학생 대상'의 평가일 뿐 '학생 중심'의 평가가 아니다. 또한 개인의 가능성에 대한 기준이 평가의 핵심 활동으로 되지 못하고 개인의 상대적 위치 파악이 핵심 활동으로 되어 있다. 이처럼 학업성취도평가가 학생의 상대적 위치를 판단해 학생을 '규정'하고 심판하는 것이 될 때, 평가 활동은 수단이 아닌 목적으로 전락해버리고 말 것이며 그것은 근원적으로 학생 중심의 인본주의적 입장을 부정하게 된다. 학교교육이 오로지 더 좋은 상급 학교를 가기 위한, 더 좋은 등위를 얻기 위한 것이 될 때, 그에 따른 평가 활동은 본질적으로 교육을 망치고 인간의 전인적 발달을 저해하는 요소가 될 수밖에 없다. 극단적으로 보면 평가 활동이 상대적 우열을 가려 '심판'과 '규정'을 하는 기능만을 갖는다면 그것은 학생들의 불안을 증대시키고 자아를 손상하게 만들어 가장 근원적인 교육 목적을 저해하는 요소가 될 것이 자명하다. 또한 일제고사를 통한 지필검사 위주의 학업성취도평가가 과연 교육의 질을 향상시킬 수 있는가 하는 것은 "일제고사 정책"을 평가하는 가장 중요한 질문이라고 할 수 있다.

학업성취도평가를 통해 학교교육의 질을 높이기 위해서는 수업과 학습 방법의 개선, 교육과정의 개선, 그리고 학생 지도에 관련된 정보를 얻어야 하는 것이 필수적이다. 즉, 일제고사를 통한 학업성취도평가는 교육 상황을 개선하는 데 기여하고 학생들의 학습을 지원하기 위한 것이라고 할 수 있다. 따라서 일제고사로 평가를 제대로 하기 위해서는 학생에 대한 것만이 아니라 (어떻게 보면 학생을 지원하기 위해서는) 교육과정을 포함하는 교육 상황을 개선하는 데 필요한 자료를 얻어야 한다. 학생의 학업 성취 과정, 학생들의 수업 태도, 학생들 간의 인간관계, 학업 결과에 대한 극심한 경쟁의식 등 학생들이 갖고 있는 문제의식에서 출발해서 학생들을 지원consulting해주는 방향으로 평가가 이루어져야 한다.

이러한 문제의식은 현존하는 상태가 변화하기를 요구한다. 교사는 전통적으로 체제 유지와 현실의 안정을 희구하는 경향이 강하다. 이에 반해 학생은 변화와 혁신을 요구하는 진보적 성향을 지니고 있다. 일제고사를 통한 학업성취도평가는 기본적으로 그 중심에 학생을 놓고 학생을 지원하는 쪽으로 평가의 방향이 설정되어야 한다. 교육제도나 정책, 학교 행정의 편의성 등이 평가의 중핵적인 역할을 해서는 안 된다. 평가는 학생과 학부모 그리고 교사에게 도움을 주는 방향으로 이루어져야 한다. 이것은 기본적으로 인본 주의적 입장에서 일제고사에 의한 평가의 철학이 정립되어야 함을 의미한다.

학업성취도평가가 학생에게 도움이 되는 것보다 해가 되지 않아야 한다는 것은 가장 기초적이면서도 중요한 입장이라고 할 수 있다. 왜냐하면 학생을 우선순위에 놓는 학업성취도평가가 이루어지려면 현재의 학업성취도평가는 변화되거나 폐기되어야 하기 때문이다.

흔히 학교교육에서 교사의 가장 중요한 두 가지 역할을 말한다면 가르치는 일(수업권)과 평가하는 일(평가권)이라고 할 수 있다. 또한 이 두 가지는 교사가 '전문가'라고 평가받을 수 있는 핵심적 활동이다. 이러한 전문적 활동은 '자율성'을 전제로 하지 않으면 안 된다.

학생 평가(학업성취도평가이건 더 넓은 의미의 평가이건 간에)에서의 자율성이란 평가 주체자인 교사가 어떠한 외부의 지시, 간섭, 요구를 배제하고 독자적인 도덕적 준거와 전문적 판단에 따라 학생을 평가하며, 평가의 결과에 대해서도 응분의 책임을 지는 것을 말한다. 흔히 교직을 전문직이라고 주장한다. 그러나 학교 현장에서의 전문성 제고를 위한 노력이나 기회는 제도적으로 제한되어 있다. 대개 전문성 제고 노력은 개인적으로 성취해야 할 일로 치부되어 왔다. 학생 평가의 전문성은 교사로 하여금 교육 목표, 구조, 과정, 결과 등 모든 영역에서 종합적이고 광범위한 관찰과 반성의 기회를 제공하는 데에서 출발해야 한다. 엄밀하게 말하면, 학생 평가가 제대로 되기 위해서는 교사의 평가권 확보가 전제되어야 한다는 의미이다.

전문성이란 자율의 전제 없이 성립할 수 없고, 자율 없이는 다양성이 존재하지 않으며, 다양성 확보 없이 전문성이 발휘되지는 않는다. 지금까지 수행하고 있는 일제고사식 교과별 평가는 수준 높은 전문적 수업을 하고 이를 평가하려는 것을 방해할 뿐 아니라 독창적인 수업에 따른 다양한 평가 방식을 저해하는 요소로 작용하고 있다. 따라서 "자신이 가르치는 아이는 자신이 평가한다"는 원칙을 살려 교사에게 평가 자율권을 부여하고 이것으로 인해 획일적인 교육을 다양성 있는 교육으로 선도하는 역할을 할 수 있도록 해야 할 것이다(대학에서는 이 원칙이 지켜지고 있음에 유의할 필요가 있다). 물론 이를 위해서는 교사의 평가권에 대한 책임도 분명히 해야 하고, 평가의 절차와 질에 대한 투명한 장치도 마련되어야 할 것이다.

이 책에서 제시하는 "일제고사식 평가"의 평가가 비록 평가의 모든 문제를 완벽하게 다루고 있지는 않다 하더라도, "일제고사식 평가"에 대한 문제의식은 매우 분명하고, 현존하는 일제고사의 문제를 해결해 나가기 위한 방향타의 역할을 충분히 할 수 있으리라고 확신한다.

2011년 여름
한국교육연구네트워크 이사장 박도순

편집위원장 성열관
편집위원 김석규
배희철
서경원
손지희
양성관

차례

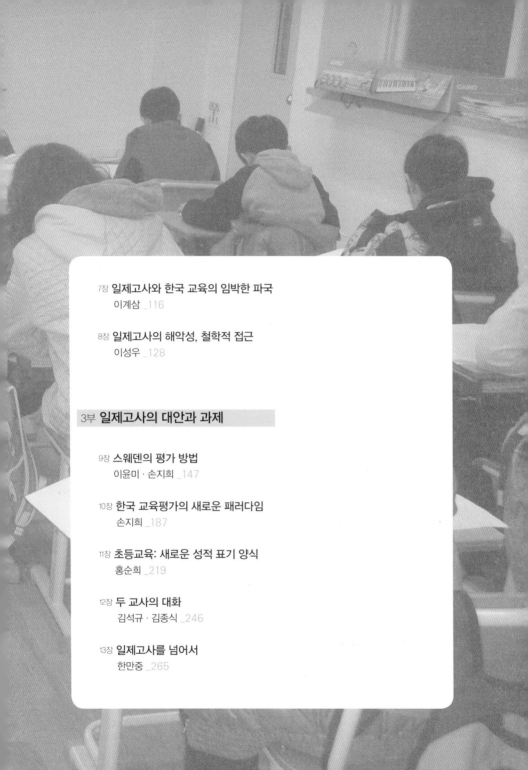

1부

일제고사,
교육학적 관점으로 보기

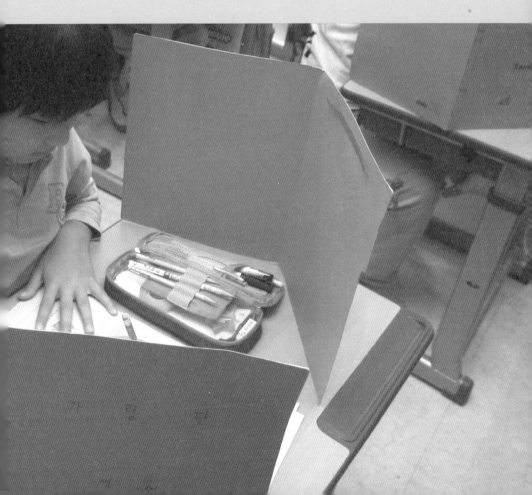

1장

평가적 국가관과 일제고사, 그리고 대안[1]

성열관[2]

이 글은 그동안 표집으로 실시되어 오던 전국 수준 학업성취도평가를 일제식으로 실시하고 그 결과를 등급별 비율로 공시하는 정책을 이론적으로 고찰해본 것이다. 또한 시험과 정보공개를 강조하는 우리의 교육정책의 본질을 밝히고 이것이 교육에 미칠 영향을 예측해 학교교육의 정상화에 부합하는 평가의 방향을 도출하려고 한다.

이러한 목적을 염두에 두고 일제식 전수평가와 그 결과를 공시하는 정책의 근간이 되고 있는 '평가적 국가'(evaluate state)의 개념에 대해 살펴보려고 한다. 그런 다음 우리나라의 '시험+공시' 아이디어가 미국의 NCLB(No Child Left Behind)법안 —평가적 국가를 가능하게 하는 정책으로서— 을 차용한 것에 지나지 않음에 대해 설명할 것이다. 이 과정에서 문화적 차이를 고려하지 않은 일방적인 정책 차용이 발생시킬 수 있는 예상 가능한 문제들을 정리해볼 것이다. 마지막으로 정책 차용의 비맥락성을 극복하고, 교육과정이 정상적으로 운영되기 위해 설정해야 하고 또 반드시 지켜야 할 평가의 방향을 도출하려고 한다.

이러한 작업에 앞서 과연 현 정부가 인식하고 있는 '시험+공시' 정책은 무엇이고 그것이 왜 필요하고 중요한지에 대한 교과부의 주장을 있는 그대로 살펴볼 필요가 있다. 다음은 교과부가 2008년 8월에 밝힌 이 정책을 요약해 정리한 것이다.

1 이 글은 〈교육비평〉 25호(2009년)에 실린 필자의 "'시험+공시'정책 비판"이란 글을 보완한 것이다.
2 경희대학교에서 교육과정 및 교육평가, 지구시민교육, 교육의 사회학 등을 강의하고 있다.

1. 개별 단위 학교별로 학부모 및 국민들이 관심이 높은 정보를 공시: 초·
중·고등학교의 학업성취도평가 결과를 3등급으로 공시(2010년 평가부터)
하며, 초·중·고의 폭력 발생 및 처리 현황, 학교급식 현황 등, 전문대학·대
학의 취업률, 장학금, 연구 실적, 신입생 충원 현황 등 학부모들이 궁금해
하는 사항들을 2008년 12월부터 개별 학교 홈페이지를 통해 공개.

2. 학업성취도평가 결과 3등급 비율을 2010년 평가부터 공시: 공시의 대상
이 되는 평가는 신뢰성과 타당성이 담보되고, 매년 평가 간 비교가 가능
하도록 '동등화' 작업이 이루어진 평가로 엄격하게 제한하기로 했으며, 이
에 따라 매년 10월, 초6·중3·고1을 대상으로 5개 교과(국어, 사회, 수학, 과
학, 영어)를 제시했고(2008.8), 2008년 10월 14~15일에 걸쳐 시험 실시, 현재
는 교과목에 대해 일부 조정 논의 중. 공시는 개별 학교별 3등급(보통학력
이상, 기초학력, 기초학력 미달)에 속하는 학생 비율이 그 대상.

3. 기초학력 미달 학생들에 대한 정부 지원 강화: 기초학력 미달 학생 비율
을 고려한 추가 재원 배정, 우수 교사 배치, 학습 자료 제작 배포, 전년 대
비 향상도에서 탁월한 성과를 보인 학교들에 대한 보상

교육과학기술부(이하 교과부로 통일함)는 '학교 정보 투명화로 공교육을 지
원'하겠다는 타이틀로 정보공개 시행령 안에 대한 보도자료를 2008년 8월
7일에 발표했다. 이를 통해 알 수 있는 것은 첫째, 일제식 전수조사 시험이
그 자체의 타당성보다는 학교 정보공개에 종속된 정책 수단이라는 사실이
다. 둘째, 학교 정보의 공시는 결국 공교육을 강화하기 위한 지원 계획을 수
립하기 위한 기초 자료로 활용하기 위해서라는 논리를 기초로 하고 있다.
한편, 교과부는 '교육 관련 기관의 정보공개에 관한 특례법'(2007년 통과)에 대

한 후속 조치를 실행해야만 하는 상황에 놓여 있다. 특히 이 법안의 핵심 발의자인 이주호 전 의원이 현 정부의 초대 교육과학문화 수석으로 임명되어 정치적 탄력을 받게 되었으며, 2011년 현재 교과부장관으로서 정책 추진을 가속화하고 있다.

이러한 현실 -근거 법령과 정치적 압력 모두- 에 직면한 교과부가 정보공개를 하는 이유는 공교육을 강화하기 위해서이고, 공개할 정보 중 하나로 일제식 시험 결과의 등급별 비율이 선정된 것으로 볼 수 있다. 일제식 학업성취도평가는 이 시험의 필요성과 중요성에 대한 논의를 거쳐서 만들어진 것이 아니라 정보공개를 위한 수단으로 대상화된 것이다. 그렇다면 왜 정부는 정보 생산과 유통에 이렇게 적극적인 것일까? 또 '시험+공시' 정책을 학부모에 대한 '국가적 책무'의 일환으로 보는 현상은 어디에서 영향을 받은 것일까? 이에 대해서는 다음 절에서 살펴보자.

1. 시장 정보의 생산과 공시: 평가적 국가관

다른 이념, 같은 수단

우리나라의 일제식 학업성취도평가와 공시 정책은 영미권 국가들의 영향을 강하게 받은 것으로 보인다. 특히 미국의 NCLB 법안이 많은 영향을 미쳤다. 우리나라의 학업성취도평가 및 정보공시제는 미국의 NCLB 법안과 상당한 유사성이 있다. 이러한 유사성은 미국과 영국의 교육정책을 차용하는 과정에서 발생한 것으로 보인다. 차용된 아이디어는 첫째, 예외 없이 모든 학생을 평가하는 전수조사, 둘째, 1년 동안의 성적 향상 정도를 알아보는 연간 적정 향상도 측정, 셋째, 학교에 대한 학력 정보를 등급에 따라 비율별로 공시, 넷째, 평가 결과와 학교 선택제와의 연계 등 이렇게 네 가지라고 볼 수 있다.

미국의 NCLB 법안은 시장 요소와 복지 요소가 절충된 형태를 갖추고 있다. 그런데 시장주의자들이나 평등주의자들은 동상이몽同床異夢을 하고 있다. 즉, 서로 다른 이념을 추구하면서 그 방편으로 시장을 활용하려고 해왔던 것이다. '시장+사회'주의(시장사회의주) 용어가 조어법상으로나 이론적으로 가능한 것처럼 시장에 대한 신자유주의자들이나 네오 마르크시스트들의 관심은 공통적일 수 있다. 그래서 시장에서 상품 정보가 소비자들에게 정확히 전달되는 것이 중요하듯이 교육에서 학교라는 의사pseudo 상품에 대한 정보의 생산과 전달을 위해 평가를 강조하게 된다.

이에 대한 신자유주의적 관점은 잘 알려져 있는 편이지만, 시장사회주의 관점은 덜 알려진 편이다. 시장사회주의 관점에서는 미국 사회의 교육 불평등은 거주지 분화에 따른 근거리 배정 때문이라고 본다. 쉽게 말해 잘사는 사람들이 비싼 동네를 만들어 학교를 세우고 훌륭한 교사를 고용해서 자녀들을 가르치는 방식은 이 동네의 부동산을 살 수 없는 이들에게는 진입 장벽이 된다. 결국 유색인종과 빈곤 계층의 교육 환경은 열악해질 수밖에 없다. 시장사회주의자들에게는 이러한 역사·문화적 관행을 일거에 해소하기 위해 발의된 가장 효과적인 정책이 바로 바우처voucher를 통한 학교선택제이다. 그러므로 미국에서 학교선택제의 전면 실시는 혁명적인 사회평등화 프로젝트가 될 수도 있다. 물론 바우처는 누가 그것을 디자인하는가에 따라 가장 신자유주의적인 교육개혁의 수단이 되기도 한다.

이렇듯 신자유주의자들과 평등주의자들 모두 국가가 의사 상품인 학교에 대한 정보의 생산 및 공시 기능을 적극적으로 담당해주기를 기대하지만 추구하는 이념은 첨예하게 대립한다. 양날의 칼에 대한 이러한 논의들은 미국의 복잡한 역사적, 제도적 상황에서 배태된 것이기 때문에 이해하기 쉬운 것은 아니다. 그렇지만 일제식 평가와 학교 선택을 강조하는 일련의 교육정책을 평가적 국가의 개념으로 설명하면 그 특징을 효과적으로 파악할 수 있다. 이를 위해서는 NCLB 법안이 착족하고 있는 신자유주의와 평가적 국가의 개념을 미국의 맥락에서 더 살펴볼 필요가 있다.

학교 정보의 생산과 유통

시험이 강조되는 현상이 "신자유주의적이다"라는 평가를 받을 정도, 즉 신자유주의적 지위를 갖기 위해서는 경제학적 가정 중에 정보 문제 information issue를 다루어야 한다. 학교에 대한 의사 상품 정보가 학부모라는 의사 소비자에게 전달되기 위해서는 시험이나 평가를 통한 정보의 생산과 유통이 중요해지는 것이다. 브레도Bredo(1988:77)에 따르면, 미시경제학에서 최적 경쟁시장의 가정은 다음과 같다.

① 공급자가 시장에 들어오기 쉬워야 한다.
② 다양한 공급자들이 시장 주변에 있어야 한다.
③ 소비자는 각 상품에 대한 정보를 가지고 있다.
④ 각 상품은 그것을 대용할 수 있는 동종의 것이 있다.
⑤ 한 사람의 구매가 타인들의 효용에 미치는 외부성externalities이 없어야 한다.

위에서 보듯이 교육의 시장화는 학교 정보의 공개라는 핵심 요소를 포함하게 된다. 시장 가정의 ①, ②번은 교육의 공급 측면을 유연하게 만들어주는 것을 뜻하며, ③번은 정보의 중요성을 강조하는 것이다. 학교를 선택지options로 본다면 상품 시장과 마찬가지로 ④번의 가정도 적용될 수 있을 것이다. ⑤번에서 구매 대상이 공공재인 경우 시장 가정을 위반하는데 교육은 공공성이 강하기 때문에 종종 시장의 가정을 충족시키지 못한다.

위와 같은 시장 가정이 교육에 적용되면 교육이라는 의사 시장은 다음과 같은 가정을 성립시켜야 할 것이다. 첫째, 교육의 공급 자격을 완화해서 학교 설립을 쉽게 할 수 있어야 한다. 둘째, 다양한 학교 설립자들이 수요에 따라 정원을 조정할 수 있어야 한다. 셋째, 학부모에게 학교에 대한 정보를 제공해야 한다. 넷째, 학교라는 상품은 그것을 대용할 수 있는 동종의 다른 것도 있어야 한다. 다섯째, 한 사람의 학교 선택이 다른 사람의 효용 −학교에 대한 구매 결과− 에 영향을 미치지 않아야 교육의 시장화가 완성될 수 있다.

경제학적 '마인드'를 학교교육에 적용하고자 노력해온 많은 연구자들이 있지만, 이 중에서도 첩Chubb과 모에Moe는 이 분야에서 매우 중요한 역할을 담당해왔다. 이들의 연구와 아이디어 확산 노력은 구체적인 데이터를 토대로 주장을 개진한다는 점, 경제학자들이라는 점, 실제에 미친 정치적 파급력이 매우 높다는 점, 보수 진영을 대표하는 세력이기보다 다소 중도적인 단체인 부르킹스 연구소Brookings Institute에서 활동함으로써 지지 범위가 좁지 않다는 점 등의 상황과 결부해서 이해할 필요가 있다.

미국의 경우, 부유층은 거주 지역에 좋은 공립학교 −평균적 사립학교보다 교육 여건이 훌륭한− 들이 있어 기존의 학교를 벗어나려는 수요(일명 'opting out'이라고 불림)가 강하다고 보기 어렵다. 오히려 유색인종 정치단체나 인권단체가 학교선택제 같은 학교교육에 시장 원리를 도입하는 것에 동조해왔다. 이러한 의미에서 신자유주의는 공교육의 시장화라는 보수 이념과 유색인종의 교육 기회 확대라는 양날의 칼과 같은 지위를 갖는다. 이 현상은 '적과의 동침'으로 표현되기도 한다. 특히 부르킹스 연구소 같은 사회단체는 교육의 평등을 위해서도 시장 원리를 도입해야 한다는 논리를 펴고 있어 학교선택제는 보수적 이념을 기초로 하고 있다는 우려를 중화시키고 있다.

또한 볼스Bowles와 긴티스Gintis 같은 대표적인 네오 마르크시스트들이 학교선택제를 지지하면서 시장사회주의 그룹에서도 이를 주요 정책으로 부각시키고 있다. 브리그하우스Brighouse 같은 일부 진보 성향의 철학자들도 공교육에 시장 원리를 도입하는 것이 사회정의를 실현하기 위해서 활용되기만 한다면 윤리적 원리에 부합한다고 주장해왔다. 다시 말해, 신자유주의 교육정책의 원류인 미국에서는 공공재의 시장화와 유색인종 배려라는 두 개의 상이한 목표가 중화된 상태에서 공교육에 시장 원리의 도입을 타진해온 것으로 볼 수 있다.

평가적 국가

평등주의자이면서 시장사회주의자들의 문제는 그들이 정치적 헤게모니를 쥐지 못한 상태에서 시장의 순기능을 강조함으로써 오히려 신자유주의 프로젝트에 활용당하고 있다는 것이다. 신자유주의는 아이디어를 가진 동시에 권력을 쥐고 있기 때문에 그동안 공공재를 관리하는 국가의 역할에 대해 심각하게 재고해봐야 한다고 역설해왔다. 교육에서 신new 자유주의는 구old 자유주의에 비해 국가의 역할을 강조하는 경향이 있다. 그러나 국가의 역할을 시장 개입으로 규정하지 않고 시장 활성화를 위한 정보의 유통 역할을 강화한다. 정보의 유통을 위해서는 소비 대상을 평가하는 것이 필요하며, 그 역할을 국가가 맡아야 한다고 보는 경향이 있다. 이는 구자유주의에서 국가의 역할을 최소화하고 시장의 보이지 않는 손에 의존하는 성격과는 차별성이 있는 것으로 보인다. 신자유주의는 시장에 의존한다는 면에서 구자유주의와 궤를 같이하고, 국가의 평가 역할을 강조한다는 면에서 맥락을 달리한다(Olssen, 2001). 이와 같이 공교육에 시장 원리를 도입하고 이를 효과적으로 작동시키기 위해 적극적으로 정보 유통 기능을 담당하는 국가를 가리켜 '평가적 국가'라고 부른다.

학교교육에서는 학교라는 의사 상품에 대한 정보를 산출하기 위해서 학생에 대한 평가를 강조하게 되는 것이다. 경제학적 시장 성립의 전제 조건으로서 시장이 학부모라는 소비자들에게 학교라는 상품에 대한 정확한 정보를 공급하기 위해서는 무엇인가 객관적인 평가가 필요한데 이것을 국가가 한다는 것이다. 이러한 논리는 그동안 우리나라는 물론 '선진' 외국으로 인식되고 있는 영미권 국가들이 신자유주의 기조 아래 교육의 상품화를 신장하는 동시에 국가 주도의 평가 시스템 확보를 진작시키는 이유에 대한 설명력을 지니고 있다.

이러한 설명 방식을 미국에 적용하면 왜 미국이 1980년대 이후 교육과정 표준화를 위해 노력해왔는지 이해하기 쉽다. 1만 6천 개 이상의 학교구가 자치를 하고 있는 미국에서는 '국가 교육과정'을 통해 학생들이 얼마나 알아야 할지도 표준화해야 한다. 그래서 나온 것이 국가 성취 기준과 주 단위의 일제식 평가 체제다. 이러한 과정에서 국가는 학교를 시장화하기 위한 전제 조건으로서 교육과정을 표준화하고 학교 간 비교 평가를 강화하는 평가적 국가 기능을 담당하게 된다. 많은 국가에서 학력 저하에 대한 우려와 이를 극복하기 위해 일제식 시험을 통한 책무성 평가를 강화하는 것도 바로 이러한 맥락에서 이해할 수 있다.

2. 정책 차용의 비맥락성

미국 NCLB 법안의 한국적 해석

평가적 국가관을 기초로 하고 있는 NCLB 법안은 교육적으로 부정적인 결과를 낳고 있어서(Apple, 2006; Darling-Hammonds, 2006; Valenzuela, 2005; McNeil, 2000) 미국교육학회AERA 조차 NCLB을 우려하는 성명을 발표한 바가 있을 정도이다. 한편, NCLB 법안은 시장 요소와 복지 요소를 모두 포함하고 있다. 주로 저소득층 학생들의 교육 조건과 학업 성취를 개선한다는 목표를 가지고 있으며 이에 대한 집중 지원 예산을 확보하고 있다. 그러나 우리나라는 NCLB 법안을 차용하면서 저소득층 학생들의 보충 지도 프로그램 운영과 같은 지원 계획 및 예산 확보의 중요성 등, 긍정적 측면은 거의 도입하지 않았다. 오직 시험을 통한 경쟁 문화 강화와 같은 부정적 측면을 더 적극적으로 소개하고 있다.

우리나라에서 NCLB 정책을 차용한 결과, 다음과 같은 유사성이 발견된다. 첫째, 일제식 전수조사를 실시한 것이다. 2007년도에 '교육 관련 기관의 정보공개에 관한 특례법'이 제정된 후 교육과학기술부가 이 법의 제정에 따른 후속 조치로 시행령을 마련하는 과정에서 국가 수준의 학업성취도평가만을 공시 대상으로 할 것이 결정되었다. 2008년 8월에는 시험 대상 학년은 초등학교 6학년, 중학교 3학년, 고등학교 1학년이며, 시험 과목(공시 대상 과목)은 국어, 사회, 수학, 과학, 영어 등 5개 교과를 공시 대상으로 하는 방안이 잠정 결정되었다가 과목을 축소하는 방향으로 논의가 진행되었다. 그 결과 국어와 수학 과목을 평가 대상 과목으로 하고 영어는 이다음에 도입될 영어인증평가 시험으로 한다는 기조가 마련되었다. 결국 시험 과목도 미국에서 자국어와 수학을 평가하는 것과 매우 유사해졌다.

한편, 미국의 경우 NCLB 법안에 따라 매년 3학년에서 8학년 학생을 대상으로 평가를 실시한다는 면에서 우리나라에 비해 전수조사하는 대상 범위가 넓다. 그러나 시험 결과의 비교를 염두에 둔 일제식 평가라는 공통 요소가 있다.

둘째, 학업 성취의 '증/감 분'을 비교하겠다는 평가 계획이다. 우리나라의 경우는 2011년부터 전년에 비한 학업 성취 증감 정도를 공시할 예정으로 발표되었다. 이는 연간 적정 향상도(AYP: Adequate Yearly Progress) 개념을 도입한 NCLB의 핵심 요소이다. 즉 NCLB 법안처럼 그 결과를, 특정 등급이 얼마나 늘고 줄었는지에 대한 비율을 +/- 형식으로 공시하는 것이 한 방법이 될 수 있다.

셋째, NCLB와의 유사점은 정보 공시 제도다. 이는 영국에서 일제식 성취도 검사의 결과를 학교별로 공시하는 'league table'에 영향을 받은 것이기도 하다. 한편 우리나라에서는 평가 준거를 만든 다음 시험 결과를 등급별로 공시하되 그 비율을 공개하는 '준거 지향의 4등급 평가'를 하기로 했는데, 이는 미국 NCLB의 영향을 받은 것으로 보인다. 2008년 8월 7일에 교육과학기술부가 발표한 보도자료를 보면, 미국에서 등급별 비율 제시를 4등급으로 한다는 것을 참조 사항으로 언급했다. 차이점이 있다면 우리나라의 경우 우수 학생 비율에 대한 학부모들의 관심이 지나쳐 학교 서열화 및 경쟁 강화의 문제를 고려해야 한다는 것이다. 이러한 이유로 학생에게 통지하는 시험 결과는 4등급으로 하되, 학교 홈페이지에 공지하는 등급은 우수학력(80%)이상을 제외한 3등급이다. 4등급에 대한 준거는 다음과 같다.[3]

학업성취도 등급과 준거

4등급	기준(이해 수준)
① 우수	평가 대상 학년 학생들이 성취하기를 기대하는 기본 내용을 대부분 이해한 수준 (80% 이상 이해)
② 보통	50~80% 이해한 수준
③ 기초	20~50% 이해한 수준
④ 기초미달	기초학력에 도달하지 못한 수준

출처: 교육과학기술부 보도자료. 2008. 8. 1

---

3 교육과학기술부(2008)에 따르면 평가 결과의 제시 방법은 다음과 같다.
  – 교육과정을 이해하는 정도에 따라 우수학력(80% 이상), 보통학력(80% 미만~50% 이상), 기초학력(50% 미만~20% 이상), 기초학력 미달(20% 미만)로 구분해 학생들에게 통지.
  – 학교 서열화와 과열 경쟁의 문제 등을 의식해서 공시는 개별 학교별 3등급(보통학력 이상, 기초학력, 기초학력 미달)에 속하는 학생 비율을 공시.
  – 공시 시기는 국가 수준 학업성취도평가가 2008년에 처음으로 전수 실시된다는 사실을 감안.
  – 이에 2008년도 및 2009년도 평가 결과에서 단위 학교 공시는 하지 않으며, 2010년 평가 결과부터 공시.

넷째, NCLB나 우리나라의 일제식 학업성취도평가는 모두 학교선택제와 관련이 있다. NCLB에 따르면 2년 연속 연간 적정 향상도(AYP)에 미달하는 학교는 학부모가 다른 학교로 자녀를 전학시킬 수 있는 선택권이 있으며, 지역 교육청이 그 통학 비용을 부담한다. 또한 학생들이 3년 이상 연속 AYP에 미달하는 학교에 다녀야 하는 경우 연간 500달러에서 1,000 달러의 보조금을 받아 과외나 방과 후 학습을 시킬 수 있다. 이렇듯 학교 정보 공시제와 학교 선택(한국의 경우는 고등학교 대상) 제도는 서로 밀접한 관련성을 가진다는 것이 양국의 공통점이다. 그러나 학교 정보 공개와 학교선택권을 연계시키는 정책은 시·도 또는 기초자치단체에 따라 상이하게 전개될 수 있는 사안이다. 일례로 그동안 서울시교육청은 학교 정보 공시와 관련하여 고교선택제에 대한 정책 구상을 해왔기 때문에 다른 지역에 비해 더 적극적인 연계를 시도해왔다. 다만 이 정책을 역점 사업으로 추진해왔던 공정택 전 서울시교육감이 중도 하차함에 따라 그 기조가 변화될 가능성이 있다.

정책 차용의 비맥락성

미국과 영국 등의 영향을 받아 우리나라에서도 일제식 학업성취도평가 실시되고 있다. 그러나 이러한 정책을 차용하면서 서로 간의 맥락의 차이를 무시하고 일방적으로 모방하는 경우를 종종 발견한다.

우리나라의 일제식 학업성취도평가와 NCLB 법안과의 차이는 추구하는 대상target이 무엇인가를 생각할 때 그 목적이 다름을 알 수 있다. 미국에서의 목표는 기초학력 미달 학생들의 비율을 줄이는 것인 반면에 우리나라에서는 학부모의 알 권리 신장을 가장 중요한 목표로 설정하고 있다. 물론 미국과 같이 기초학력 미달 학생을 도와주기 위해서는 먼저 그 학생들의 능력을 정확히 진단해야 한다는 주장을 하기도 하지만, 우리나라에서는 이것이 알 권리 신장보다 더 우선시되지 않고 있다. 미국에서는 2년 연속 AYP를 달성하지 못한 소외 지역 학교의 학생들에게만 학교 선택권을 주는데, 이 학생들은 대부분 가난하거나 유색인종이다. 우리나라에서는 고교평준화 해제의 논리로서, 미국에서는 취약 계층의 교육권을 보장하기 위해 실시되는 경향이 강하다.

미국의 경우는 대체로 비공통 교육과정 국가로서 '교육과정 일치도' degree of curriculum alignment가 낮기 때문에 시험을 통해 교육과정 운영의 공통성을 높이고자 해왔으며 그 방편으로 일제식 성취도 검사의 필요성이 개진되어 왔다(Hirsch, 1996; Bennett, 1994). 그러나 우리나라의 경우에는 교육과정 운영이 시험에 종속되는 현상이 강하기 때문에 가급적 일제식 시험을 지양하는 정책을 추진해왔다(곽병선, 1998). 그러나 최근에는 외국(특히 미국과 영국)의 일제식 성취도 평가 정책을 차용하고 있는데 우리가 처한 상황과 적합하다고 보기 어렵다.

학력 부진 판별 시험의 문제

NCLB 법안에서 차용한 아이디어 중 하나는 "정확히 재야 도와줄 수 있다."는 것이다. 그러나 일제식 표준화 시험을 통해 기초학력 미달 학생을 '정확히' 파악해야 지원도 '정확히' 할 수 있다는 것은 현실 왜곡이다. 학력부진 학생은 자신이 '학력부진 학생'이라는 것을 누구보다도 잘 알고 있다. 이 학생들에게 "네가 이번 시험 결과 또 한번 학력부진 학생으로 판별되었다."는 것을 '또 한 번' 더 알려주어야 할 이유가 있을까? 이러한 시험이 반복되면 이 학생들에게 도움이 되기는커녕 낙인감만 심어주기 쉽다.

기초학력에 도달하지 못한 학생들은 어떤 식으로든 도움을 주어야 하는데 학생의 수준에 맞는 개인 또는 소집단 보충 지도 프로그램을 제공해주어야 한다. 이를 위해서 가장 필요한 것은 '보충 지도교사'와 보충 지도 프로그램이다. 이러한 인적, 물적 지원이 없는 학력부진 판별 시험이 진정으로 학력부진 학생들을 위해 도입된 것인가 생각해볼 필요가 있다. 자칫 잘못하면 이 학생들에 대한 교육 당국의 우려는 '악어의 눈물' 밖에는 안 된다.

학습부진아들을 지도하기 위해서는 학생에 대한 애정과 관심이 필요하다. 이렇게 하려면 시험을 보는 방법으로는 안 되고 부단한 '대화'와 '관계'를 맺는 과정이 반드시 필요하다. 이때 '돈'(지원)이 있어야 한다. 돈의 양은 의지의 양이다. 정부가 부진아를 위한 정책이라고 발표하는 것이 '악어의 눈물'이 되지 않기 위해서는 돈(인적, 물적 지원)을 어떻게 마련해 제공할지 약속을 해야 한다. 정부는 학력부진 아동 및 학생들을 '사랑'하는 만큼 '돈'을 내놓고 있는가? 진정 기초학력 부진 학생이 걱정되어 일제식 시험을 보는지 성찰해 볼 일이다. 또한 많은 경우 학습 부진은 빈곤이 원인이다. 그리고 인지나 정서 발달 장애와 관련이 깊다. 시험을 반복적으로 자주 보는 것은 부진을 악화시킬 수 있다.

4. 일제고사의 대안

변별에서 전인적 평가로 바뀌어야 한다

우리는 시험을 떠올리면 경쟁을 가상하고, 성적이 나오면 학생들을 변별해 등위나 석차를 파악하는 경향이 있어, 이에 대한 교육적 반성이 필요하다. 이러한 사고방식과 유사한 관점으로 평가에 관한 '측정관'을 들 수 있다. 이 관점에 따르면 시험 결과는 주로 분류, 예언, 실험에 활용된다.

그래서 측정보다는 총평에 더 관심을 기울여야 한다. 총평관이란 학생이 놓여 있는 환경(교사와의 관계, 가정환경이나 성격 등)을 고려하고, 학생 개인의 발달 상황에 대한 추이를 관찰하며, 다양한 준거에 의한 '전인적 평가'를 강조하는 평가관이다. 총평관에 따르면 지필 고사 위주의 단편적인 사실들에 대해 묻는 평가를 지양할 필요가 있다. 대신 학생의 지적, 정의적, 심미적, 신체적 영역을 종합해서 평가해야 할 것이다. 다시 말해, 평가를 통해 특정 학생이 사회 경쟁에서 얼마나 유리한 조건을 갖추고 있는지에 관한 정보를 주기보다는 인간으로서 얼마나 잘 성장하고 있느냐에 대한 정보를 주어야 한다. 이때 학부모들은 후자가 중요하다고 말하기도 하지만, 실제로는 전자에만 신경을 쓴다. 그러나 교사들은 지적 능력에 대한 평가는 물론 정의적, 예술적, 신체적 능력에 대한 평가를 균형 있게 다루어야 한다. 또한 능력에 대한 평가 이외에도 학생들의 필요와 흥미, 적성, 현재의 당면 과제(예, 집단따돌림, 경제적 어려움 등) 등을 잘 관찰해서 요약해주어야 한다.

'좋은' 수업을 유도하는 '좋은' 평가

물론 전국 학업성취도평가 등에서 활용되는 객관식 시험이 측정관과 동일시되는 것은 아니다. 객관식 시험의 결과를 어떻게 활용하느냐에 따라 반드시 비교와 분류, 예언을 위해 사용되지 않을 수도 있기 때문이다. 객관식 시험은 나쁘고 수행평가는 좋은 것이라는 이분법적 논리를 따를 필요는 없다.

문제는 전국 학업성취도평가가 모든 학교에서 일제식으로 실시되고 그 결과가 학교 홈페이지에 공개되는 체제이다. 물론 이 과정에서 학교 정보는 3개 등급별로 그 비율이 공개되는 것이기 때문에 다소 제한적이어서 다행스럽긴 하다. 그러나 학교 간 비교가 가능하게 되면 일선 학교에서는 시험 성적을 올리기 위한 경쟁에 몰입하게 될 것이고 그렇게 되면 수업은 객관식 시험 대비용으로 전락할 가능성이 높아진다. 이렇게 되면 좋은 평가에 의해 좋은 수업을 유도하는 아이디어는 더 이상 유효하지 않게 된다. 그러므로 학생 평가의 방향은 교육 목적인 전인격적 성장을 위한 수업을 유도하는 것이 되어야 한다.

최근 수행평가의 성공 여부에 대한 찬반양론이 분분한 것이 사실이나, 몇 가지 정책 오류가 수정된다면 객관식 위주의 일제식 평가보다 좋은 수업을 유도할 가능성이 높다. 객관식 시험이란 채점할 때 답이 정해져 있다는 의미에서 채점의 객관성을 말하는 것이기 때문에 교육과정에서 일어나는 학생의 수행에 대해서는 평가하지 않는 경향이 있다는 사실을 숙지해야 한다. 따라서 수행평가를 정상화하고 참authentic 평가와 같은 방식을 더 많이 활용해야 할 것이다.

학부모와 소통하는 평가

초등교육에서는 자율성이 있으므로 시험 준비 교육보다는 참교육 과정 authentic curriculum과 참 평가authentic assessment를 기초로 하는 것이 교육의 본질에 접근하는 것이다. 그러므로 초등학교 수준에서는 수행평가의 기조를 유지하면서, 학부모와 그 결과에 대해 자주 소통해야 한다. 중학교에서는 학기당 교과목 수를 적정화해서 시험 과목을 축소하도록 유도해야 한다. 또한 학급 석차와 학년 석차를 반드시 산출해야 하는지에 대해서도 재고해볼 필요가 있다. 단계적으로 중학교 1학년부터 석차 제도를 폐지해 나가야 교육과정이 정상적으로 운영될 수 있다. 고등학교의 경우는 더 근본적으로 교육문화를 개선하지 않고는 현재로서는 현저한 성과를 기대하기 어렵다.

이러한 과정에서 첫째, 일제식 평가를 지양하고 단위 학급에서 자체적으로 평가를 하는 것이 좋다. 성취도 진단이 필요하면 문제지를 개발해서 자체적으로 활용할 수 있도록 제공하면 된다. 그러므로 일제식으로 학급을 비교평가하는 형식이 아니라 학급의 교사가 학생들을 평가한 뒤 학부모와 소통하는 체제를 갖추도록 제언할 수 있다. 둘째, 교사는 학생의 성취에 대해 학부모들과 자주 소통 또는 통신해야 한다. 지금까지의 수행평가 결과 통지방식은 다소 모호해서 문제가 있었으므로, 학생의 학업 성취에 대한 정보는 학부모에게 구체적으로 제공하는 것이 옳다. 이때 학생의 성취에 대해 학부모들이 원하는 대략적인 정보를 제공하는 것은 현실적이고 합리적인 타협점은 될 수 있다. 그러나 어디까지나 그것이 허용되는 정도는 과열 경쟁을 하지 않도록 막는 동시에 시험이 교육과정과 수업을 왜곡하지 않는 범위 내가 되어야 할 것이다(양윤희·장진혜·성열관, 2005).

또한 점수로 표현될 수 없는 질적 속성의 것들에 대해 다양하게 기술할 필요가 있다. 학부모들은 점수만 물어보고 점수만 기억하는 속성이 있기 때문에 이러한 제언의 유용성이 떨어질 수도 있다. 그러나 인내심을 가지고 구체적인 사례와 질적 증거들을 수집해 특정 학생에 대해 자세하게 소통해야 하며, 이를 위해서는 학부모들의 태도를 변화시킬 수 있는 태도와 열정이 필요하다.

목적에 맞는 평가

일제고사가 시행되기 전에 실시하고 있었던 전국 학업성취도평가는 표집에 의한 것이었기 때문에 그리 큰 문제를 야기하지 않았다. 또한 이러한 평가는 반드시 필요하다. 왜냐하면 그 목적이 타당하기 때문이다. 그러나 이것을 전국 일제식 시험, 특히 지역과 학교를 비교 평가하기 위한 수단으로 확대하는 것은 상당한 혼란을 초래한다. 이러한 시험을 외부 시험(교사가 출제하는 시험을 내부 시험이라 할 때)이라고 하는데 이는 성취도의 진단 및 정책 수립을 위한 자료로써 유용하다. 그러나 이를 학교 간 비교 평가로 환원해버리면 불필요한 점수 경쟁에 휘말리게 하는 원인이 될 수 있다. 정부는 학생과 학교의 수준을 정확히 알아야 지원할 수 있다고 하는데, 학생은 담임이 제일 잘 알고, 학교 간 차이는 지역 교육청에서 매우 잘 알고 있다.

지금도 그것을 알면서도 지원해줄 수 있는 재원과 열정이 부족한데, '없는 돈'(부족한 재원을 염두에 둔 표현임)을 들여 다시 얼마나 더 정확히 알 필요가 있지 의아하기만 하다. 이는 현재 전국 일제식 평가를 실시하는 표면적 이유조차 논리적 오류에 처해 있다는 것을 보여주는 것이다. 그러므로 전국 규모의 일제식 평가는 얻는 것보다 잃는 것이 더 많을 것이며, 공교육 정상화에 위협이 될 것이다. 다른 이유도 있겠지만 한국 교육의 획일성은 각종 평가 때문이라는 상식을 위반하는 일을 굳이 정부가 나서서 해서는 안 된다.

중1부터 단계적으로 석차를 폐지하자

이후 정책 방향을 제언하자면, 초등학교에서는 반별 비교 평가를 실시하지 말아야 하며, 중학교에서는 석차 제도(현재 과목별 석차 백분율 산출)를 폐지해야 한다. 이를 위해 우리 국민들의 정신에 각인된 석차 위주의 마인드를 변화시킬 필요가 있다. 일본 제국주의식 개념인 석차 제도가 있는 나라가 일본의 식민 지배를 받았던 경험이 있는 국가들 이외에 또 있는가? 내가 알기로 거의 없다. 향후 한국 교육개혁의 성패는 바로 석차 제도 폐지에 달려 있다고 해도 과언이 아니다. 미국 고교의 경우 'class rank'라 해서 대학에 입학할 때 학생에 대한 정보를 제공하기 위해 석차와 유사한 지표를 산출하긴 하지만 그것은 고교 생활이 거의 끝나는 시점에서 작성되기 때문에 수업과 교육과정을 왜곡시키지 않는다.

일제고사는 외부에서 주어지는 것이라고만 규정하는 방식에 변화가 필요하다. 해직을 감수한 교사들이 거부 투쟁을 해온 것은 외부형 일제고사이다. 그러나 그 이전부터 실시해오고 있는 중등학교(일부 초등에서도)에서의 중간, 기말고사 역시 일제고사이다. 구분해서 명명하자면 이를 '내부형 일제고사'라 부를 수 있다. 내부형 일제고사가 교육적으로 더 해로운 측면이 있다. 일제고사를 둘러싼 갈등이 환기시켜준 우리 교육에서의 시험 문제는 오히려 내부형 일제고사까지 포괄해서 볼 수 있어야 한다. 나는 향후 몇 년 안에 석차 제도 폐지가 사회적, 교육적 주요 의제로 부상할 것이라 본다. 석차 제도를 폐지하면 교육 정상화 과업에 희망이 있다. 단 고등학교의 경우는 고교 내신을 중시하는 것이 오히려 교육을 정상화하는 데 기여하는 측면이 있음을 고려해서 대입 제도와의 연계 속에서 석차 제도를 부분적으로 존속시키는 것이 필요하다. 그러나 일단 중학교 1학년부터 차례대로 폐지해 나가면서 그 효과의 추이를 분석해서 최종적으로 고등학교에 대한 평가제도를 고안해 나갈 필요가 있다.

참고 문헌

곽병선 (1998). 교육과정과 교육평가의 연계방안. 교육과정연구, 16(2), 227-245.

교육과학기술부(2009). 2008년도 학업성취도 평가 결과 및 기초학력 미달 학생 해소 방안: 뒤처지는 학생 없는 학교 만들기. 2009년 2월 16일 보도자료.

교육과학기술부(2008). 학교 정보 투명화로 공교육 지원. 8월 7일자 보도자료.

서울시교육청(2009). 2008년 국가 수준 학업성취도평가 결과, 학습부진 및 학력 격차 해소 방안. 2009년 2월 17일 보도자료.

성열관(2004). 호모 에코노미쿠스 시대의 교육: 교육과정과 학교에 대한 시장 선택 논쟁. 서울: 문음사.

양길석 · 성열관(2009). 미국 NCLB 평가 정책의 한국적 시사점 고찰. 교육 방법 연구, 21(2), 69-88.

양윤희 · 장진혜 · 성열관(2005). 초등학교 시험 주도 교육과정 현상에 대한 협력적 실천 연구. 교육학연구, 43(3), 293-317.

Apple, M. W. (2006). What can we learn from Texas about No Child Left Behind?, Educational Policy, 20(3), 551-560.

Bennett, W. (1994). The Book of Virtues. NewYork: Simon & Schuster.

Brighouse, H. (2000). School choice and social justice. Oxford: Oxford University Press.

Chubb, J. and Moe, T. (1990). Politics, Markets and America's Schools. Washington, D.C.: Brookings Institute.

Darling-Hammond, L.(2006). No Child Left Behind and High School Reform. Harvard Educational Review, 76(4), 642-667.

Hirsch, E. D. (1996). The Schools We Need: Why We Don't Have Them. New York: Doubleday.

McNeil, L. (2000). Contradictions of school reform: educational costs of standardized testing. New York: Routledge.

Olssen, M. (2001). The Neo—Liberal Appropriation of Tertiary Education Policy:
Accountability, Research and Academic Freedom. Unpublished manuscript.

Valenzuela, A. (Ed.). (2005). Learning Children Behind: How "Texas—Style" Accountability
Fails Latino Youth. Albany: State University of New York Press.

2장

미국의 학업성취도평가와 정보 공시

송경오[4], 양성관[5]

미국에서 학업성취도평가와 정보 공시를 통해 공립학교의 책무성을 강화하려는 시도는 비단 최근의 일이 아니다. 1980년대 초반 실시된 학생 학업성취 국제 간 비교에서 충격을 받은 이후 미국 정부는 공화당과 민주당을 막론하고 공립학교의 책무성을 강화해서 학생들의 학업성취도 향상을 교육개혁의 핵심 목표로 삼았고, 이를 위한 정기적인 학업성취도평가와 공개를 중요한 정책 수단으로 받아들였다. 주 정부별로 진행되어온 학업성취도평가와 그 결과 공개는 부시 정부의 NCLB(No Child Left Behind) 개혁안을 기점으로 전국적 규모의 공립학교를 평가하는 책무성 시스템으로 채택되었다. 이 글에서는 NCLB 개혁안에서 제시하고 있는 학업성취도평가와 정보 공시에 대한 내용을 중심으로 특징과 정책 의도, 그리고 문제점 등을 살펴보려고 한다.

NCLB 교육개혁의 전개 과정

NCLB 교육개혁은 최근에 새롭게 등장한 것이 아니라 1965년에 처음으로 채택된 초·중등교육법The Elementary and Secondary Education Act: ESEA을 발

4 조선대학교에서 교육행정, 교육정책 관련 과목을 강의하고 있다.
5 건국대학교에서 교육행정, 교육정책 관련 과목을 강의하고 있다.

전시켜 부시 정부가 재개정한 교육법이다. 1960년대에 등장한 초·중등교육법은 저소득층 아동들의 학력 격차를 줄이고 교육받을 수 있는 기회를 제공하기 위해 연방 재정을 지급하고자 하는 의도에서 추진되었다. 이후 클린턴 정부에 이르러 연방 정부 차원에서 제공하는 재정들이 저소득층 학생들의 학업 성취 향상에 별 효과가 없다는 문제의식을 느껴 무조건적인 지원이 아닌 지원을 받는 학교들에게 일정 수준의 학업성취평가를 요구하도록 초·중등교육법안의 내용을 수정했다.

이러한 역사적 흐름에 따라 부시 대통령은 텍사스 주지사 시절, 이른바 텍사스의 기적Texas Miracle이라 불리우며 교육에서 성과를 거둔 바 있는 주 정부 차원의 초·중등교육 개혁안을 2000년 대통령 선거 때 핵심 공약으로 제시했다. 초·중등교육 개혁안은 2001년에 국회를 통과해 2002년 1월 8일에 조지 부시 대통령이 서명함으로써 미국의 공식적인 교육개혁으로 채택된다. 이것이 바로 부시 정부가 제시한 'No Child Left Behind' 교육개혁이다. NCLB 교육개혁은 미국 내 모든 학생들의 학업 성취도를 높이기 위한 주 정부와 지방 교육청의 책무 강화에 연방 정부가 적극적으로 개입하고자 하는 의도를 담고 있다. 이는 교육에 대한 연방 정부의 적극적 개입이 미국 학생들의 학업 성취 간격을 좁힐 수 있을 뿐만 아니라 단위 학교 발전에도 큰 기여를 할 수 있을 것이라는 믿음을 나타낸 것이다.

NCLB와 정보 공시의 핵심 내용

NCLB 교육개혁의 핵심 내용은 연간 학업성취목표Adequately Yearly Progress의 수립 및 달성이라고 볼 수 있다. 미 연방교육부(US Department of Education, 2002)에 제시된 내용을 구체적으로 살펴보면 다음과 같다.

첫째, 주 정부는 각 교육청과 학교가 달성해야 하는 연도별 학업성취목표를 수립하고 이를 2013년부터 2014년까지 연도별로 목표를 달성할 수 있도록 감독해야 한다. 주 정부는 학생의 모든 집단(저소득층 학생, 주요 인종과 민족 출신의 학생, 장애 학생, LEP 학생 포함)이 12년 이내에 만족스런 수준에 도달하기 위해 학교와 교육청의 준비 수준을 평가하는 연도별 목표를 구체화해야 한다. 연간 학업성취목표AYP를 달성하기 위해 학교는 위에서 언급한 각 집단에 속한 학생 가운데 최소 95%를 평가해야 한다.

둘째, 주 정부는 3학년에서 8학년까지의 학생을 대상으로 읽기와 수학 과목에 대해 최소 1회에 걸쳐 평가를 실시해야 한다. 또한 2007~2008학년도에 주 정부는 3~5학년, 6~9학년, 10~12학년의 학생을 대상으로 매년 최소한 1회에 걸쳐 과학 과목의 평가를 실시해야 한다. 이러한 평가는 주 정부의 학업 만족 및 성취 기준과 제휴되어야 하고 사고력와 이해력을 측정하는 다양한 평가 방법이 포함되어야 한다.

셋째, 주 정부는 연도별로 학생들의 학업 성취 정도를 나타내는 보고서 Annual state and school district report cards를 작성해 학부모와 지역사회에 보고해야 한다. 이 보고서에는 인종, 민족, 성별, 영어 유창성, 이민 지위, 장애 등급, 경제적 지위 등을 구분해서 결과를 작성해야 한다. 이외에도 보고서에는 개선이 필요한 학교로 판명된 학교 숫자와 학교 이름, 그리고 교사의 자격 수준까지 포함한다. 평가 시스템은 개별 학생에 대해 분석, 기술, 진단하는 방식이 되어야 하고, 주 정부는 교육청과 학교에 항목별로 분석해서 보고해야 한다. 주 정부는 한 학년도에 실시된 주 평가의 결과를 익년 학년도가 시작하기 이전에 교육청에 보고해야 한다. 평가 결과는 개별 학생의 교육 성취도를 향상시키기 위해 명확하고 이행하기 쉽고 교육청, 학교, 교사가 사용할 수 있는 방식이어야 한다.

넷째, 학업성취목표AYP 이외에 주 정부는 2년마다 4학년과 8학년 학생을 대상으로 한 읽기와 수학에서 NAEP 평가에 참여해야 한다. 정책 수립가들은 주 수준의 NAEP 자료로 주 정부가 설정한 기준의 상대적 엄격성과 상식적인 측정 수준을 평가, 검토한다.

마지막으로, 주 정부 및 지방 교육청은 연도별 학업성취목표에 도달하지 못한 학교들에게 시정 조치를 내려야 한다. 지방 교육청의 시정 조치는 교직원 대체, 새로운 교육과정 시행, 학교 관리자의 권한 축소, 외부 전문가 임명, 수업일수 또는 학기 연장, 그리고 학교 내부의 재조직화 등이다. 만약 단위 학교가 시정 조치를 받고도 여전히 연도별 학업성취목표에 도달하지 못하면, 단위 학교는 학교 운영에서 상당한 변화를 감수해야 한다. 학업성취목표에 도달하지 못한 학생들은 진급하지 못하거나 졸업이 늦춰지며, 실패에 책임이 있는 대부분의 교직원들은 교체될 수 있다. 또한 학교는 헌장학교 charter school나 특성화학교로 새롭게 개교하거나, 또는 효과적인 학교 운영을 한 경험이 있는 사설 회사에 학교 운영을 인계해야 한다(염철현, 2006). Title I 재정을 받고 있는 학교가 연도별 학업성취목표에서 연속 2년간 목표 달성에 실패하면, 그 학교에 다니던 모든 학생들에게 더 나은 학업 성취를 보이는 공립(헌장)학교로 전학할 수 있는 기회를 준다. 이때, 필요하다면 지방 교육청은 Title I 자금으로 학생들에게 전학에 따른 교통수단을 제공해야 한다.

결론적으로, 학업 성취 향상을 위한 책무성 강화에 관한 내용들은 이미 이전 교육개혁에서 제안된 것들이다. 그러나 기존 교육개혁과 비교해볼 때, NCLB 교육개혁은 한걸음 더 나아가 학생들의 학업성취목표를 설정하고 이를 공식적으로 평가해 결과를 공개하며, 결과에 따라 보상과 제재를 가할 수 있는 책무성 시스템을 수립했다는 점에서 큰 차이가 있다.

NCLB 교육개혁의 기대 효과

미국 NCLB 교육개혁에서 연간 학업성취목표를 설정하고 이를 기반으로 학업성취도평가 및 결과를 공개함으로써 달성하고자 하는 기대 효과는 세 가지이다. 첫째, 교육 결과의 평등이다. NCLB 교육개혁은 상당수의 학생들

(특히, 저소득층의 유색인종 아이들)이 학교를 다니는 동안 거의 배우는 것이 없음을 문제 삼고, 교육 결과에서 평등을 추구하려는 의도를 갖고 있다(Fusarelli, 2004; U. S. Department of Education, 2007). 지난 40년 동안 초·중등교육에 많은 재정을 투자하고 수백 개의 프로그램을 시행했지만 미국 학생들은 여전히 다른 나라 학생들보다 학업성적이 떨어지고, 미국 내 빈부 차이에 따른 학업 성적 차이 또한 매년 크게 벌어지고 있다. 저소득층의 학습부진아들이 학교에서 거의 배우는 것 없이 학년을 올라가고 졸업을 한다. 심지어 학교를 졸업하고 나서도 영어를 능숙하게 구사하지 못한다. 이러한 상황에서 NCLB 교육개혁은 미국 내 드리워져 있던 교육 불평등의 문제를 수면 위로 끌어올리고자 했다. 미연방교육부는 NCLB 교육개혁을 미국 역사에서 교육의 평등을 실현하고자 하는 이정표로 비유하면서 NCLB 교육개혁의 이념 아래에서 본다면, 더 이상 제대로 배우지 않고 학교를 졸업하는 저소득층의 유색인종 학생들은 없을 것이라고 주장한다.

NCLB 교육개혁에 담겨 있는 교육 결과에 대한 평등 의지는 미국 내 교육평등 실현을 위한 역사적 흐름과 함께한다. 국가의 억압에서 벗어나 표현, 출판, 종교, 그리고 기회의 자유 위에 세워진 미국은 지난 반세기 동안 자유에 대한 갈망 때문에 희생당한 평등의 가치를 되살리기 위한 노력들을 해왔다. 1954년, 같은 교육청 내 인종별 학교 구분이 위헌이라는 브라운 판결Brown decision은 미국 공교육 역사에서 평등을 찾아가는 첫걸음이었다(McDaniels, 1992). 이후 1970년에 캘리포니아에서 교육청의 학교 간 재정 확보 방식의 불평등을 문제 삼았던 '세라노 vs 프리스트'Serrano vs. Priest 논쟁은[6] 인종차별금지 노력에 견줄 만한 평등을 위한 노력이었다. 이 논쟁을 계기로

---

6 이 논쟁은 캘리포니아주의 존 세라노John Serrano가 다른 부모들과 함께 주 정부의 교육 재정 배분 방식의 부당성을 제기해 법원에 소송을 낸 사건이다. 지역별 재산세를 기초로 공립학교에 재정을 배분하는 미국의 교육 재정 배분 방식은 부모의 빈부 격차에 따라 학생들이 교육에서 차별 대우를 받을 수밖에 없다는 주장이다. 10년간의 소송 끝에 재판부는 캘리포니아의 교육 재정 배분 방식이 합리적이지 못하기 때문에 좀 더 '재정적으로 중립적인(fiscal neutrality)' 방향으로 개선할 것을 명령했다(McDaniels, 1992).

불과 몇 마일 안에서 부유한 공립학교와 열악한 공립학교로 구분되어 있었던 미국 공립학교의 재정 배분 방식에 문제가 있음이 제기되었고, 주 정부를 상대로 소송이 이어졌다. 그러나 지난 반세기 동안 노력을 했지만 여전히 빈부 격차에 따른 교육 불평등의 문제는 오랫동안 미국의 양심을 건드리고 있다. 이러한 역사적 맥락 아래에서 NCLB 교육개혁은 상당수의 저소득층 학생들이 학교교육을 통해 배우는 것이 거의 없다는 문제를 제기함으로써 교육 평등의 꿈을 보여준다. 즉, 브라운 판결과 세라노 논쟁이 불평등한 교육 기회를 제공하는 미국 공립학교 체제의 문제점을 지적함으로써 교육에서 투입의 평등을 추구한 반면, NCLB 교육개혁은 교육의 산출물에서 평등을 추구하려는 의도를 담고 있다.

둘째, 공교육 체제의 시장화이다. NCLB 교육개혁은 학업성취도평가와 정보 공개 방침 등을 통해 현재 독점적인 공립학교 체제를 없애고 공교육의 상당 부분에서 다양한 교육 방식을 시도하는 경쟁 체제로 전환하고자 하는 의도를 담고 있다. 이러한 입장은 1990년대 초 독점적인 공립학교 철폐와 교육의 시장화를 통해서만이 교육의 효율성을 높일 수 있다는 주장들(Chubb & Moe, 1990)과 그 맥을 함께한다. 이러한 입장에서 본다면, 현 공립학교 체제의 실패는 경쟁 없는 독점적 지위에서 비롯된다. 즉, 경쟁이 없고 노력에 대한 보상이 불분명한 교사 관리, 교육의 효과와 효율성을 판단하기 어렵게 하는 평가 시스템, 학교 선택권의 결여, 학생 모집에 대한 학교의 독점적 조건들이 공립학교의 실패를 불러온 것이다. 따라서 공립학교를 강력한 책무성 체제로 변화시키고 경쟁 시스템을 도입하는 것은 불가피한 처방이다. 학부모들은 실패한 공립학교를 벗어나 대안적인 교육 형태를 찾게 될 것이다.

NCLB 교육개혁 아래에서 학생들은 과목별로 학업 성취를 측정하는 시험을 보고, 시험 결과는 연간 학업성취목표AYP에 따라 평가받게 된다. 연간 학업성취목표를 달성한 경우 연방 정부로부터 계속 지원을 받겠지만, 목표치에 도달하지 못한 학교들은 시정 조치를 받는다. 교육청으로부터 두 차례 시정 조치를 받고 나서도 학업성취목표를 달성하지 못한 경우, 학부모와 학생들에게는 다른 공립학교로 전학 갈 수 있는 학교선택권이 주어진다(U. S. Department of Education, 2002). 그렇다면, NCLB 교육개혁 집행 이후 공립학교에는 어떤 현상이 벌어질까? 낮은 학업성취도를 보인 대다수 공립학교들은 학부모들로부터 외면받을 것이다. 결국 소수의 공립학교만이 수요자들의 선택에서 살아남을 것이고, 헌장학교charter school, 혹은 다양한 교육 방식들(예컨대 홈스쿨링과 같은)과 함께 경쟁 체제 아래에서 공교육이 운영될 것이다 (Mintrop & Trujillo, 2005).

이러한 시각에서 본다면, NCLB 교육개혁은 학부모 선택과 재구조화라는 전략이 전면적으로 실시되기 전, 낮은 학업성취도를 보이는 학교들이 만회할 수 있는 마지막 기회인 셈이다. 이러한 학교들은 주 정부 및 지방 교육청으로부터 적어도 두 번 이상 시정 조치와 더불어 개선하기 위한 물적 및 인적 지원을 제공받게 되고, 이러한 기회가 제공되는 동안 최대한 학교를 개선하기 위해 노력한다. 교사들도 자신들의 책임을 다할 수 있도록 동기 유발이 강화될 수 있다. 상당수의 공립학교들이 NCLB 교육개혁이 제시한 시한까지 목표치를 달성하지 못한다 할지라도 공립학교 체제를 전면적으로 개선할 수 있는 장치가 준비되어 있다. NCLB 교육개혁의 규정에 따라 학부모들은 학교선택권을 요구하기 시작할 것이고, 미국 교육에서 '경쟁적 관계'라고 하는 새로운 역학 관계들이 점차적으로 공교육 체제를 바꾸어 놓을 것이기 때문이다(Sykes, 2003). 이러한 점에서 사익스Sykes는 "이 법안 뒤에 숨겨져 있는 의도는 분명하다. 현재의 공립학교 체제를 날려버려 지방정부들의 많은 공립학교들이 숨 막히는 관료제로부터 벗어나게 하고, 상당히 다양하고 광범위한 시장 대안들로 그 자리를 채우게 하는 것이다"라고 언급한 바 있다.

셋째, 교육기관의 책무성 향상이다. NCLB 교육개혁의 또 다른 의도는 학생들이 일정 수준의 학습 능력을 갖출 수 있도록 교육기관의 책무성을 강화하고자 하는 것이다. NCLB 교육개혁 아래에서 주 정부와 지방 교육청은 단위 학교의 책무성을 감시하는 역할만이 아니라 단위 학교에 물적, 인적 자원을 지원해야 하는 책무가 있다. 단위 학교는 학교 발전과 학생들의 학업 성취 향상에 대한 책무가 있다(U.S. Department of Education, 2007). 연간 학업 성취목표에 도달하지 않으면 불이익을 받게 된다는 강력한 책무성 기제는 주 정부, 지방 교육청, 단위 학교, 그리고 교사들이 처벌을 피하거나 적절한 보상을 받기 위해 더욱더 열심히 일할 수 있도록 동기를 유발시킨다(Flake, Benefield, et al., 2006). 예컨대, 학생은 졸업장을 받기 위해, 교사는 처벌 대신 보상을 받기 위해, 학교는 폐교의 위협으로부터 벗어나기 위해 외재적인 책무성을 달성하는 동안에 스스로 책임지고 최선을 다하려는 내적인 책무성까지도 발달할 수 있게 된다.

NCLB 교육개혁의 문제점 및 한계

NCLB 교육개혁이 야심 찬 개혁 의도를 가지고 있지만 학생의 학업 성취 기준 설정, 평가, 결과 공개에 따른 보상과 제재를 골자로 하는 개혁안은 기본 가정에서 문제점과 현실적인 한계를 안고 있다.

파행적인 교육과정 운영과 도덕적 해이

NCLB 책무성 시스템의 가장 큰 문제는 이 시스템을 통해 교사들을 바람직한 방향으로 동기 유발을 시키기보다는 파행적인 교육과정 운영과 도덕적 해이 등 비윤리적인 문제를 양산할 수 있다는 점이다. 저명한 측정 평가 전문가인 로버트 린Robert Linn마저도 "과거에 가장 낮은 학업성취도를 나타냈던 학생 집단에게 보이는 NCLB 교육개혁의 특별한 관심은 칭찬할 만하다. 만약 NCLB 교육개혁이 제시한 방식대로 학생들의 학업성취목표들을 달성할 수만 있다면 상당히 칭찬할 만하다. 그러나 불행히도 이것은 상당히 비현실적이어서, 교육자들을 고무시키기보다는 오히려 비도덕적으로 만들 수 있다. 만약 연도별 학업성취목표 요구가 점차 강화된다면, 독창적인 프로그램을 개발해서 학생의 학업 성취 향상에 어느 정도 진전을 보이고 있는 많은 공립학교들에게 불이익이 될 수 있다. NCLB 책무성 시스템 아래에서는 단위 학교만의(독창적인 교수-학습 방식으로) 꾸준하고 의미 있는 발전을 한다 하더라도 연도별 학업성취목표에 도달하지 못한다면 인정해주지 않기 때문이다"라고 지적한 바 있다.

NCLB 교육개혁 아래에서 윤리적 문제는 이미 현실화되고 있다. 주 정부와 지방 교육청은 연방 정부의 지원금을 얻어내기 위해 일부러 시험 난이도를 낮추거나 시험문제의 답을 학생들에게 고의적으로 알려주고, 불리한 보고 자료를 속이는 등의 방법으로 학생들의 높은 학업성취도를 증명한다(Cawelti, 2006). 또한 학교에서 평가 방식은 연방 정부에서 제공하는 시험 방식에 적응할 수 있도록 선택형 문제나 단답형 문제를 주로 출제한다. 이러한 평가 방식은 피상적인 지식만을 평가하는 치명적인 문제가 있다. 학교의 교육과정도 상당 부분 시험 대비 체제로 바뀌어가고 있다. 교사들은 좋은 평판과 포상금을 받기 위해 정상적인 교육과정을 운영하기보다는 시험 결과에 초점을 맞춰 교육과정을 운영한다. The Center on Educatio Policy가 전국적 규모로 조사한 결과에 따르면, 지방 교육청 71%가 수학과 읽기에 더 많은 시간을 할애하기 위해 적어도 다른 과목 수업을 한 과목 이상 줄인 것으로 나타났다(Jennings & Rentner, 2006).

표준화 검사 결과의 신뢰성 문제

NCLB 교육개혁은 개별 학생의 능력이나 단위 학교의 책무 정도를 측정하기에 무리가 있는 평가 방식을 채택한다. NCLB 교육개혁에서 책무성 평가를 위해 사용하는 기제는 1990년대 이후 미국의 각 주가 공통으로 사용할 수 있는 표준화된 성취·시험 혹은 California Achievement Test, Comprehensive Test of Basic Skills, Iowa Test of Basic Skills, Metropolitan Achievement Tests, Stanford Achievement Tests 등이거나, 주 정부가 자체로 고안한 표준화 검사 방식이다. 그런데 미국의 많은 전문가들은 NCLB 개혁에서 제안한 표준화 검사를 통한 책무성 평가 방식이 과연 기술적으로 타당하고 공정한지에 대해 의문을 제기한다(예: Amrein, & Berliner, 2002; Hill & DePascale, 2003; Kane, Staiger, & Geppert, 2002; Linn & Haug, 2002).

무엇보다 표준화 검사는 학생의 개별적인 능력을 진단하는 도구로서 한계가 있다. 좋은 진단 도구는 평가 결과에서 개별 학생이 어떤 어려움을 가지고 다음 단계로 나아가기 위해 무엇을 해야 하는지를 추론할 수 있어야 한다. 그러나 표준화 검사는 그 도구의 한계상 개인의 너무도 좁은 범위의 능력, 기술, 지식을 평가하기 때문에 개인의 포괄적이고 정확한 정보를 제공해주기 어렵다(Nathan, 2002; The National Center for Fair and Open Testing, 2007). 또한, 표준화 검사는 표준화된 절차를 통해 작성된 규준을 언제 어디서나 동일하게 적용해서 의미를 부여하기 때문에 특정한 상황context에 대한 고려 없이 지나치게 검사 결과를 단순화하는 경향이 있다. 특히, 최근 연구들 (Hill & DePascale, 2003; Kane, Staiger, & Geppert, 2002; Linn & Haug, 2002)에 따르면 표준화 검사는 사례 수가 적을수록, 초등학교일수록 학교의 교육적인 노력과 별도로 학업 성취 결과가 과대 혹은 과소 추정될 수 있다는 결과 해석의 위험을 경고한 바 있다. 이러한 이유로 시험 전문가(예를 들면, The American

Psychological Association)들은 학생이나 학교에 대한 중요한 결정을 표준화 검사 결과만으로 활용해서는 안 되고, 수업 기반 관찰 평가와 같이 타당성을 높일 수 있는 다양한 평가 방법을 함께 사용할 것을 당부한다. 초기 책무성 운동가들도 표준화 검사의 이러한 한계 때문에 학생의 수행을 평가하는 데 표준화 검사뿐만 아니라 학생 활동의 포트폴리오, 학생에 대한 교사 평가, 학생 발표 프로젝트, 학생 작품의 공식적인 전시 등을 포함시켰다 (Elmore, 2002). 그러나 NCLB 교육개혁의 책무성 시스템은 표준화 검사만을 활용해서 개별 학생의 능력을 판단할 뿐만 아니라 심지어 경제적 배경에 따라서 학생의 학업 성취 점수를 분류해 평가한다. 표준화 검사는 가시적인 결과를 빨리 제공할 수 있고, 집행하는 데 상대적으로 돈이 적게 들기 때문에 정책가들에게는 매력적인 평가 방식이다. 결국, NCLB 교육개혁은 표준화 검사가 가지는 치명적인 오류는 눈감아 버린 채 표준화 검사만으로 학생의 학문적 발전에 대한 결정을 하거나(예를 들어, 다음 학년에 진학이 가능한지, 졸업을 할 수 있는지에 대한 결정) 학교의 존폐를 결정하는 고부담high-stakes 책무성 시스템을 운영하고 있는 것이다.

외재적 책무성 강화의 한계

NCLB 교육개혁은 학업성취평가와 정보 공개, 그리고 이후 보상과 처벌 방식으로 이어지는 책무성 시스템으로 학교 구성원의 책무성을 증대시키고자 한다. 그러나 미국의 교육학자들은 NCLB 교육개혁 아래에서 보상과 처벌이라는 외재적 책무성 기제로 학교 구성원의 내적 책무성까지 이어질 수 있을 것인가에 대해 의문을 제기한다. 하버드 대학의 엘모어Elmore 교수는 'NCLB 교육개혁의 외재적 책무성 시스템으로 교원의 내적 책무성을 향상시킬 수 있다'라는 가정은 인간이 언제 진심으로 자신의 일에 책임감을 느끼고, 노력을 하게 되는지에 대한 사회심리학적인 고려가 전혀 없는 발상이라고 비판한 바 있다. 지난 30년간 진행된 교육정책의 집행 연구 결과, 강요된 책무성만으로 학교 구성원들의 개혁 의지와 역량을 이끌어낼 수 없었다. 학교 구성원들의 내적인 책무성을 키우는 것은 교육개혁에 대해 구성원들이 공유하고 있는 신념shared belief, 기대shared vision, 그리고 협동적 관계collaborative relationship 등과 훨씬 관련이 있다(Cohen & Hill, 2001; Bryk & Schneider, 2002). 학교 구성원들이 학생의 학업에 대해 새로운 태도와 신념을 형성하고, 협동적 활동과 새로운 교수 학습 활동을 시도하는 중에 학교 발전에 대한 내적인 책무가 성장할 수 있는 것이다. 따라서 외부의 책무성 요구에 대한 압력보다 학교 구성원들에게 무엇이 좋은 학교의 모습인지에 대해 일관되고 분명한 기대와 규범들을 가지게 하고, 협동성을 키워 나가는 일이 더 중요하다. 이러한 면에서 엘모어 교수는 외재적 책무성보다 내적 책무성이 우선해야 한다고 언급한 바 있다.

학교 간 불평등 심화

외부로부터 우선적인 지원과 도움 없이 외재적 책무성만으로 학업 성취를 향상시키라는 NCLB 교육개혁의 요구는 사회적 자본이 부족한 가난한 학교에 실패와 불평등을 심화시킬 수 있다. 학교 구성원들의 내적 책무성 향상은 외부로 부터의 지원이 보장되어야만 가능하다(Mintrop, 2003; Mizell, 2003; O'Day, 2004). 정책 분석가들은 이러한 문제를 종종 닭과 달걀의 문제로 비유하기도 하는데, 교육개혁의 역사는 외부로부터 지원을 받지 않고 학교들이 스스로 발전을 추동하기는 어렵다는 것을 보여준다(예: Cohen & Hill, 2001; Tyack & Cuban, 1995). 특히, 저소득층의 학업 성취가 낮은 학교가 스스로 변화를 추동하고 내적인 책무성을 키우는 일은 매우 어려운 일이다. 이러한 학교들은 외부 책무성 요구에 대해 충분히 반응하고 실행할 수 있을 만한 역량을 가지고 있지 않기 때문에 시험 결과를 공개하고, 시정 조치를 요구한다고 해도 저절로 더 나은 학교로 변모하지 못한다. 이러한 학교 구성원들은 학업 성취도를 높이기 위해 무엇부터 어떻게 해결해야 할지 그 방법을 알지 못하기 때문이다. 반면, 미국에서 높은 학업 성취를 보이는 학교들은 대부분 사회적, 경제적 배경이 높은 집안의 학생들이 다니는 곳이다. 이러한 학교에서 학업 성취도가 높은 이유는 학교 자체의 능력보다는 학생의 배경에서 비롯된 사회적 자본의 영향력이 크기 때문이다. 그러나 학업 성취도가 낮은 학교에서 학생과 학부모들은 사회적 자본에 의존할 수 없기 때문에 더욱더 학교 조직의 내적 자원과 책무에 의존해야 한다(Elmore, 2002). 이렇게 본다면, 외재적 책무성을 강조함으로써 학교 구성원들의 내적 책무성을 향상시키려고 하는 NCLB 교육개혁의 논리는 미국 사회의 수많은 가난한 학교들의 처지에서 지극히 어려운 협상이고 불공평한 일인 것이다.

지역 교육청의 집행 역량 부족

NCLB 교육개혁은 주 정부, 지방 교육청, 그리고 단위 학교 간 연계를 통해 다양한 교수 학습 프로그램들을 개발하고 운영해서 학생들의 학업 성취 향상에 도움을 주고자 한다는 점에서 고무적이다. 주 정부와 지방 교육청은 단위 학교의 책무성을 평가할 뿐만 아니라 단위 학교들과 함께 교수 학습 자원들을 발굴하고 프로그램들을 운영하는 데 도움을 주는 협력자의 역할을 담당해야 한다. 이러한 점에 비추어볼 때, 학생들의 학업 성취 향상과 학교 발전을 위해 주 정부, 지방 교육청, 그리고 단위 학교가 함께 노력해 나가도록 유도하는 것이 NCLB 교육개혁의 숨은 미덕이라고도 할 수 있을 것이다.

그러나 주 정부나 지방 교육청들이 단위 학교의 교수 학습 프로그램을 지원하고 운영할 만한 역량과 의지가 부족할 때, 그 몫은 온전히 단위 학교로 되돌아온다. 실제로 단위 학교의 열악한 자원들을 조직화하고, 외부 자원들을 활용할 수 있는 노하우를 갖춘 주 정부와 지방 교육청을 찾아보기란 매우 어려운 일이다. 특히, 시골 지역일수록 인적 및 물적 자원을 발견하기가 더 힘들다. 리브스(Reeves, 2003)와 Goertz(2005)는 NCLB 교육개혁이 주 정부와 지방 교육청들에게 학생의 시험 결과를 분석하는 데 필요한 기술과 교육과정을 조정하는 능력, 그리고 학생과 학교들의 성장을 모니터하고, 효과적인 전문성 개발과 교수 전략을 위한 지원을 요구하지만, 개혁의 요구를 실행할 만한 능력과 자원을 가지고 있는 주 정부와 지방 교육청은 매우 제한적임을 밝힌 바 있다. 예를 들어, NCLB 교육개혁은 학습부진아들을 위한 개별 보조 교사 제도를 갖추도록 요구하고 있으나 대다수의 주 정부는 이를 위한 충분한 보조 교사 인원을 갖추지 못하고 있다. 버지니아 주에서 674명의 학생들이 보조 교사를 요구했으나, 단지 26명만을 확보함으로써 보조 프로그램들이 제대로 실행되지 못했다. 지방의 교육청 역시 대안적인 교수 프로그램과 인적, 물적 자원들을 제공해야 하고, 학생들의 학업성취도와 단위 학교들을 계속해서 모니터하고 보고서를 작성해야 하지만, 단위 학교에 의미 있는 자원을 제공하기란 턱없이 부족하다(Sunderman, et al., 2005). 주 정부와 지방 교육청의 상황이 이러하다 보니, 학생의 학업 성취도 향상을 위한 다양한 프로그램들을 개발하고 운영하는 일은 모두 단위 학교의 몫이 되어버렸다. 그러나 단위 학교가 혼자 이 짐들을 모두 짊어지고 가기에는 너무도 벅차다. 결론적으로, NCLB 교육개혁은 주 정부, 지방 교육청, 그리고 단위 학교 간의 연계를 통해 학교 발전에 필요한 자원들을 개발하고 지원하고자 했지만 교육기관들의 역량 부족은 결국 단위 학교의 부담을 가중시킨다는 문제를 안고 있다.

우리나라 교육개혁에 주는 교훈

이명박 정부는 '기초학력, 바른 인성 책임 교육제'라는 정책을 통해 초·중등학생 전체를 대상으로 하는 학력평가 실시를 시·도교육청 수준에서 계획하고, 이에 대한 정보를 공개하는 '교육 관련 기관의 정보 공개에 관한 특별법'을 제정해서 2008년 5월부터 시행했다. 정책의 핵심은 초·중등학교의 특정 학년 전체 학생들을 대상으로 기초학력 진단을 위한 평가를 실시해서 학교별 학력에 관한 자료(기초학력 미달 학생의 비율, 성취도 향상 수준 등)를 공개함으로써 지역 간, 학교 간 교육 격차를 해소한다는 것이다.

이러한 정책을 쿠퍼Cooper의 관점에서 분석해보면, 교육 활동의 결과를 기반으로 학교에 보상과 제재를 가함으로써 교육적 효과를 높인다는 면에서 '효율성', 그리고 학교별, 지역별로 학업성취도를 공개해서 지역 간, 학교 간 경쟁을 통해 교육의 수준을 끌어 올릴 수 있다는 의도를 담고 있으므로 '시장적 성격'을 추구하는 정책이라고 볼 수 있다. 또한 구조적 측면에서 보자면, 지금까지 학업성취도평가와 공개를 위한 인프라를 국가적 수준에서만 구축해왔기 때문에 시·도 교육청이나 학교 수준에서 표준적인 시행과 질 관리 체제, 준거 설정의 도입, 시험 결과 보고와 결과의 활용 등이 제대로 이루어지기 위해서는 많은 행정·재정·전문적 지원이 필요하다. 구성원 측면에서 본다면, 학업 성취도 공개는 학교 간 서열을 조장하거나 사교육 혜택에서 상대적 차이가 있는 도시와 농·어·산촌 지역 학생 간의 격차를 극대화할 수 있는 위험성을 안고 있다. 끝으로 기술적 측면에서 학업성취도평가의 지표가 협소하고, 평가 체제의 타당도나 신뢰도의 문제, 시험 위주의 교육 활동으로 인한 부정적 영향 등 집행에 필요한 여건 등이 부족한 상황이다.

이러한 분석에서 보자면, 이명박 정부에서 제시하고 있는 기초학력진단평가와 결과 공개는 미국에서 1990년대부터 주 정부 차원에서 전체 학생들을 대상으로 실시할 목적으로 개발된 학업성취도평가와 그 연장선상에 있는

NCLB 교육개혁에서 제시한 정책과 비슷하다. 게다가 예상되는 문제점마저 유사하다고 할 수 있을 것이다. 따라서 2002년에 시작해서 이미 6년간의 집행 과정을 거친 미국의 NCLB 책무성 시스템의 문제점과 한계들을 짚어보면서 우리나라 교육개혁을 위한 타산지석으로 삼을 수 있을 것이다.

NCLB 교육개혁의 책무성 시스템이 해결해야 하는 과제는 명확하다. 외부의 압력에 의해서가 아니라 학교 스스로 개혁에 헌신할 수 있도록 학교의 '자발적이고 내적인 책무성'을 키우는 데 투자해야 한다. 교사의 전문 지식과 학생에 대한 이해, 그리고 교사 간 협동성에 대한 투자를 하지 않고서는 학교 안에서 어떠한 교사와 학생의 수행도 결코 향상시킬 수 없을 것이다. 이를 위해서는 NCLB 교육개혁이 기존에 제시한 선先 책무성 후後 자원 투자가 아니라 첫 번째가 자원 투자이고 그 다음이 책무성이 되어야 하는 것이다.

이러한 맥락에서 본다면, 책무성은 보상과 제재라는 기제가 아닌 보상과 학습이라는 기제를 통해 구성되어야 하는 개념으로 이해해야 한다. 목표 달성에 실패한 원인을 분석하고, 그에 따른 학습, 연수 등을 통해 다음에 수행해야 할 책임 부문을 재조정하는 과정이 요구된다. 이러한 활동은 학교 조직의 구성원들이 학습 공동체의 일원이 되도록 하며, 지속적인 학습과 그 성과에 대한 확인을 통해 지속적으로 개선하고 발전할 수 있게 한다는 점에서 의의가 있다. 학습 공동체의 일원으로서 개선과 발전을 목표로 지속적인 학습의 경험을 가진 교사들은 자기 성장을 위한 학습과 공동체의 협력이 지닌 교육적 원리를 이해할 수 있게 된다. 교육적 성장의 원리에 익숙한 교사들만이 학생들을 지속 가능한 발전 능력을 지닌 학습 공동체의 일원으로 안내할 수 있을 것이다.

참고 문헌

염철현 (2006). 미국 초중등교육개혁법 고찰 −No Child Left Behind Act를 중심으로. 비교교육연구 15(3).

Amrein, L. & Berliner, C. D.(2002). An Analysis of Some Unintended and Negative Consequences of High−Stakes Testing. The Great Lakes Center for Education Research & Practice.

Bryk, A.S., & Schneider, B.L. (2002). Trust in schools: A core resource for improvement. New York: Russell Sage Foundation.

Cawelti, G.(2006). The Side Effects of NCLB. Educational Leadership, 64(3), 64−68.

Chubb, J. E. & Moe, T. M. (1990). Politics, Markets and America's Schools, Brookings, Institution, Washington, D.C.

Cohen, D. K. & Hill, H. C. (2001). Learning policy: when state education reform works. New Haven: Yale University Press.

Elmore, R. (2002). Unwarranted Intrusion. Education Next. Spring.

Flake, M.A., Benefield, T.C., et al. (2006, November). A firsthand look at NCLB. Educational Leadership, 64(3), 48−52.

Fusarelli, L. D. (2004). The potential impact of the No Child Left Behind Act on equity and diversity in American education. Educational Policy 18(1). 71−94.

Goertz, M.E.(2005). Implementing the no child left behind act: Challenges for the states. Peabody Journal of Education 80(2). 73−89.

Hill, R. K., & DePascale, C. A. (2003). Reliability of No Child Left Behind accountability designs. Educational Measurement: Issues and Practices, 22(3), 12−20.

Jennings, J. & Rentner, D. (2006). Ten Big Effects of the No Child Left Behind Act on Public Schools, Phi Delta Kappan, 88(2), 110−113.

Linn, R. L., & Haug, C. (2002). Stability of school—building accountability scores and gains. Educational Evaluation and Policy Analysis, 24(1), 29–36.

Kane, T., Staiger, D., & Geppert, J. (2002). Randomly Accountable, Education Next. Spring, 57–61

Linn, R. (2003). Accountability: Responsibility and Reasonable Expectations. Educational Researcher 32(7), 3–13.

McDaniels, C. (1992). Equality of Educational Opportunity: Race and Finance in Public Education, Yale—New Haven Teachers Institute.

Mintrop, H. (2003). The limits of sanctions in low—performing schools: A study of Maryland and Kentucky schools on probation. Education Policy Analysis Archives, 11(3).

Mintrop, H. & Trujillo, T. (2005). Corrective Action in Low Performing Schools:Lessons for NCLB Implementation from First—Generation Accountability Systems, Education Policy Analysis Archives, 13(48), 1–30.

Mizell, H. (2003) NCLB: Conspiracy, Compliance, or Creativity? Conference of the Maryland Council of Staff Developers (April 25, 2003). Available online at: http://www.middleweb.com/HMnclb.html Retrieved September, 2007.

Nathan, L.(2002). High—stakes Testing: The Human Face of the High—Stakes Testing Story, Phi Delta Kappan, 83(8), 596–600.

O'Day, J. (2004). Complexity, accountability, and school improvement. In S. Fuhrman & R. Elmore (Eds.), Redesigning accountability systems (pp. 15 – —43). New York: Teachers College Press.

Reeves, C. (2003). Implementing the No Child Left Behind Act: Implications for Rural Schools and Districts. Naperville (IL): North Central Regional Educational Laboratory.

Sunderman, G. L., Kim, J. S., & Orfield, G. (2005). NCLB meets school realities: Lessons from the field. Thousand Oaks, CA: Corwin.

Sykes, G. (2003). No Child Left Behind and the American Dream. Unpublished note.

The National Center for Fair and Open Testing(2007), What's Wrong With Standardized Testing? FairTest.org. Retrieved January 8, 2008.

Tyack, D.& Cuban, L.(1995). Tinkering toward utopia. Cambridge, MA: Harvard University Press.

U.S. Department of Education (2002). No Child Left Behind: executive summary. Available online at http://www.ed.gov/nclb/overview/intro/presidentplan/page_pg3.html Retrieved August 10, 2007

U.S. Department of Education (2007). Reauthorization of NCLB. Available online at http://www.ed.gov/nclb/overview/intro/reauth/index.html Retrieved August 10, 2007.

3장

우리는 진정으로 어떤 교사를 희망하는가[7]

양은주[8]

2008년 12월 10일, 훌륭한 교사들을 절망에 빠뜨리고 참된 교육의 길을 고민하는 많은 이들을 혼돈으로 몰아넣은 사건이 일어났다. 일제고사(전국 단위 학업성취도평가)가 지닌 비교육적인 폐단을 문제로 의식한 교사들이 학생과 학부모에게 시험 선택권이 있음을 알리고 체험학습을 허락한 일에 대해 서울시교육청에서 '성실의무 위반'과 '명령 불복종'의 이유를 들어 해당 교사 7명을 파면·해임 조치한 일이 그것이다.[9] 이 사건은 해당 교사들의 개인적 불행에 국한한 문제가 아니다. 교육의 본질적 가치를 추구하는 관점에서 그 의미를 엄밀히 따지고 해결책을 찾지 못한다면, 우리 교육의 생명력을 서서히 잃게 만들 만한 중대 사안이다.

문제의 본질

이 사건에는 학교교육에 관여하는 네 주체의 행위가 얽혀 있다. 첫째는 국가의 '교육정책 결정자'가 한동안 폐지되었던 전국 단위 일제식 학력평가를

---

7 "이 글은 《우리교육》 2009년 2월호에 실린 글을 보완한 것이다."

8 광주교육대학교에서 교육의 역사적 철학적 이해, 교육 고전, 예술과 교육, 초등교육의 철학적 탐구 등을 강의한다.

9 이후 유사한 이유로 전북교육청과 강원교육청에서도 교장과 교사 징계 조치가 이어졌다. 이 글은 이러한 흐름의 발단이 된 서울시교육청의 징계 조치에 초점을 두고 분석했다. 세세한 상황은 다를 수 있겠지만 이들 일련의 사건 모두가 본질적으로는 이 글에서의 논의와 같은 맥락에서 이해될 문제로 보인다.

표집 방식에서 전집 방식으로 전환해 다시 시행한 행위이다. 둘째는 개별 '교사'가 새로 도입된 일제고사 방식의 문제점을 비판적으로 인식하고 학생과 학부모에게 시험 선택권에 대해 알리고 그 권한행사를 허락한 행위이다. 셋째는 '학생과 학부모'가 일제고사를 학생의 교육적 필요에 반하는 것으로 판단해 시험을 거부하고 체험학습이나 대체 프로그램을 선택한 행위이다. 넷째는 국가 공권력을 대변하는 '지역 교육청 행정 관료'가 해당 교사에게 파면·해임이라는 중징계 처분을 내린 행위이다.

네 가지로 구분되는 주체의 행위는 순차적으로 서로 맞물리며 일어났다. 따라서 어느 한 가지 행위에 대한 동의나 반대 여부에 따라 모두 뭉뚱그려 정당화하거나 비판하는 식으로 반응하기 십상이다. 가령 일제식 학력평가 자체에 대한 찬반 입장에 따라 교사 징계 조치의 정당성 여부를 판단하게 된다. 그러나 이번 사건을 하나의 문제로 접근한다면, 해결 불가능한 갈등만을 심화시킬 수 있다. 일련의 행위 각각을 분명히 구분해놓고서, 각 주체가 취한 행위의 바탕에 놓인 각기 다른 교육학적 문제들을 잘 따져볼 필요가 있다.

첫째, 국가 교육정책 결정자의 행위가 적절한 것이었는가는 학교 교육과정에서 추구하는 목적을 실현하기 위해 바람직한 평가의 방법이 무엇인가에 관한 이론적 검토를 요하는 문제이다. 둘째, 교사 행위의 정당성에 대한 판단을 위해서는 교사에게 부여된 공적 책무와 자율성의 문제와 교사라는 존재의 본질에 대한 깊은 이해가 고려되어야 한다. 셋째, 학생과 학부모의 행위에 대해서는 단위 학교의 교육적 의사 결정 과정과 학생과 학부모의 권리에 대해 새롭게 형성되는 관점들을 살펴보아야 한다. 넷째, 교육청 관료의 행위에 대해서는 공교육 운영 체제의 성격과 국가적 책무와 교육법규 상의 문제를 검토할 필요가 있다.

이렇게 구분해볼 때, 이번 사건은 교육학적으로 복잡한 문제들을 내포하고 있다. 따라서 각 주체의 행위에 담긴 문제의 본질을 제대로 짚어내고 올바른 해결 방향을 판단하기 위해서는 교육의 이론과 실제에 관여하는 많은 이들의 경험과 지혜를 모아야 한다. 이러한 복잡성을 전제로, 여기서 초점을 두어 살펴보려는 것은 교사의 행위에 관한 문제이다.

교사 행위의 교육학적 해석

징계를 당한 교사들은 이번 사건으로 가장 크게 고통받은 당사자들이다. 게다가 징계를 한 교육 관료와 보수 언론의 시각을 반영한 보도 때문에 교사들의 실제 행위는 상당 부분 왜곡되었다. 또한 이후 다른 교육청에서도 교사들을 징계하는 조치가 이어지고 있어 앞으로도 징계받는 교사는 더 늘어날지 모른다. 그리고 무엇보다 이번 교사 징계 조치는 수많은 현장 교사들의 선한 뜻을 위축시키고 예비 교사들이 키워가야 할 참된 교사의 꿈을 훼손할 가능성이 있다. 이런 점에서 해당 교사들의 행위가 정당한 것이었는가에 대해 바른 판단을 내리는 일은 나머지 다른 주체의 행위와 관련된 문제들에 비해 훨씬 더 중요하다.

그렇다면 교사들은 실제로 어떤 행위를 했고, 그 의미는 교육학적으로 어떻게 해석하고 평가해야 할까? 개별 교사들의 실제 행위는 각기 다른 상황 속에서 달리 해석되어야 할 독특한 점이 있을 것이다. 여기서는 각각의 차이는 접어두고, 신문과 인터넷 게시판 등에 실린 관련 기사와 해당 교사들의 글을 바탕으로 드러나는 공통된 점을 중심으로 짚어보려 한다. 문제가 된 교사 행위의 의미는 크게 세 가지 측면으로 나누어 따져볼 수 있다.

첫째는 교과 학습 지도에서 교사의 책무와 권한에 관련되는 행위이다. 이들 교사는 자신이 가르치는 학생들에게 일제식 학력평가는 교육적으로 부작용이 크다고 판단하고, 학생들의 배움과 성장을 위해 더 바람직한 수업과 평가의 대안을 모색했다. 그런데 일각에서는 이 행위가 교사가 학생들의 교과 학습 지도를 소홀히 하면서 모든 학업성취도평가 자체를 거부하는 것으로 오해하곤 한다. 그러나 실상 이것은 단위 교실 상황에서 교육과정-수업-평가의 과정을 창의적으로 재구성하고 실행하는 교육 전문가로서 교육적 가치에 대한 주체적이고 자율적인 판단을 지향한 행위로 이해되어야 할 것이다.

둘째는 학교 공동체 구성원으로서 교사의 책무와 권한에 관련되는 행위이다. 이들 교사는 학교의 교육적 의사 결정에서 학생과 학부모의 참여와 선택 권한을 중요시해서 일제고사 시행에 관한 자신의 교육적 소신을 학생과 학부모에게 알리고 주체적으로 판단할 기회를 제공했다. 그런데 이를 문제 삼는 입장에서는 교사가 판단력이 부족한 어린 학생들을 선동하고 학생과 학부모가 시험를 거부하도록 유도한 행위로 왜곡하고 있다. 그러나 이것은 권위적이고 획일적인 학교 운영 방식을 지양하고 개별 학생들의 다양한 교육적 필요를 존중하면서, 학교 공동체 구성원들의 민주적인 참여와 소통의 가치를 지향한 행위로 이해되어야 할 것이다.

셋째는 국가 공교육 체제에서 교사의 책무와 권한에 관련되는 행위이다. 이들 교사는 국가 수준에서 결정된 교육정책을 무조건 따르던 관행에서 벗어나 교사로서 자신의 신념과 교육적 가치 판단을 행동으로 실천했다. 이 행위가 결국 '명령 불복종'이라는 징계 사유에 직결된 것으로 보인다. 보수적인 시각에서는 이를 국가공무원 신분에 어긋나는 정치적 행위로 규정하면서 일제고사 거부를 조직적으로 주도한 전교조의 방침에 따른 것이라고 비판한다. 그러나 좀 더 성숙되고 관용적인 시각에서 본다면, 이 행위는 학교교육에서 실현해야 할, 진정으로 사회적인 목적과 공적인 가치를 고민하는 창조적 지성인으로서, 다양한 가치가 갈등하는 현실 속에서 비판적인 성찰과 실존적인 선택을 추구한 행위로 이해되어야 할 것이다.

교사라는 존재의 의미

결국 교사 행위의 의미를 이렇게 따져보면 교사라는 존재의 의미를 되묻게 된다. 그런 행위를 감행한 교사들의 관점과 그것을 문제 삼는 이들의 관점에서 교사라는 존재는 어떻게 달리 받아들여지는 것일까? 그리고 이번 사건을 대하는 우리는 어느 지점에 서 있는가?

위의 해석을 따라 요약해보면, 교사 행위가 올바르고 정당한 것이라고 믿는 이들이 마음에 그리는 교사는 이런 존재일 것이다. 교육의 목적에 대해 사유하며 학생들의 교과 학습 경험을 탐구하고 교육적 가치를 판단해 실천하는 자율적 전문가요, 학교 공동체에서 학생과 학부모와 신뢰의 관계를 이루고 소통하면서 교육적 권리와 책임을 함께 나누는 민주적 리더요, 거시적 시각에서 공교육 현실의 문제를 비판적으로 성찰하고 실천적 대안을 모색하는 창조적 지성인으로 살아가려는 존재를 진정한 교사상으로 추구했을 것 같다.

사실 이러한 관점으로 교사를 이해하는 것은 교육학의 교사 이론으로 정립된 전문직으로서 교직의 특성이나 교육철학에서 바람직한 교사상 논의들에서 쉽게 찾을 수 있다. 가령 교사의 교수 활동에서 자율성이 보장되어야 전문적 능력과 창의성을 발휘할 수 있다는 것, 교육권을 국가, 학교, 교사가 독점했던 방식이 아니라 교육 수요자의 학습권이 존중되어야 한다는 것, 학교교육이 근대 산업사회의 획일화 경향에서 벗어나 다양성을 용인하는 민주화의 방향으로 변화해야 한다는 것 등은 예비 교사들에게 줄곧 가르쳐온 내용들이다. 이러한 교사 이해는 특히 현대사회의 변화를 반영해 새로운 시대가 요청하는 미래지향적 교사상에 더욱 가까운 것이기도 하다.

반면에 이러한 교사 행위가 징계 사유가 된다고 보는 관점에서 실제로 기대하는 교사의 의미는 대비되는 개념을 따라 정리해보면 이러할 것이다. 그들에게 교사란 교육의 본질적 목적에 대한 물음은 배제한 채 정해진 교과 지도 활동에 국한된 방법적 기술공학적 숙달에만 관심을 기울이는 기능적 전문인이요, 학교라는 위계적인 조직 속에서 별 탈 없이 단위 교실을 획일적으로 통제하는 책무가 우선시되는 권위주의적 관리인이요, 정부가 수립한 교육정책을 교육에서 실현해야 할 사회적 목적과 동일시하며 아무 비판 없이 수용하고 따르는 국가의 대리인일 듯하다.

이러한 교사 의미는 당연히 교사와 교직에 대한 교육학 이론서에서는 찾을 수 없다. 국가에서 펴내는 학교 교육과정 문서에서 교사에게 기대하는 의미와 역할과도 상반된다. 특히 6차 교육과정 개정 이래 지식기반사회, 평생학습 시대, 세계화, 다문화사회에서 요청되는 변화에 따라 새롭게 강조되는 가치들, 가령 학생들의 창의성과 인성, 학생 중심 교육과정, 교사의 교육과정 재구성, 교육과정의 지역화와 분권화 등에 전제된 교사 이해와도 전면적으로 배치되는 것이다.

우리는 어떤 교사를 희망하는가

교사 행위를 문제 삼는 입장에 대해 더욱 우려스러운 점은 이것이 교사의 위기뿐 아니라 교육의 위기를 심화하는 계기가 될 것이라는 데에 있다. 우리 사회가 교사를 어떤 존재로 기대하는가는 곧바로 우리가 어떤 교육을, 어떤 인간의 형성을 기대하는가와 맞물려 있다. 이번 징계 조치는 교사에게 자율적인 판단과 민주적인 소통과 비판적인 지성을 발달시킬 기회를 허락지 않겠다는 국가적 판단으로 읽을 수 있다. 그런데 교사에게 그러한 가치들을 성장시켜갈 기회를 박탈하는 한, 우리 사회는 결코 학생들을 창의적으로 사고하고 협동적으로 참여하며 더 나은 공동체를 이루고자 애쓰는 사람으로 길러낼 수 없다.

덧붙여 생각해보아야 할 것은 이 사건이 훌륭한 교사를 꿈꾸는 예비 교사들에게 어떤 영향을 미칠까 하는 점이다. 이번 징계 조치가 일어난 다음날 광주교대 인터넷 홈페이지의 종합게시판에는 '교대생이라면 한번 생각해봐야 할 문제'란 제목으로 졸업을 앞둔 4학년 학생이 글을 올렸다. 해임 결정을 받은 직후 최혜원 교사가 다음 아고라에 올린 글을 널리 알리고 우리의 교육에 대해 다시 한번 생각해보기를 제안한 것이었다. 그에 대한 답글에서 또 한 학생은 예비 교사로서 소홀히 할 수 없는 문제라고 동감을 표하면서, "언젠가 받았던 과제 중에, '국가의 명령과 자신의 신념이 충돌할 때 어떻게 할 것인가'에 대한 주제로 글을 써오라고 하셨던 것이 떠오르네요"라는 글을 올렸다. 우리의 교육 현실에 대한 예비 교사들의 관심과 고민을 알 수 있어서 한편으로는 마음이 든든했다. 하지만 동시에 이번 사건이 많은 예비교사들에게 막연한 두려움을 심어주고 그들이 고민해보아야 할 문제의 범주를 제한하게 되지는 않을까 염려되었다.

'교육의 역사적 철학적 이해'라는 과목을 가르치면서 예비 교사들과 마지막 주에 '교사의 철학'이라는 주제로 다루는 글 중에 다음과 같은 구절이 있다.

> "교사가 비판적으로 사고하고 진실한 선택을 할 수 있도록 능동적인 존재가 되기를 원한다면, '기존의 표준화된 체제'를 그저 있는 그대로 받아들일 수는 없다. 심지어 지성, 합리성, 교육 등의 가치조차도 당연하게 여기며 그냥 지나칠 수 없다. 과연 인간이 지성적으로 합리적으로 행위해야 하는 까닭은 무엇일까? 자신이 근무하는 학교에서 수행하는 교육정책들은 과연 모두 정당화될 수 있는가? 이런 종류의 질문을 교사 스스로 던지지 않는다면, 학생들에게도 그들의 경험으로부터 자기 자신을 알아가기 위한 탐구로 이끌 수 있는 물음을 기대하기 어려울 것이다."[10]

이번 사건은 이 시대에 우리가 진정으로 어떤 교사를 희망해야 마땅한가

---

10 맥신 그린(2007), "이방인으로서의 교사", 《교사를 일깨우는 사유》, 문음사, 427쪽.

를 되묻게 한다. 또한 이론적으로나 장식적인 구호로서가 아니라 '실제로' 우리 사회는 이 시대의 교사가 어떤 존재이기를 기대하는가를 되짚어보고, 여러 가지 상충되는 가치를 기대하지는 않는지 성찰하게 만든 사건이다. 우리의 교육계 현실 속에서 교사에 대해 갖고 있는 여러 가지 이율배반적인 기대와 관행적인 통념으로 인한 문제들을 풀어냄으로써 한 단계 성숙된 교사 존재의 의미에 우리 사회가 합의해가는 계기가 되기를 소망한다.

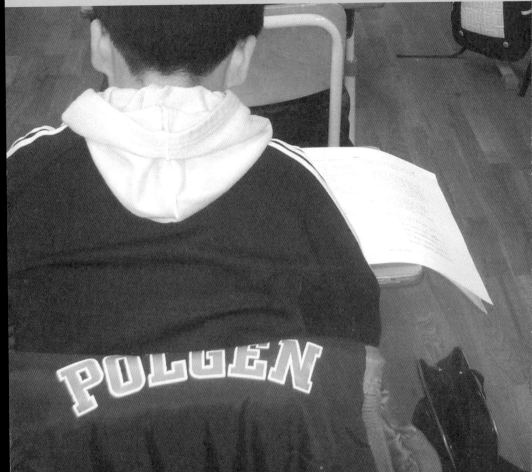

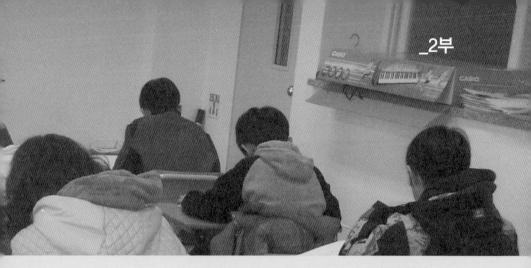

2부

일제고사와 한국 사회

4장
일제고사의 경과와 현황

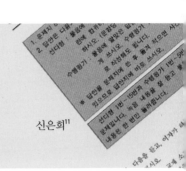

신은희[11]

2010년 9월, 전남에서 일제고사 감독을 거부해 중징계를 받은 교사 3명에게 정직 1개월이 부당하다는 판결이 나왔다. 12월에는 2009년 3월, 학급 학생들에게 교과 학습 진단평가를 하는 날에 체험학습을 안내했다는 이유로 정직 3개월을 받은 교사의 징계가 부당하다는 행정법원의 판결이 나왔다. 12월 말에는 울산에서 정직 1~3개월을 받은 교사들 역시 징계가 부당하다는 행정법원의 판결을 받고 승소했다.

법원은 지금까지 일제고사로 중징계를 받은 교사들의 손을 모두 들어주었다. 2008년 말에 학생들에게 체험학습과 시험 선택권을 안내한 편지를 학부모들에게 보냈다는 이유로 교사 8명이 파면, 해임되어 충격을 주었던 것에 비하면 격세지감을 느낀다.

일제고사가 강행된 지 3년째인 2010년에는 일부 지역에서 시작된 교육과정 파행이 전국으로 확산되었다. 시·도 교육청이나 지역 교육청에서 실시하는 일제고사가 생기고 학교에서는 월말고사를 보고 학력상을 시상하고, 전 학년 보충수업이 확산되면서 그야말로 시험지옥으로 변해가고 있다. 여기에 임실의 성적 조작 사건, 제천의 시험 감독 부정 사건까지 합쳐지면서 일제고사는 우리 교육의 일그러진 자화상이 되어버렸다. 그런데도 교과부는 2008년에 2%이던 부진아가 2010년에는 0.7%로 줄었다며 자화자찬하고, 일제고사 결과를 중·고등학

11 충북 비봉초등학교에서 2학년 아이들과 지내고 있다.

교 학교 성과급에 반영하겠다고 한다.

그렇다면 일제고사는 처음에 어떻게 시작되었을까? 또 사회는 어떻게 반응했고, 현장에서는 어떤 일이 일어났을까? 마지막으로 우리는 일제고사에 어떻게 저항했을까? 우리에게 남겨진 것은 무엇일까?[12]

1. 일제고사 부활하다

2008년, 이명박 정부가 들어서자마자 언론을 통해 전국 일제고사를 본다는 보도가 나왔다. 3월에는 시도교육감협의회 주최로 교과 학습 진단평가 (초4~중3)를 보고, 10월에는 국가 수준 학업성취도평가(초6, 중3, 고1)와 기초학습 진단평가(초3), 12월에는 전국연합학력평가(중1, 2)를 본다는 것이다.

원래 3~5% 표집으로 진행되던 국가 수준 학업성취도평가가 확대되어 갑자기 수백만의 학생을 대상으로 보는 전국 일제고사가 생긴 것은 이후 우리 사회에서 평가의 의미나 성적으로 줄 세우기, 교육과정 파행 등 사회적으로 큰 논란을 일으켰다. 특히 7차 교육과정 시행 이후 10여 년 만에 초등학교에서 일제고사가 부활하면서 더 큰 충격을 받았다.[13]

교과 학습 진단평가는 원래 학교마다 자율적으로 국어와 수학 과목을 평가하던 것이다. 그런데 2008년에 시도교육감협의회에서 돌아가면 문제를 낸다고 하고, 첫 번째로 서울시교육청이 '국가 수준 교과 학습 진단평가'라

---

12 초등교육과정연구모임은 현장의 교사로서, 교육과정을 연구하고 실천하는 교사로서 일제고사 앞에 무너져 가는 교육 현장을 뚫어지게 쳐다보면서 교과부 정책의 허점을 찾아내 '오마이뉴스'에 폭로하고 싸울 고리로 연결하려고 노력했다. 이 글은 주로 '오마이뉴스'에 쓴 기사를 토대로 썼고, 일제고사 징계 현황 및 시행 경과에 대해서는 오정희 선생님이 많이 도와주셨다.

13 표집 평가 형태로 시행된 2008년까지의 표집 규모는 매년 증가했고, 2009년부터 전수 평가 형태로 전환되었다. 학업성취도평가를 표집에서 전수로 전환한 일은 표면적으로는 평가 대상의 규모를 확대한 것에 불과하지만, 그 이면에는 '자율'과 '경쟁'이라는 이명박 정부의 교육정책 기조를 다지는 강력한 질 관리 도구로 볼 수 있다.

는 이름으로 출제했다.[14] 교과목이 국어와 수학에서 사회, 과학, 영어까지 확대되었다. 이 때문에 학습부진아라고 볼 수 없는 학생들까지도 사회, 과학 과목에서는 부진아로 판정되어 보고되는 경우가 많았다.

학습부진아의 뜻(2008년 교과부 공문)

대상		정의
학습부진 학생	기초학습 부진 학생	초등학교 3학년 수준의 읽기·쓰기·기초 수학 능력에 도달하지 못한 학생
	교과학습 부진 학생	학년 교과 교육과정에 제시된 최소 수준의 목표에 도달하지 못한 학생 – 대상 교과 : 국어, 수학, 영어, 사회, 과학

지역마다 이 시험 결과를 공개하느냐 마느냐를 놓고 논란이 일었는데, 대부분 학생에게만 통지표를 보내고 끝냈다. 그럼에도 '조·중·동'을 중심으로 한 언론에서 전국 지역의 일제고사 성적을 발표했다. 그 표를 가지고 지역 격차가 드러났다면서 시험 성적으로 학교교육을 평가하는 단초를 만들었다.

초등학교 3학년이 보는 국가 수준 기초학습 진단평가(읽기, 쓰기, 셈하기)는 2002년부터 실시되었다. 당시 일제고사가 부활하는 것에 크게 반대했고, 3학년 교사 중에 불참하겠다는 사람도 많았다.[15] 결국 표집 학교 결과만 보고하고 나머지 학교는 평가원에서 주는 자료로 기초학습 부진아를 진단하는 방식으로 정리되었다. 그러던 것이 전수 평가로 전환된 것이다.

국가 수준 학업성취도평가는 2001년에 본 검사가 처음 도입되었다. 본래

---

14 주관은 시도교육감협의회인데 실제로는 교과부가 만들어낸 것이다. 그래서 "국가 수준"이 붙는다. 진단평가가 진단이 아닌 서열화 도구라는 것은 서울시교육청이 자기들이 낸 문제를 유출해 각 학교에서 미리 연습시킨 것만 봐도 알 수 있다.

15 당시 3학년 교사였기 때문에 이 진행 과정을 생생히 기억하고 있다. 시험을 거부하는 목소리가 높았지만 결국 전교조와 교과부가 표집 학교만 결과를 모으고 나머지 학교는 자율 처리하는 것으로 합의했다. 하지만 현장의 반발까지 잠재우지는 못했다. 이 시험 이후 서점가에서 사라졌던 문제집들이 일시에 쏟아져 나오기도 했다.

국가교육과정의 적절성을 평가하는 의미로 시작했고, 2003년도부터는 문항 동등도 검사를 거쳐 자료를 축적해왔다. 이렇게 전혀 다른 용도로 개발된 평가지로 학생 개개인의 성취도를 판단하겠다고 하는 것은 정부 당국의 억지가 아닐 수 없다. 엄밀하게 보면 이건 체중계로 키를 재겠다는 것과 마찬가지이다.

그런데 이명박 정부 들어 왜 갑자기 이렇게 많은 일제고사를 보게 되었을까? 교과부는 진단평가로 부진아를 골라내 도움을 주고, 10월에 치르는 학업성취도평가도 학교나 학생을 서열화하는 것이 아니라 부진아를 찾아내도움을 주기 위해서라고 했다. 마치 그동안은 학교에서 평가를 제대로 하지 않고 학습부진아에 대해 전혀 관심이 없었다는 것처럼 비춰졌다. 하지만 이미 7차 교육과정이 시행된 2000년부터 학습부진아를 기초학습(읽기, 쓰기, 셈하기) 부진아와 기본학습(당해 학년에서 알아야 할 내용) 부진아 개념으로 규정[16]하고 부진아 교육을 강화했다.

평가란 사실 교육과정과 같이 갈 수밖에 없다. 지난 10년간 학교 현장은 1995년에 발표된 5·31교육개혁안의 정신을 담아 국제화 사회를 대비하고 창의성 교육, 학생 중심주의를 내세운 7차 교육과정을 시행해왔다. 7차 교육과정은 교육 내용 30% 감축을 필두로 국민공통기본교육과정(초1~고1)과 선택교육과정(고2, 3) 체제에서 수준별 교육과정(심화보충형, 단계형)을 운영했다. 국민들이 반드시 알아야 할 국민공통교육과정을 강조하다보니 학교의 책무성을 강조하고 학습부진아가 생기지 않아야 한다고 강조했다. 특히 단계형 수준별 교육과정인 수학의 경우, 학기말에 평가를 해서 60점 미만인 아이들은 보충학습을 하도록 되어 있었다. 또 교사들이 교육과정을 다양하게 재구성해서 가르치고, 정답주의를 벗어나기 위해 지필 평가가 아닌 성취 기

---

16 사실 이 개념은 연구 보고서에나 존재하는 개념일 뿐 현장에서는 전혀 구분이 되지 않았다. 이전처럼 담임이 보고 필요하면 하는 식이었다. 당시 부진아 담임 책임제를 한다고 언론에 나오기는 했으나 차차 담임 업무에서 부진아 담당 업무가 생기는 방식으로 변해가는 행정적인 문제로 접근되었다.

준 중심의 수행평가를 하도록 했다.

그런데 한 줄 세우기가 아니라 다양한 줄 세우기라는 비판을 받아온 수행평가는 많은 맹점을 드러내기도 했다. 교육과정에 "성취 기준"을 내세웠지만 이 수준이 너무 높고, 교육 내용이 워낙 많고 어려워서 깊이 있는 학습이 이루어지지 않았다. 수행평가에 대해서도 이론적인 설명만 있을 뿐 무엇을 어떻게 해야 할지에 대한 실천적 논의는 많지 않았다. 이 과정에서 수행평가가 학부모의 몫이 되어버려 수행평가를 준비해주는 학원이 생기기도 했다. 중등은 수행평가 취지에 어긋나게 점수로 환산하는 방식으로 추진되었다. 여기에 점수로 평가받는 것에 익숙한 학부모 세대는 서술형으로 되어 있는 평가로는 아이들에 대한 정확한 정보를 알기 어렵다고 하면서 오히려 학원에 의존하는 현상도 생겨났다. 그 밑바탕에는 서열화된 학벌 사회에서 학교가 다양성을 내세워도 여전히 입시 중심 교육을 벗어날 수 없다는 구조적인 문제가 있다. 이런 상황에서 야금야금 다시 학교 단위 일제고사(지필고사)가 들어오고 일부 지역에서는 시·도 단위 평가가 생겨났다. 서울은 2005년에 공정택 교육감이 취임하면서 학교 단위 일제고사를 강조해서 교사들의 저항이 시작되었다. 수행평가와 일제고사 평가 방법에 따라 교육과정이 천지 차이가 될 것이라는 걸 알고 있었기 때문이다. 그래도 초등에서는 전체적으로 교육과정을 재구성해서 학급별로 다양하고 통합적으로 교육과정을 운영하는 흐름이 오랫동안 지속되었다. 중등에서는 전국 일제고사라는 또 하나의 시험이 추가된 것이지만, 초등은 일제고사 시행 이전과 이후가 달라질 수밖에 없었다.

학습부진아는 거의 모든 학급에서 생기기 마련이다. 대부분의 교사들이 '나머지공부'라고 해서 수업이 끝난 뒤 부진아들을 가르쳤지만 어려움이 많았다. 일단 업무가 많으니 따로 시간을 내어 가르치는 게 쉽지 않고, 고학년의 경우 학습 부진이 누적되어 어디서부터 손대야 할지 가늠하기가 힘들다.

교과서 내용 중에는 가정의 경제, 문화적 배경이 어느 정도 뒷받침되어야 이해할 수 있는 문제도 있다. 몇 가지 학습지 외에는 학습부진아들을 지도할 구체적인 방안도 거의 지원되지 않았다.

일제고사는 이런 상황을 진단하거나 미흡했던 점을 어떻게 해결할지에 대한 논의를 전혀 하지 않고 실시되었다. 정책을 만들기 전에 꼭 거쳐야 할 사전 협의나 분위기를 조성하는 과정 없이 그야말로 어느 날 갑자기 시행된 것이다. 전국의 모든 학교가 2008학년도 학교교육 계획을 다 짜고 봄방학에 들어갔는데, 교과부는 언론에 발표하고 바로 3월에 시행한다는 공문만 내려 보냈다.

지금 와서 돌아보니 이명박 정부의 정책은 원래 이렇게 합리적인 근거나 논의 과정을 생략하고 들이미는 방식으로 진행되었다. 이 과정에서 위태롭게 유지되던 사회 통합, 교육적 맥락, 아동 중심 원칙은 완전히 무시되었다. 일제고사는 이명박식 통치 방식의 서막이었던 셈이다.

그래도 2008년에는 표집으로 보던 시험이 처음 전집으로 전환된 것이라 불안해하는 면은 있었지만, 학교 현장의 파행 현상은 그다지 심각하지 않았다. 나중에 들리는 바로는 부산에서 몇 년 전부터 시교육청 시험이 부활해서 표집 학교에게도 시험 대비를 시켰다고 한다. 심지어 어떤 학교는 6학년 시험이 끝날 때까지 전교생이 운동장에서 못 놀게 했다고 한다. 이 당시 부산 시교육감은 현재 교과부 차관으로 승진했다.

체험학습 안내한 교사 집단 해직

갑자기 일제고사가 시행되어 현장에서는 상황 파악이 잘 되지 않아 우왕좌왕했지만, 서울에서 가장 먼저 교사들이 저항하기 시작했다. 3월 진단평가 때는 초등에서는 일부 교사가 학교 자체 진단평가를 이미 봤기 때문에 교과 학습 진단평가를 거부했고, 중등에서는 답안지를 걷어서 내지 않았다.

조직적인 저항은 10월에 일어났다. 일제고사반대시민모임에서 시험 날 현장체험학습을 진행하기로 했다. 시민모임을 중심으로 전국에서 체험학습이 조직되었고, 교사들 중에서도 학급 학생들에게 체험학습을 안내하고 시험 선택권을 주기도 했다. 당시 서울에서만 학생 400여 명이 체험학습에 참여했다. 시험을 보지 않는 학년의 교사들도 학부모들에게 일제고사의 부당성을 알리는 가정통신문을 보내거나 답안지를 담임이 보관하는 방식으로 저항했다.

학생들의 자발적인 저항도 일어났다. 10월 14일, 서울시교육청 앞에서 "일제고사 반대 청소년 등교 거부 기자회견"이 열렸다. 당시 학사모가 청소년들에게 학교로 돌아가라는 집회를 하자 한 청소년이 나서서 누구의 사주를 받은 게 아니라 스스로 나온 것이라고 항의했다고 한다. 12월 23일에 치러진 중학생 대상 학력평가에는 100여 명이 등교 거부에 동참했다. 학생들의 등교 거부 투쟁은 일제시대 광주학생운동의 맥을 잇는 투쟁이라는 평가도 나왔다. 이외에도 많은 청소년들이 답안지에 "Say no"를 쓰거나 백지 답안지 내기, 답안지에 낙서하기 등 다양하고 창의적인 방법으로 저항을 했다.

서울에서 시민단체를 중심으로 체험학습 참가자가 많았던 이유는 전교조 서울지부가 2007년부터 민주노총과 연대해 사회공공성 교육을 해온 노력이 바탕에 깔려 있었기 때문이다.[17] 사회공공성 교육 진행 과정을 보면, 의료노조는 의료공공성, 공무원노조는 물공공성, 전교조는 교육공공성에 대한 교육 내용과 강사를 책임졌다. "교육공공성 연수"는 연대 단체나 시민, 학부모를 직접 찾아갔는데, 주요 내용은 "교육은 상품이 아니며 모두가 평등하게 누려야 할 권리"라는 것이었다. 그래서 일제고사로 시작되는 학생 서열화와 학교 서열화의 문제점을 알아보고, 경쟁과 시장이 아닌 학생을 위한 공교육 정상화를 함께 이루자는 내용이다. 그 결과, 10월에는 교사만의 싸

---

17 이영주, 제8회 전교조 참교육실천발표대회 교육정책마당 자료집(2009년).

움이 아니라 학생, 학부모가 교육에서 선택권을 주장하며 체험학습에 참여하고, 진행도 학부모들이 하게 되었다. 이 날 언론에서 즐겁게 체험학습에 참여하는 아이들의 모습과 가림판을 세워 놓고 시험을 보는 아이들의 모습을 찍은 사진을 나란히 실어 일제고사 이미지를 확연하게 각인시키고 우리 교육이 어떻게 나아가야 할지를 상징적으로 보여주었다.

2008년의 체험학습 조직 투쟁이 주는 시사점은 크게 네 가지로 정리할 수 있다.

첫째, 교육연대사업이 주로 전교조 투쟁을 지원하는 방식에서 학생, 학부모도 자신의 위치에서 저항을 하도록 했다는 면에서 청소년 운동, 학부모 운동, 교육 시민 운동에서 역사적인 해이다.

둘째, 연대 내용이나 방식을 보면 기존의 상층부 연대에서 기자회견을 하거나 성명서를 발표하는 수준에서 벗어나 자기 조직을 책임지고 실제로 가동시키는 현장 연대가 이루어졌다는 점이다. 또한 학생과 학부모의 교육에 대한 선택권과 거부권이 적극적으로 행사되었던 한 해이다.

넷째, 학업성취도(또는 학력)라는 용어에 갇혀 교육의 본질을 고민하기 어려웠던 우리 사회에 교육에 대한 화두를 던졌다. 우리 사회 구성원들의 교육에 대한 인식을 전환하기 위해 앞으로 더욱 심도 있게 준비해 나가야 한다. 또한 서울의 사회공공성연대회의와 같이 공동으로 실천할 단위가 필요하고, 우리의 교육공공성 투쟁이 중요하듯, 다른 영역의 투쟁에 대해서도 서로가 정확하게 알고 함께 투쟁하는 과정이 필요하다는 것이다.

하지만 일제고사 저항 운동은 전국에서 조직적으로 전개되지는 못하고 주로 시민모임에서 체험학습을 안내하는 방식으로 진행되었다. 그래서 이명박 정부는 체험학습을 안내한 교사들 중에서 서울의 공립학교 교사 7명을 파면, 해임했고, 사립학교에서도 학생들이 백지 답안지를 제출했다는 이유로 교사 1명이 파면되었다. 강원도에서는 11월에 4, 5학년 대상의 도학력고사(도교육청에서 보는 초4~ 초5 대상의 일제고사)를 거부했다는 이유로 교사 4명이 해임되었다. 그리고 12월에 실시된 중1, 2학년 대상의 전국연합학력평가 때 체험학습을 안내했다는 이유로 서울의 사립학교 교사 1명이 또다시 파면되었다. 이후 소청심사위원회에서 절차상의 하자 문제로 징계가 취소되었다가 징계가 다시 진행되어 정직 3월 징계를 받았다.

1989년에 전교조 교사들이 대량 해직된 이후 처음으로 교사들이 집단 해직되어 교육계와 국민들이 받은 충격은 매우 컸다. 성폭행한 교사들은 경징계하고 학생들에게 자기 결정권을 주고 체험학습을 안내했다는 이유만으로 파면, 해임하는 정부의 이중적인 태도가 만천하에 드러난 것이다. 대규모 해직 사태로 말미암아 일제고사는 우리 사회의 큰 화제가 되었고, 해직 교사가 전교조의 진정성을 보여줬다는 평가도 나왔다.

교과부가 이렇게 한꺼번에 많은 교사들을 파면, 해임한 것은 교사들에게 공포감을 주어서 일제고사를 강행하려는 의도였다고 볼 수 있다. 사실 이 사건은 당사자들뿐 아니라 많은 교사들에게 아직도 공포와 상처로 남아 있다. 이후 서울시교육청 앞에서 해직 교사들이 겨울 내내 농성을 벌였고, 시민들과 교사들이 촛불집회와 농성에 참여하면서 일제고사 반대 투쟁이 확산되기도 했다.

교과부는 2009년 2월에 야심 차게 일제고사 전수평가 결과를 발표했다. 방송과 보도자료에는 전국 교육청별, 순위별로 점수가 발표되었다. 내용을 보면 지역과 부모의 경제력에 따라 서열화되었음이 드러난 것에 불과하지만, 순위표 자체는 너무나 선정적이었다. 또한 교과부는 전북 임실이 방과 후 학습과 교장의 지도력 덕분에 학업 성취도가 높고 부진아가 없다며 '임실의 기적' 운운했다. 점수가 낮은 지역의 학교는 '학력향상중점학교'로 지정해 여름방학 직전에 예산을 내려보냈다.

하지만 며칠 지나지 않아 임실교육청의 장학사가 거짓 보고를 한 것으로 드러나 순식간에 '임실의 조작' 사건이라고 망신을 당했다. 교과부는 3월에 전국의 학교를 대상으로 다시 채점하라고 지시하고 실사했다. 그 결과, 전체 32%인 1만 6천 여 건의 성적 조작이나 오류가 있었지만 전체 결과에는 큰 변화가 없다고 발표해 빈축을 샀다.

이 사건의 발달은 이렇다. 원래 초등학교는 답안지 OMR 처리를 하지 않고 답안지를 따로 걷지도 않는다고 했다. 그런데 방학에 들어간 12월 말에야 시험 결과를 내라고 해서 많은 학교에서 제대로 수합하지 못했다. 이 과정에서 일부러 안 좋은 결과를 빼기도 하고, 없어서 못 내기도 하는 등 예기치 않은 일들이 일어났다. 교과부 스스로 말을 바꾸면서 현장의 분란을 자초한 셈이다. 결국 2008년 한 해의 소란은 '임실의 조작' 사건으로 마무리되었다.

2. 수능 수준으로 감독 강화된 일제고사

2009년 들어 일제고사는 시작부터 평탄하지 않았다. 2008년의 시험 결과 발표가 조작으로 밝혀져서 진상 조사를 하느라 진단평가가 3월 말로 미뤄졌다. 때문에 일선 학교에서는 아이들을 다 파악했을 때 시험을 보고, 시험 결과는 중학교 중간고사를 보는 5월에 나와 무용지물이란 비아냥이 나올 수밖에 없었다.

임실의 조작 사건 이후 교과부는 여러 대책을 발표했다. 감독을 강화하고 10월에 보는 초등학교 3학년 기초학력 진단평가를 3월에 보는 4학년 교과학습 진단평가로 통합했다. 또 초등학생들의 부담이 크다는 지적이 제기되자 시험 시간을 40분으로 줄이고, 감독을 강화하고, OMR 카드를 작성해 시·도 교육청에서 일괄 채점을 하도록 했다. 하지만 학교마다 복수 감독, 교차 감독, 학부모 감독을 하게 되어 일부 초등학교는 다른 학년의 수업 결손이 생기기도 했다.

지역별 점수가 발표된 뒤 전국의 거의 모든 학교들이 시험 점수를 올리기 위해 혈안이 되었다. 특히 초등학교에서 파행 사례가 심각했는데, 여름방학에 보충수업을 하는 곳도 있었다. 강원도에서는 시험 점수를 올린 교사들에게는 파라오로 여행을 보내준다는 미끼 상품이 나오기도 했다. 또한 중·고등학생들이 성적에 안 들어가서 시험을 성실하게 보지 않자 시험 결과를 중간고사에 반영한다는 방안까지 등장했다. 이런 현상을 비판하는 여론이 거세지자 교과부는 일선 학교에 시험 점수를 올리기 위해 교육과정을 파행적으로 운영하지 말라는 공문을 내리기에 이르렀다. 이 공문은 향후 지역에서 교육과정 파행을 폭로하고 비판하는 데 중요한 근거가 되었다.

사전 연구 부족과 시행 근거 논란

교과부는 표집으로 설계된 국가 수준 학업성취도평가를 전수 평가로 전환하면서 사전에 연구를 전혀 하지 않고 무조건 강행했다. 즉, 전국 단위 일제고사를 보면서 한국교육과정평가원(이하 평가원)은 여전히 국가 수준의 교육과정을 연구하기 위해 보는 것이고, 교과부나 시·도 교육청은 개개인의 학업 성취도를 알기 위해 본다고 홍보했다. 한 시험을 가지고 서로 다른 이야기를 한 것이다. 무작정 시험을 치루었지만, 이렇게 모인 결과를 어떻게 쓸 것인지도 정해지지 않았다. 그래서 교과부는 대규모 학업성취도평가 결과를 활용하는 방안에 대한 공청회를 열었는데, 여기에서 미국의 새로운 통계 이론까지 등장했다.

한편, 전수 평가를 시행하는 근거가 없다는 비판도 여전히 제기되었다. 초중등교육법 9조 1항(학생 평가), 62조(권한 위임), 초중등교육법 시행령 10조(학생 평가)는 장관에게 학생의 학업 성취도 평가권을 주고 있다. 이는 행정조사법에 의거한 행정조사권의 일환이며, 그 목적이 교육과정의 적절성을 평가하는 것이다. 그런데 2008년부터 실시한 학생의 학업성취도평가는 교육과정의 적절성보다는 학생 개개인의 학력을 평가해 등급을 정하는 것으로 내용이 질적으로 변화했으며, 또 헌법 37조 2항(국민 권리는 법률로만 제한)을 정면으로 위반하고 있기에 31조 6항(교육제도 법률 제정)의 정신에 따라 새로운 입법이 이루어지기 전에는 불법 행정 행위라고 할 수 있다. 7차 교육과정이나 2007 개정 교육과정에도 국가 수준 학업성취도평가는 표집으로 한다고 분명하게 나와 있다. 그래서 일제고사를 계속 보려면 미국처럼 일제고사법(NCLB법)을 만들거나 그렇지 않으면 불법 평가를 중단해야 한다고 비판했다.

일제고사를 반대하는 연구자들은 이런 교육과정상의 문제나 시험 과정에서 생기는 문제, 평가지의 문항 수준에 대해 '오마이뉴스'를 통해 지속적으로 폭로했다. 그러다 보니 12월의 중학생 평가 때에는 생전 보지도 못한 각종 조항이 시험 근거로 제시되었다. 교과부도 근거가 부족하다는 것을 알고 있었던 것이다.

그럼 진단평가는 어땠을까? 교과부는 3월에 본 진단평가로 교과별 학습부진아를 골라내 보정 교육을 하라고 했다. 2008년에는 3월에 본 시험지로 다시 평가한 것에 비해, 2009년에는 현재 학년 내용으로 부진아 여부를 판단하라고 했다.

학습부진아 중에는 5개 교과 전체에서 학습이 부진한 학생들도 있고, 특히 사회와 과학 과목에서 부진아가 많이 생겨났다. 그런데 사회와 과학 과목의 부진아는 갑자기 생긴 문제가 아니라 사회와 과학 교과의 특성 때문이다. 국어나 수학은 학년별 기본 능력이란 것이 조금이라도 연계성이 있지만, 사회나 과학은 3학년 내용과 4학년 내용의 연계성이 거의 없다. 사회는 교사나 학생들이 7차 교육과정에서 가장 어려운 교과라고 했고, 아이들이 경험이 없으면 교과 내용을 따라가기가 쉽지 않다. 게다가 공부한 지 한참 지나 시험을 보니 기억이 날 리가 없다.

그렇다면 부진아 지도는 어떻게 이루어졌을까? 기초학습 부진아는 지도비와 지도 강사까지 나오지만, 교과학습 부진아는 시험만 봐놓고 대책이 없었다. 부진아를 학년말까지 없애라고만 하니 고학년 교사들의 경우는 과중한 수업에 부진아 지도까지 맡아 보통 수업이 2시간 정도 늘어났다. 학생들은 일주일 내내 보충학습을 하는 경우도 있어 교사와 학생에게 큰 부담을 주었다.

또한 교과학습 부진아는 개념 자체가 부정확하고 명확한 기준이 없어 이 자체로도 문제를 안고 있다. 지도할 계획이 허술하고 자료도 거의 없어 문제 풀이만 하고 있었다. 그나마 6월에 평가원에서 교과학습 부진아 보정 자료를 보급했는데, 이 자료는 아직 배우지도 않은 2007 개정 교육과정 지도 자료라 쓸모가 없었다. 결국 부진아 개념이나 지도 실태에 대한 연구는 2009년 6월이 되어서야 평가원에서 1차 발표를 했고, 12월에야 전체 보고서가 나왔다. 결국 사전에 충분히 연구도 하지 않고 전국의 학생들을 데리고 실험을 한 셈인 것이다.[18]

진단평가의 기능 자체에 대해서도 비판이 많다. 보통 부진아는 학교 자체 평가나 담임들이 나름대로 다양한 방법으로 아이들을 파악하는 과정에서 찾아낸다. 그런데 전국적인 진단평가로 찾아낸 부진아는 실제 수업을 해보면 별 문제가 없고 오히려 시험을 통과한 아이들 중에서 부진아가 나타나는 경우가 꽤 많다. 평가원의 연구를 보면 교사가 파악하는 것보다 시험으로 나타난 부진아가 적다는 결과까지 나왔다.[19] 결국 사지선다형 시험지로는 학생들을 제대로 진단을 못한다는 이야기이다. 교사들이 원하는 것도 일

18 조남심 외 5명, 《기초학력 증진을 위한 정책 개발 기초 연구》, 연구보고 PRI2009-2, 한국교육과정평가원.
19 이화진 외 3명, 《학습부진 학생 지도 지원의 실효성 제고를 위한 정책 제안》, 연구 보고 PRI 2009-13, 한국교육과정평가원.

률적인 사지선다 평가보다는 부진아를 조금 더 체계적으로 진단해 제대로 된 처방과 보정 교육을 할 수 있게 해주는 것이었다.

시험의 필요성에 대한 비판의 목소리도 여전히 나온다. 교육 복지 투자 우선 지역 학교나 자원 학교는 가정환경이 어려운 학생이 많아 특별 지원을 받는다. 당연히 이런 학교에는 학습 부진아가 많다. 시험을 안 봐도 이미 알고 있는데, 굳이 시험 봐서 골라내고 낙인찍고 할 필요가 없는 것이다. 가뜩이나 학교에 와서 수업시간에 하는 내용도 이해하기 힘든데 보충수업으로 학교에 올 맛을 더 떨어뜨리고 있는 형국이다.

일제고사 쓰나미로 무너진 초등교육

일제고사가 시작된 2008년은 비교적 조용했다. 그렇다면 2009년의 학교 현장은 어땠을까? 2월에 일제고사 점수 결과가 발표된 후 지역에서는 시험 점수에 따라 희비가 엇갈렸다. 전국 최하위로 분류된 충북과 강원에서는 점수를 올리기 위한 파행 현상이 조직적으로 전개되었다. 서울에서는 학교 관리자들이 전교조 교사들에게 6학년 담임을 주지 않는 경우가 많았다.

교육과정 파행 사례 중 가장 먼저 생긴 보충수업을 살펴보자. 초등학교의 보충 수업은 학기 중 보충과 방학 보충으로 나눌 수 있다. 학기 중 보충 학습은 학습 부진아 중심으로 0교시와 7, 8교시까지 하거나 보육교실에서 9시까지 하는 곳도 있었다. 옥천 지역에서는 밤 11시까지 보충수업을 해서 물의를 빚었다. 또 학교자율화 정책으로 방과 후 교육 활동에 교과 학습 프로그램을 개설할 수 있는데 이 시간이 보충수업으로 변질되기도 했다.

초등학교 방학 보충학습은 중학교 입시가 폐지된 이후 처음 생겨났다고 한다. 부진아만이 아니라 전체 학생들을 대상으로 했고 학년도 다양했다. 충북에서 5월 무렵 교감 회의에서 권장 사항으로 학사 일정 변경을 지시했다가, 이후 수시장학이란 이름으로 학교마다 장학사들이 직접 나와 강요하고 다녔다. 교육청에서는 증거를 남기지 않기 위해 공문 대신 전자메일과 전화를 이용하면서 겉으로는 학교 자율이라고 강변했다. 그래서 충북 전역이 2~4주 동안 보충수업을 했고, 옥천은 방학 내내 8교시까지 하는 학교도 있었다. 급식을 못해 도시락을 싸서 등교해 오후 4시까지 보충수업을 하거나 라면을 먹이는 학교도 생겨났다.

충남 공주에서도 전교생이 등교하는 학교가 있었고, 병천에서는 1학년부터 밤 9시까지 보육교실을 운영했다. 이런 현상은 2008년 10월에 치른 일제고사 점수가 하위권이거나 시골 지역에서 주로 일어났다. 또 방학 직전에 치른 2008년 일제고사 결과를 토대로 하위 500여 학교에 보충 지도 예산이 내려와 돈을 쓰기 위해 인턴교사를 채용하고 보충수업을 하지 않을 수 없게 된 학교도 있다. 당시 MBC의 시사매거진이라는 프로그램에서 "빼앗긴 여름방학"이라는 제목으로 일제고사로 인해 벼랑에 내몰린 초등학생의 인권과 변질되고 있는 교육과정을 보여주었다.

충북(옥천, 제천), 경남(창원, 진해), 울산이 일제고사 준비를 지나치게 시켜 언론에 보도되었고, 부산과 서울 중부교육청은 1학년부터 시험을 봐서 물의를 일으켰다. 인천은 문제은행을 제공하는 식으로 일제고사를 치렀고, 충남은 1학기에는 문제은행을 제공하고 2학기에는 온라인 평가를 했다. 충북 옥천 교육청은 7~8월(방학 중), 9월 이렇게 3회에 걸쳐 시험을 보았고, 제천도 4회나 시험을 봐서 악명을 떨쳤다. 이외에도 모의고사 시험지를 풀게 하거나, 참고서처럼 교과 핵심 내용을 뽑아 학교별로 제본해 공부를 시켰다.

OMR 리더기의 등장도 큰 변화이다. 원래 중등에서 지필 모의고사를 보면서 들어오기 시작한 것이 울산에서 2009년 초에 학교마다 구매를 하는 식으로 확산되었다. 교사가 평가권을 빼앗긴 것뿐만이 아니라 시험문제 영역까지도 OMR 리더기 프로그램에 맞춰야 하는 상황이 되어버렸다. 줄지에 수행평가를 보던 초등학교들이 중·고등학교처럼 변해버렸다.

급기야 충북에서는 9월 첫 주부터 시험 대비 주간 보고, 강원도에서는 일일 보고가 등장했다. 자발적으로 추석 전후 재량휴업일을 없애거나 시험 볼 때까지 놀토를 없애고 공부하는 학교도 있었다. 주지 교과 수업에 편중하는 현상도 나타났다. 2009년 7월에 충남지부에서 학교자율화 이후 학교 변화에 대해 설문조사한 결과, 예체능 시간이 감소하거나 그런 압력을 느끼고 있다는 응답이 많이 나왔다. 2학기가 되자 관리자가 직접 예체능 수업을 하지 말라고 하는 학교도 생겨났다. 점점 교과 수업으로 변질되어가는 방과 후 활동 시간을 포함하면 이런 현상은 더욱 심화되었다. 전남에서는 개학하자마자 교장이 "앞으로 교육과정을 내가 짜겠다"며 오후 늦게까지 방과 후 프로그램을 강요하는 일도 생겨났다. 서울 강남 지역에서는 방학 때 주지 교과 중심의 고액 방과 후 프로그램을 운영하기도 했다.

이런 상황에서 어떻게 아이들이 정상적으로 살아갈 수 있을까? 성적을 비관한 학생들(초·중·고)이 자살하는 경우가 점점 더 늘어나고 있다. OECD 국가에서 우리나라의 청소년 자살률이 가장 높다는 통계까지 나올 정도이다. 과거에는 대안학교를 간다거나 학교를 다니지 않는 것을 두고 고민이 많았다. 그런데 요즘은 성적 때문에 학교를 그만두는 학생들이 생겨나고 있다. 성적 때문에 전학을 강요하거나 학교에서 내모는 경우도 있다. 총점 경쟁과 기초학습 미달 학생 수를 줄이기 위해 특수반 학생들이나 운동부를 배제하는 사례가 있었다. 충남 서산에서는 관리자와 교사가 한 학생에게 정신병원에 가라고 해서 논란이 되었다. 시험을 앞두고 성적이 좋지 않은 학생들을 특수학급에 넣는 등 아이들에게 씻을 수 있는 상처를 주는 일도 곳곳에서 일어났다. 6학년 전체를 보더라도 공부에 시달려 학급 운영은 엉망이 되어버렸다. 이렇게 일제고사는 조금씩 우리의 일상이 되어갔다.

그렇다면 시험 결과는 어떻게 되었을까? 2009년에는 전년도에 꼴찌라고 알려진 충북과 강원의 점수가 가장 많이 올라 '옥천, 양구의 기적'이라는 말이 회자되기도 했다. 그러나 옥천에서는 보통 학생을 특수학급으로 보내거나 밤늦게까지 보충수업을 시킨 사실이 드러났다. 양구에서도 다른 지역보다 특수학생 비율이 높아 의심을 받았다. 결국 나중에는 '쥐어짠 옥천, 양구의 기적'으로 정리되었다.

일제고사 불복종 – 나를 징계하라

2008년 12월에 교사 8명이 해직된 탓에 일제고사에 대한 거부감이 심해지면서 2009년 3월에 치러진 교과학습 진단평가 날에는 체험학습에 참여한 학생들이 전국적으로 1,400여 명에 이르렀다. 서울을 중심으로 일제고사 불복종 선언에 참가한 교사가 1,162명이었다. 이 중 교사 122명이 실명을 공개했고 강원에서도 23명이 명단을 공개했다. 학교 앞에서 1인 시위를 하는 교사들이 늘어났고, 일제고사 반대가 사회문화적 현상으로 확산되었다. 거리에는 일제고사 반대 배지를 달고 다니는 시민들도 늘어갔다.

시험이 끝나고 서울시교육청은 명단을 공개한 일제고사 불복종선언 교사 중 시험을 본 대상 학년에 있는 교사들을 중심으로 자기들이 정한 기준에 따라 11명을 징계했다. 전남과 경북에서도 교사 4명이 징계를 받았고, 울산에서는 해직 교사까지 생겼다. 울산의 경우, 체험학습 인솔을 했다는 이유로 3명이 중징계 대상에 올랐다. 게다가 시험을 보지도 않는 고등학교 교사를 다른 징계 건까지 묶어 해직을 시켰다. 학교 안의 불합리한 문제를 제기하던 교사에게 괘씸 죄를 적용한 것이라는 비판이 많았다. 결국 소청심사에서 부당 해임으로 결론이 나서 연말에 복직이 되었고, 나머지 교사들도 정직 기간이 줄어들었다.

많은 학교에서 보충수업 확산, 교육 당국의 무리수에 대해 고발이 잇따랐다. 방송과 신문, 온라인 매체에서도 교육과정 파행 사례와 엉터리 정책을 다룬 기사가 계속 나왔다. 경남 지역에서는 "경남교육연대"가 지역별로 일제고사의 문제점을 공유하고 체험학습을 조직하면서 광범위한 투쟁이 전개되었다. 다른 지역에서도 지역 단체들과 연대해 지속적으로 일제고사의 문제점을 알렸다. 전교조에서는 교육시민단체와 함께 일제고사 파행 사례를 발표했다. 이런 기사는 국민들에게 일제고사가 얼마나 후진적이고 인권탄압적인 정책인지 그 심각성을 알려주었고, 일제고사 반대 투쟁의 동력을 형성하는 토대가 되었다.

국제사회의 움직임도 반대 투쟁에 힘이 되었다. 일제고사를 먼저 시작한 영국에서도 일제고사의 폐해를 연구한 결과가 나왔고, 영국의 학교장들이 일제고사를 거부하는 사태도 일어났다. 유엔의 경제적·사회적·문화적 권리 위원회도 일제고사 폐지를 권고하기도 했다.

한편, 해직 교사들도 행동에 나섰다. 10월에 치러질 일제고사를 앞두고 해직 교사 13명과 2009년 3월의 일제고사로 징계를 받은 교사들이 모였다. 해직 교사 징계의 부당함과 일제고사의 비교육적인 내용을 국민들에게 알리는 '일제고사 폐지, 해직 교사 복직 전국 대장정'을 진행하기 위해서였다. 전국 대장정은 10월 5일에 울산에서 선포식을 하고 전국 10개 시도를 돌며 진행되었다. 이 기간 동안 해직 교사들이 가는 곳마다 시민들의 호응이 뜨거웠는데, 정작 해직 교사들은 1년 만에 학교가 너무 황폐해져 가슴이 아팠다고 했다.

이런 와중에 경기도에서 중대한 발표를 했다. 경기도교육청에서 오랜 검토 끝에 2010년 학업성취도평가는 교육청 수준에서 거부하기가 어렵지만, 3월 교과학습 진단평가는 학교 자율에 맡긴다는 내용이었다.

2009년 10월, 일제고사를 보는 날에 전국적으로 체험학습이 진행되고, 청소년단체는 오답 선언 투쟁과 함께 일제고사 거부 기자회견을 진행해 많은 언론의 관심을 받았다. 서울에서는 교육시민단체와 문화 단체들까지 참여한 교육문화한마당이 열려 일제고사 반대 투쟁의 새로운 장을 열었다. 10월 일제고사 건으로 경기와 전남의 교사 1명이 경징계를 받았다. 12월에는 행정소송 1심에서 서울의 해직 교사 7명에게 해임이 부당하다는 판결이 내려졌다.

일제고사 반대 투쟁 과정을 살펴보면, 교육운동단체들의 투쟁으로 일제고사는 일제시대 청산과 함께 없어져야 할 유물이라는 이미지가 확고하게 만들어졌다. 그렇지만 일제고사 반대 투쟁 과정에서 해결하지 못한 점이 있었다. 그동안 공교육에서 소외된 학생들, 특히 저소득층과 지역 학생들에 대한 배려가 부족했고, 일제고사 자체는 문제지만 학교의 "돌봄" 기능과 부진아 지원 정책은 필요하다는 것이다. 이 때문에 일제고사에 반대해 체험학습에 참여하거나 보충수업을 반대하는 귀농인들은 지역 주민들과 갈등을 겪은 사례도 있었다.

급기야 충북 옥천에서는 교육청을 지지하는 학부모들과 전교조 사이에 갈등이 생기기도 했다. 모든 학교가 여름방학 보충수업을 하는 상황에서 전교조가 집회를 하고 교육청을 압박하는 가운데, 공문으로 면담 날짜를 잡아 8월 13일에 옥천교육청을 방문했다. 그런데 계속 면담 장소에 못 들어가게 해서 교육장실에 항의하러 갔는데, 닫힌 문을 열려고 하자 학운위협의회 소속 학부모들이 나오면서 실랑이가 벌어졌다. 이들은 열심히 가르치려는 교육장을 압박하지 말라고 하며, 학부모들이 원해서 아이들이 방학 보충을 하는 것이라고 주장했다. 나중에 들은 바로는 이 학부모들이 옥천 지역의 파행 상황을 꾸준히 보도한 옥천신문에도 항의 방문을 갔다고 한다. 결과적으로 교육청은 뒤로 빠지고 지역 주민 간의 갈등으로 비화시킨 꼴이다. 이후 옥천신문이 중재에 나서 전교조와 학운위협의회 학부모와 토론회를 열었는데, 보충수업에 찬성하거나 반대하는 지역 주민 간의 치열한 논쟁이 벌어지기도 했다. 그러나 교육청은 끝내 토론회에 나오지 않았다.

옥천의 사례는 많은 것을 생각하게 한다. 우리 사회가 교육공공성 측면에서 교육 기회의 평등은 많이 이루어졌지만 교육의 질과 결과의 평등까지 나아가지는 못했음을 여실히 보여준다. 또한 일제고사 논쟁 속에서 교육 격차 해소 방안이나 교육의 질에 대한 문제의식이 각자의 처지에 따라 다양하게 드러났다. 예를 들어 농촌 지역은 방과 후에 아이들을 돌봐줄 곳이 거의 없는 형편이다. IMF 이후 경제적인 이유로 많은 가정이 해체되면서 부모가 이혼하고 시골로 온 조손 가정 아이들도 많다. 이런 아이들은 양육, 교육, 문화 여러 면에서 보호받지 못하고 있고 교육 격차는 계속 커져만 갔다. 그렇지 않은 가정에서도 부모들이 맞벌이를 하거나 늦은 시간까지 일을 하느라 아이들은 TV나 컴퓨터를 하면서 시간을 보낸다. 농촌이라고 해서 농업으로 먹고사는 이들은 많지 않고 부업을 하거나 직장생활을 해야 생활이 가능한 가정이 많기 때문이다. 주변의 좋은 자연환경도 아이들의 정서발달이나 교육에 도움이 되지 못하는 상황이 되어버렸다. 이런 상황에서 학교가 아이들을 안전하게 돌봐주는 것이 부모들에게 큰 위안이 되는 측면이 있는 것이다. 앞으로 이 부분은 일제고사 문제를 해결하는 측면만이 아니라 무너진 지역 공동체의 복원, 농·산·어촌 경제의 활성화, 과도기에 학교가 해야 할 역할 등 지역 살리기 과제와 같이 고민해야 할 영역이라고 볼 수 있다.

3. 무너지는 전수 평가, 기로에 선 일제고사

교과부는 일제고사가 시행된 지 3년째인 2010년 1월 7일에 2010년 일제고사(국가 수준 학업성취도평가) 일정을 발표했다. 시험 시기를 7월로 옮기고, 고등학교 시행 학년과 시험과목을 조정했다. 시험 목적도 개개인의 학업 성취도를 판단하는 것을 명확하게 하고, 일제고사 점수가 오른 교육청과 학교에 성과급을 더 준다는 이야기가 나왔다. 교과부는 학기 초부터 학교에 교육과정 파행을 금지하라는 공문을 보내는 등 일제고사 체제가 굳건하게 정착되어 가는 듯했다. 급기야 8월에는 일제고사를 비롯해 이명박 정권의 교육정책을 입안한 이주호 차관이 장관으로 승진했다.

하지만, 일제고사의 존폐를 흔드는 일들도 계속 일어났다. 2월에는 강원에서 해직된 교사들의 징계가 부당하다는 행정법원의 판결과 함께 시·도 교육감의 학업 성취도 평가권에 법적 다툼이 있다는 판례가 나왔다. 판결문에는 일제고사의 폐해가 직접 언급되기도 했다. 2009년 3월의 일제고사 건으로 중징계 처분을 받은 서울의 교사는 정직 3월이 취소되고, 전남의 교사 3명도 정직 1월 징계가 취소되었다. 울산에서도 정직 1~3월 처분 취소 청구 행정소송에서 모두 승소했다. 징계로 일제고사 저항을 막아보려는 교과부의 정책은 더 이상 발 디딜 곳이 없어졌다.

6월 지방선거에서는 일제고사 폐지를 앞세운 진보 교육감이 8곳에서 출마해 6곳에서 당선되는 초유의 사태가 일어났다. 새롭게 당선된 강원 교육감이 방송 토론에 직접 나와 일제고사는 학생의 학습권 침해이므로 대체 활동을 보장하겠다고 했고, 전북과 강원에서도 시험을 보지 않는 학생에게 대체 활동을 제공하라고 했다. 일제고사의 운명은 그야말로 풍전등화 신세가 되었다.

학업 성취도와 교육과정을 밀어낸 일제고사

2010년 들어 일제고사의 가장 큰 변화는 평가 시기와 대상이 변화한 것이다. 7월로 시기를 옮긴 것은 12월에 시험 결과가 나와 보정 교육 기간이 짧고, 학기 중 채점으로 생기는 학습 결손을 방지하기 위해서라고 한다. 교과부는 초6과 중3 진단평가 문항 수를 줄이고 시험 시간을 줄여 학생 부담을 줄였다고 홍보했는데 과연 정말 그럴까?

보도자료에는 빠졌는데 전국 학교에는 공문이 하나 더 와 있었다. 바로 3

월에 보는 교과학습 진단평가와 12월에 보는 전국연합학력평가이다(교과부는 2009년 12월에 교과학습진단평가 업무 등을 시도교육감협의회로 이관하면서 겉으로는 국가 수준 평가만 관리하는 것처럼 보이게 했다). 여기에 3학년 시험이 추가되었는데, 주관하는 기관도 안 나오고 시험 과목도 읽기, 쓰기, 셈하기였다가 국어, 수학으로 조정되었다. 3월 교과학습 진단평가 때에는 경기도가 학교에 선택권을 주었다. 자체 평가를 본 학교는 적었지만, 최초로 공식적인 시험 반대가 시작된 셈이다.

교과부는 2년간 모인 시험 결과와 한국교육과정평가원을 압박해 일제고사의 성격을 국가 수준의 교육과정 성취 정도를 보는 것이 아니라 학생 개개인의 점수를 알아보는 것으로 변질시켰다. 기존의 국가 수준 학업성취도평가를 실시하는 목적과 의미는 일제고사 때문에 쓸모가 없어진 지 오래다. 대표적인 것이 연습 시험의 증가와 부정 의혹 때문에 평가 결과에 신뢰성이 없어진 것이다. 연구자들은 전체 학생이 보는 전수 평가로 바뀌는 바람에 평가 문항의 수나 수준에도 제한이 생겼다고 불평했다.[20] 결국 2010년부터 일제고사를 보는 목적은 교과부의 입맛에 맞추고, 평가 문항은 개인의 성취도를 평가하는 것과 국가 수준의 교육과정 연구를 위한 것으로 절충을 하게 되었다.[21] 그 결과, 평가지에서 1점짜리 양자택일 문항이 유난히 많아진 게 눈에 띄었다.

그동안 일제고사 점수 결과에 대해 사교육을 받은 정도나 지역별 편차 때문에 굳이 볼 필요가 없다는 비판이 많았다. 교과부는 이런 문제를 각종 통계 프로그램을 통해 해결할 수 있다고 보는 것 같다. 일제고사 점수가 모이면 미국처럼 학교마다 성적 향상도를 함수화해서 다음 해 일제고사 예상 점

---

20 교과부와 평가원은 2009년 12월에 열린 국가 수준 학업성취도평가 개선을 위한 토론회를 사전에 전혀 알리지 않고 토론회가 끝난 뒤에야 보도자료를 냈다.
21 김성숙 외 8명, 《국가 수준 학업성취도평가의 전수 시행에 따른 교육 맥락 변인 탐색과 설문지 개발》, 연구보고 PRE 2009-1, 한국교육과정평가원

수를 산출해 학교의 노력 정도를 순수하게 평가한다거나, '학교별 부가가치 지수'를 통해 지역이나 학생 특성을 배제하고 순수한 학교 효과만 추출될 것이라는 가설 등이 나오고 있다.[22] 이렇게 하다 보면 점수만으로 학교를 줄 세우기는 어렵지만 다른 주변 변수들(지역 특성과 지역 학생 특성 등)을 충분히 감안한 지표를 마련해 그 학교가 상승 추세냐, 하락 추세냐를 가지고 비교가 가능할 것이라고 한다.

교장-교감-교사의 의지가 되다

일제고사가 3년째 계속되자 학교 현장은 저절로 일제고사 체제로 변화되었다. 시험이 7월로 옮겨진다는 보도가 나오자마자 2009년 겨울방학 때부터 보충수업을 하는 학교가 생겨났다. 심지어 3학년 평가 때문에 2학년부터 보충수업을 하는 곳도 있었고, 새 학기에 새 학년 공부가 아니라 진단평가 준비를 하기도 했다. 일제고사 대비 정도는 지역에 따라 조금씩 달라졌다.

2009년에는 강원, 충북, 충남, 인천의 파행 사례가 언론에 주로 나왔다면 2010년에는 전국에서 파행 사례가 나타나기 시작했다. 강원과 충북이 문제 풀이 수업으로 점수를 올려 교과부에서 우수 교육청으로 칭찬을 받자 점잖게 있던 교육청들도 뒤늦게 점수 올리기에 나선 것이다. 인천에서는 모든 학생들에게 문제집을 나눠주는 학교도 생겨났다. 파행 양상도 보충수업에 문제 풀이는 기본이고, 전 학년에 걸쳐 월말고사를 보거나 학력상을 주기도 했다. 초등에서는 원래 통지표에 서술형으로 평가를 하게 되어 있는데 점수를 표기한 성적표를 나눠주는 학교도 생겼다. 충북 지역에서는 초등학교 3학년이 고등학교 3학년처럼 시험을 많이 본다 해서 '시험지옥'이라는 말까지 생겨났다.

---

22 2009년 10월 9일에 한국교육과정평가원, 한국교육평가학회 공동 세미나로 대규모 학업성취도평가 자료의 활용 방안을 탐색하는 토론회가 열렸다.

시험을 본 결과 학습부진아 비율이 높으면 학력향상중점학교가 되는데, 이 학교들은 쏟아지는 돈 폭탄을 보충수업으로 해결하는 방법밖에 찾지 못했다. 부진아가 생기는 원인은 아주 다양하기 때문에 그 해결 방법도 체계적으로 진행되어야 하는데 학교에만 부담을 주다 보니 결국 수업 연장으로 해결을 하는 것이다. 이 과정에서 학생이나 교사의 부담만 커지고 결국 수업의 질이 떨어져 또다시 학습 부진을 조장하는 악순환에 빠지게 되었다.

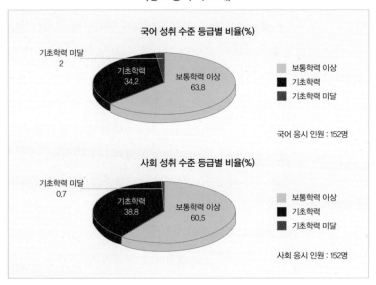

〈정보 공시 자료 예〉

학교자율화를 빙자해 합법적으로 일제고사 대비 체제로 교육과정을 운영하는 학교도 생겨났다. 교과부는 교과별로 시간을 20% 증감하고, 학기별로 10개인 교과를 7~8개씩 집중 이수하는 2009 개정 교육과정을 만들었다. 그런데 고시하고 2년 후 실시하는 관행을 벗어나 이 내용을 학교자율화라는 이름으로 2010년부터 무조건 적용하라고 했다. 그래서 많은 학교에서 시험 안 보는 교과는 2학기로 미뤄버린 것이다. 체육은 밖에서도 보이니 할 수 없이 하고, 교실에서 하는 음악, 미술, 실과가 2학기로 밀려났다. 그래서 봄 노래를 가을에 불렀다는 씁쓸한 이야기가 나오기도 했다. 봄에 하던 운동회나 수학여행도 2학기로 옮겨졌다. 학교의 모든 시계가 일제고사를 중심으로 돌아가게 된 것이다.

이 과정에서 특징적으로 나타난 현상은 일제고사에서 점수를 올리려는 주체가 교육청 단위에서 관리자나 일반 교사로까지 확대된 것이다. 2009년까지만 해도 시험 풀이는 공부가 아니라거나 초등교육이 그래서는 안 된다는 일말의 심리적 저지선이 있었는데 이것이 무너졌다. 2010년부터 정보공시제[23]에 따라 시험 점수(등급별 분포)가 학교 홈페이지에 공개되기 때문에 교장, 교감이 알아서 교사들을 닦달하기에 이르렀다. 충북의 경우, 공부를 잘하는 학교나 못하는 학교나 7교시 문제 풀이 수업은 기본이고, 학교 행사도 모두 2학기로 미뤄졌다. 이런 것은 원래 국가 교육과정 운영 방침에 어긋나는 것이다. 그런데 교사들이 이런 상황에 문제의식을 느끼기보다 '우리 학교보다 심한 곳도 있던데'라고 생각하게 된 것이다.

그러다가 결국 충북 제천에서는 현직 교감이 학생들에게 답을 암시하거나 일러주는 시험 감독 부정 사건이 일어나 큰 충격을 주었다. 충북은 2009년부터 시험을 볼 때 자리를 가깝게 앉히거나 공부 못하는 아이를 둘러싸는 배치법(일명 다이아몬드법), 가채점을 하는 등의 사례가 제보되었으나 증거를 확보하지 못했다. 2010년에는 이런 파행 사례가 너무 노골적으로 진행되어 MBC에서 이 내용을 방송하기도 했다. 이후 전교조 충북 지부가 수집한 사례도 10여 건이 넘었다. 시험을 볼 때 양자택일 문제가 나오면 감독하는

---

23 시험은 국어·영어·수학·과학·사회에서 각 과목당 객관식 30~40문제, 주관식 수행평가 6~12문제 등 모두 210문제를 풀게 한다. 이 성적의 결과에 따라 학생들은 각 과목별로 네 등급(우수, 보통, 기초학력, 기초학력 미달) 중 한 등급의 성적을 통지받는다. 학교는 2010년부터 정보 공시 홈페이지에 세 등급(보통 이상, 기초학력, 기초학력 미달)등 3개 등급 학생 비율을 표시하게 되어 있다. 2011년에는 향상도를 발표해야 한다.

교사가 오답을 보고 다시 생각해보라고 하거나, 불국사를 묻는 문제에 국사책에 불이 나면 뭐라고 부르냐고 알려주기도 했다. 더 충격적인 것은 많은 교사들이 "그런 걸 부정행위라고 부르면 안 걸리는 사람이 없을 것"이라고 반응한다는 사실이다.

교육청과 관리자의 압박도 대단했다. 어떤 교육청에서는 시험점수로 교감 발령을 낸다거나 점수가 낮으면 좌천시킨다는 이야기를 했다. 교사에게 OMR 카드를 고치라고 지시하거나 시험 시간을 정확하게 지켰다고 혼내는 관리자도 있었다. 부정행위에 대한 비난 여론이 들끓자 도교육청이나 교과부는 마지못해 제천 지역만 감사에 들어갔다. 결국 시험 감독을 한 교사가 부정을 저지른 것이 사실로 밝혀져 관련자는 징계를 받았다. 교과부는 원래 학교별 점수를 발표하던 방침을 바꿔 점수가 오른 학교만 공개하겠다고 했다.

사실 시험 감독 부정 사건은 일부 지역에서만 일어난 것이 아니다. 올해 새해 벽두부터 인천 지역에서 시험 감독 부정 사례가 언론에 보도되어 시교육청이 감사에 들어갔다. 언론에 나오기 전부터 인천의 교사들 사이에서는 공공연하게 이야기가 나돌았다. 교육청의 압력이 심한 곳에서는 이런 사건이 일어날 수밖에 없다. 일제고사 정책이 시행될 때 많은 교사들이 우려했던 바이기도 하다. 미래지향적인 교육을 해야 하는 마당에 학교는 문제 풀이 수업에 감독 부정행위까지 벌어져 우리 교육의 미래는 어둡기만 하다.

보수 교육감은 고발당하고— 진보 교육감은 대체 학습 인정

2010년에는 일제고사에 저항하는 투쟁이 여러 갈래로 진행되었다. 교과 학습 진단평가 투쟁을 보면, 경기도가 학교 자체 선택권을 주면서 전국적인 시험이라는 교과부의 방침에 구멍이 생겼다. 진보 교육감들은 일제고사 철폐를 공약으로 내걸고 시민단체와 협약을 맺었다. 결국 6월 2일에 실시된 투표에서 전국의 6개 지역에서 진보 교육감이 당선되어 일제고사 투쟁은 새로운 국면을 맞이하게 되었다.

일제고사 정책에 적극 편승한 지역에서는 교육장과 교육감이 고발을 당했다. 2009년부터 일제고사 반대 투쟁을 꾸준히 진행해온 경남교육연대는 법적 근거가 불분명한 교육청 시험을 본 창원교육장을 검찰에 고발했다. 충북에서는 '시험지옥에서 우리 아이들을 구출하기 위한 충북시민모임'(이하 시민모임)이 괴산교육장과 충북도교육감을 고발했다. 2009년의 일제고사 점수 결과로 괴산 관내 19개 초등학교의 순위를 매긴 공문서 때문이다. 두 교육청은 일제고사 순위표를 만들지 않았다고 부인했다. 결국 시민모임은 충북도교육청과 괴산교육청을 직무유기, 직권남용, 위계에 의한 공무집행방해로 고발했다. 검찰의 수사 결과, 도교육청에서 전체 순위표를 만들고 괴산교육청에서 일제고사 점수를 올리려고 관내 순위표를 만들어 교감 회의에서 순위표를 나눠준 것이 사실로 드러났다. 이 사건으로 도교육감이 국감과 도의회 감사에서 질책을 당하고, 교과부는 주의 조치를 내렸다. 이주호 교과부 장관도 교과위 국감에서 질타를 받았다. 그런데도 검찰은 이 사건을 기각하고 항고까지도 기각했다. 시민모임은 12월 30일에 법원에 재정신청[24]을 내서 이 사건은 이제 법원의 판단을 기다리고 있다.

7월 13일과 14일에 실시된 국가 수준 학업성취도평가 때에는 시민단체들의 주도로 체험학습이 진행되었다. 진보 교육감이 당선된 강원과 전북에서는 시험을 보지 않는 학생들에게 학교가 대체 학습을 진행하라고 했다. 서울에서도 뒤늦게 시험 선택권이 언론에 보도되었지만 사실이 아니라고 해서 현장에서 혼선이 빚어지기도 했다. 교과부는 징계라는 카드로 협박을 했지만, 이제 일제고사는 지역에 따라 봐도 되고 안 봐도 되는 시험이 되어버렸다.

---

24 검찰의 기소독점권에 대한 대안으로 검찰이 두 번이나 기각한 사건에 대해 법원에 기소 여부를 물을 수 있게 한 제도이다. 교육 부분에서는 최초의 재정신청이라고 알려져 있어 귀추가 주목된다.

4. 우리의 과제

이명박 정부의 3년이 너무 길고 힘들다고 한다. 초등교사들이 보기에는 일제고사가 시행된 이후 학교에 폭탄이 떨어진 것 같은 느낌을 받는다. 10여 년 간 초등교육 정상화가 학급, 학년, 학교 교육과정을 어떻게 자율적으로 편성하는가의 문제였다면, 이제는 시험문제 풀이 수업을 하지 않고 교육과정대로만 운영하는 것만도 큰 용기가 필요한 현실이다. 이런 의지를 가진 교사는 6학년 담임을 배정받지 못하는 상황에 절망하게 된다.

그렇지만 위기는 기회라고 하지 않던가? 일제고사가 시행된 3년을 돌아보며 여전히 지속되는 문제, 우리가 같이 고민해야 할 점이 있다. 첫째, 학습부진아 문제는 오랫동안 교육 현장의 고민거리였다. 학습부진아들을 못 찾아내서 교육을 못 한 것이 아니라 적당한 방법을 찾지 못한 것이 더 큰 문제이다. 교과부에서 2008년에는 기초학력 미달 학생이 2%이고 2010년에는 0.7%가 되었다고 자랑하지만, 실제 현장에는 학습과 친구 관계, 정서적인 면에서 어려움을 겪는 아이들이 훨씬 많다. 문제의 원인도 다양하다. 이왕 학습 부진을 해결하겠다고 나섰다면 구조적인 원인을 찾아내고 해결해 나갈 방안을 마련해야 하는데, 시험 보고 골라내서 다음 시험을 통과하면 부진이 해결되었다는 방식으로 처리하고 말았다. 가뜩이나 공부에 흥미가 없는 아이들을 더 흥미가 없도록 만들어버린 셈이다.

게다가 학습부진아 비율에 따라 학교와 교사를 평가하는 상황에서 일제고사를 보고 학습부진아로 판명된 아이는 공공의 적이 되어버렸다. 공문에는 "학습부진아 제로 정책"이 주요 과제이고, 그 숫자에 따라 평가를 받는다. 학습부진아를 도와주고 배려하기보다 오히려 어릴 때부터 사회에서 배제하는 정책이 되어버린 것이다. 또 "학습부진아"란 낙인을 찍게 되면 다양한 재능을 가진 아이들을 제대로 이해할 수 없게 된다. 2009년에 제천의 한 초등학교에서 학교장이 자체 평가 결과 기초학력 미달인 아이들을 혼을 냈다. 이 중에 한 여학생이 너무 화가 나고 기가 막혀 이 과정을 글로 썼고, 학부모가 전교조에 제보해서 언론에 알려졌다. 그런데 교육청에 출입하는 기자가 "너무 잘 써서 조작 의혹"이라는 기사를 써서 학교장의 인권 탄압 사례가 학생의 글 조작 사건으로 바뀌어버렸다. 이 학생은 전부터 글쓰기에 소질이 있던 학생인데, 기자들이 "부진아 낙인" 시각에 빠져 학생의 다른 능력조차 믿지 못하는 것이다. 이런 측면에서라도 일제고사는 하루빨리 폐지되어야 한다.

둘째, 일제고사를 평가 방식의 문제로 본다면 바람직한 평가 방안은 무엇일까? 그동안 7차 교육과정이 수행평가를 중시하므로 교사에게 평가권을 돌려주어야 하고, 특히 초등은 서술식 평가 방식이므로 일제고사 자체가 교육과정 취지에 어긋난다는 논리로 싸워왔다. 그런데 교과부는 2009 개정 교육과정을 고시하면서 이 조항을 빼버리고 주지 교과 평가를 3단계로 하는 등 평가 방식 자체를 변화시키려고 하고 있다. 교무 업무 시스템을 보니 최근에 학생성취도평가란을 만들어 수행평가를 점수로 환산하는 프로그램도 넣어놓았다. 모르는 사이에 자기들 의도대로 평가 방식을 야금야금 준비해가고 있는 것이다. 이 부분은 연구만이 아니라 시급하게 문제 제기해야 할 부분이다.

셋째, 이명박 정부는 공교육의 책임을 다하기 위해 한 명의 학생도 포기하지 않기 위해 일제고사를 실시한다고 했다. 여기에는 교육을 학생 중심으로 보기보다 하나의 목표, 즉 측정 가능한 목표로 보고 일정한 선을 정해 모두 도달해야 할 것으로 보는 관점이 녹아 있다. 하지만 교육은 기본적으로 다양한 계층의 아이들이 사회성을 배우고 교육을 통해 인간적으로 성장하는 것을 목표로 삼는다. 교육 내용을 이해하고 표출하는 방식도 다양하고 또 교육 성과는 하루아침에 드러나는 것이 아니다. 여기에는 교사의 전문적인 지도와 학교, 지역사회, 국가의 지원이 조화를 이루어야 한다. 엄밀히 말하면 고정된 개념의 학습부진아란 없기 때문이다.

그런데 지금 학교의 현실은 입학하는 순간부터 다인수 학급에서 배려받지 못하고 업무에 치인 교사의 무관심을 숙명처럼 받아들여야 한다. 교육 내용과 양의 수준도 대다수의 아이들이 따라오지 못하게 만들었다. 기본적인 한글 교육마저 1학년 교육에서 책임지지 않다 보니 미리 사교육을 받지 않으면 바로 부진아가 될 지경이다. 교육 목표, 교육 내용, 평가 모두에서 소외받고 있는 것이다. 따라서 한 명의 학생도 소외받지 않는 교육으로 가기 위해서는 근본적인 관점의 전환과 실질적인 정책이 필요하다. 교육과정 자체를 개선하고 재구성해서 학생들이 감당할 만한 내용으로 바꾸는 것을 포함해 교육 격차를 줄이는 방안도 마련되어야 한다. 제한적이나마 진보 교육감의 정책들을 기대해볼 부분이기도 하다.

넷째, 일제고사 반대 투쟁은 어떤 의미를 가지고 있고 누가 해야 하는가? 일부에서는 일제고사가 없어져도 우리 교육의 문제는 고스란히 남아 있다고 하는 의견이 있고, 진보 교육감과 연대해 일제고사의 문제를 해결하자는 의견도 있다. 하지만 일제고사는 교사, 학생, 학부모가 같이 고민하고 연대해서 해결해야 한다. 일제고사를 보며 과연 교육의 목표, 교육의 과정은 어때야 하고, 우리 사회는 어떻게 나아가야 하는지에 대해 사회 전체가 고민하는 계기가 되었다. 수동적인 위치에서 벗어나 각자가 자기의 역할을 깨달을 수 있었다. 오로지 대학 진학을 위해 학교도 가정도 교육을 포기했다는 자성 속에 일상에서 같이 대화하고 소통하자는 이야기가 자연스럽게 나온다. 또한 지역 특성을 기반으로 한 모임들도 만들어지고 있다. 이런 작은 각성과 교육 주체 간의 평등한 관계가 회복되면서 일제고사를 벗어나는 것만이 아니라 이 자체가 새로운 교육의 장을 만들어가는 것이다.

다섯째, 교육 격차를 어떻게 줄여가고 교육의 질을 균등하게 만들어갈 것인가? 일제고사가 시행되기 전에도 교육의 문제는 많았고 교육 격차는 존재했다. 하지만 적어도 초등학교는 제한적이나마 학급, 학교마다 다양한 교육과정이 자리잡아가고 있었다. 지식 일변도의 교육과정을 보완하기 위해 농산어촌특별지원금으로 문화 예술 중심의 방과후 활동을 지원하고, 교복투 학교에 다양한 지원 프로그램이 도입되었다. 지역의 작은 학교에서는 교사 몇 사람이 의기투합해서 지역 환경과 어우러진 아이들 중심의 교육과정을 운영하는 사례가 많았다. 그런데 일제고사가 시행되면서 이런 학교들이 모두 학력향상중점학교로 지정되고 문제 풀이 보충학습이 확산되어 학생과 교사 모두를 고통스럽게 만들고 있다. 도시와 농산어촌의 차이가 점수로 환산되어 나름의 고유성과 독자성이 파괴되고 교육의 목표는 오로지 학력향상중점학교를 벗어나는 것이 되어버렸다. 모든 아이들이 이 과정에서 심각한 인권과 학습권을 침해받고 있고 성장 잠재력 자체가 뿌리째 흔들리고 있다. 개인적으로 가장 가슴이 아픈 대목이다. 이런 문제는 교육만으로 해결되는 것이 아닌 만큼 더 큰 틀에서 고민하고 해결해가야 할 부분이다.

2011년 1월 3일, 서울시교육청이 올해부터 교사의 평가권을 강화해서 초등학교의 중간고사와 기말고사를 없애는 정책을 추진하겠다고 발표했다. 국가 수준 학업성취도평가로 촉발된 평가권 논쟁이 결국 학교 단위에 만연한 일제고사를 폐지하는 기촉제가 된 셈이다. 3년간 우리 사회를 흔들고 학교를 옥죄었던 일제고사가 많이 흔들리고 있다. 2012년이 되면 일제고사는 과연 어떻게 될까? 이 답은 어떤 한 사람이 답할 수 있는 게 아니라 모두 같이 그려가야 할 것이다.

일제고사 정책의 변화[25]

	2008년	2009년	2010년
교과부 관여 정도	교과학습진단평가 학업성취도평가 기초학습 진단평가 전국연합학력평가,	교과학습진단평가 학업성취도평가 전국연합학력평가	학업성취도평가 (나머지는 시도교육감협 의회 주관으로 넘김)
정책 연구 내용	학습부진아 정책 연구(12월)	국가 수준 학업성취도 평가 개선 방안(12월) 전수 시행 맥락(12월) 학습부진아(6월)	대규모 학업성취도평가 결과 활용-수능과 학업 성취도평가 연구 용역(5 월 수주)
일정 — 진단평가	3월 11일(초4~중3)	3월 31일(초4~중3)	3월 9일(초4~5, 중1, 2) 초3-국,수
일정 — 국가 수준 학업성취도평가	10월 8일 - 초3 10월 14, 15일(초6, 중3, 고1)	10월 13, 14일 (초6, 중3, 고1)	7월 13, 14(초6, 중3),13 일-고2(국,영,수)
일정 — 전국연합학력평가	12월 23일(중1, 2)	12월 23일(중1, 2)	12월 21일(중1, 2) 6개 시도는 실시 안함.
학생 선택권 여부	교사들이 시험 선택권 안내	교사들이 시험 선택권 안내	교육감이 선택권 줌 * 진단평가 - 경기 * 학업성취도평가 -강원, 전북
징계 현황	서울 체험학습으로 8명 해직 전북 - 김인봉 교장 중징계 강원 - 도학력평가 거부로 4명 해직	진단평가 - 서울 중징계 1명, 경징계 10명, 울산 중징계 3명, 전남 중징 계 3명, 경북 견책 1명 10월 평가 - 경기 감봉1 명, 전남 감봉 1명	시험 부정 사건 당사자 징계
핵심 낱말(키워드)	임실의 기적	양구, 옥천의 기적	제천 시험 부정 사건

25 교과부가 시도교육감협의회 주관으로 넘겼지만 예산이나 정책에 대한 시비 등으로 내용적으로는 계속 압력을 강하고 있는 상황이다.

5장

일제고사와 우리 시대의 교육

김윤주[26]

1. 단면들-작년 막장 스토리

일제고사 자체에 대해 논하기 앞서, 작년의 일제고사 스토리를 간단히 읊겠습니다. 일제고사의 본질을 가장 드라마틱하게 보여주니까요. 뭐로 보나 그냥 막장 드라마입니다. 사건의 인과적 논리성은 결여되어 있고, 착한 편과 나쁜 편의 구도가 비현실적이게 명확하며, 각 장면들은 꽤나 선정적인 복수극의 형태를 띠면서, 감동적이고 비극적인 최루성 신파로 대단원의 막을 내리기 때문입니다.

#1)

2008년, 정부는 그동안 표집으로 실시되어오던 국가 수준 학업성취도평가를 갑자기 전수 평가로 전환하고, 이를 통해 지역과 학교, 아이들을 줄 세우는 연례적 시스템을 세팅합니다. 그래서 시민 사회에서는 이것을 '일제고사'라고 비판적으로 명명하기 시작했습니다. 일제고사는 일년에 두 번, 3월

26 2008년에 해직(일제고사 저항 건)되었다가 2011년 구로남초등학교로 복직.

진단평가와 10월 성취도평가 이렇게 두 번에 걸쳐 시행됩니다. 3월 진단평가 때도 시험을 거부하는 교사나 학생이 꽤 있었습니다만, 나중에 학교 측에서 억지로 다 보게 하거나 '올백' 보고해버리는 등 무마시켜버렸죠. 덕분에 3월 일제고사는 저항 없이 순조롭게 치러진 것으로 포장됩니다.

#2)

그러나 10월 성취도평가는 사정이 조금 달랐습니다. 이유는 간단합니다. 그 사이에 6월 촛불이 있었기 때문이었죠. 밑도 끝도 없는 경쟁 교육에 울화통이 터진 청소년들은 "잠 좀 자자. 밥 좀 먹자"는 구호를 내걸고 '미친 소, 미친 교육 반대'를 외치며 거리에 또아리를 틀기에 이릅니다. 이 청소년 촛불의 배후는 바로 '4·15 학교 자율화 조치'라는 것인데—진보적 교육 세력 사이에서는 '학교 학원화 조치'라는 조롱조의 다른 이름으로 불립니다— 이 조치 덕분에 일선 학교들은 0교시·우열반 편성·야간 보충수업·사설 모의고사 등을 금지한 지침 등을 '학교 자율적'으로 폐지했기 때문에 학생들은 급작스럽게 공부 지옥에 내몰렸고, 그 분노가 폭발한 것이지요. 가장 먼저 청소년 단체들이 10월 성취도평가 보름 전부터 시험 반대 퍼포먼스들을 떠들썩하게 벌임으로써 선제공격을 해버립니다. 학부모 단체도 가만 있지 않았죠. 'MB 미친 교육 반대'를 내걸고 성취도평가 당일 체험학습 프로그램을 조직하고 서울 시민들에게 홍보하기에 이릅니다.

#3)

막장 드라마는 아이템이 흥행성이 있으면 거침없이 막장으로 치닫는 특징이 있습니다. 일제고사 응시에 선택권이 있음을 안내한 학급들에서 시험을 거부하는 학생들이 과반수 넘게 나오자 교육 당국은 관련 교사 모두를 해직시키는 선정주의적 사건을 일으킵니다. 기습 해직 통보 다음날 바로 득달

같이 경찰 병력을 학교 교문에 배치시켜 아이들이 보는 앞에서 교사들을 끌어냄으로써 스승과 제자가 교문을 사이에 두고 생이별하는, 눈물 없이 볼 수 없는 복고적 감동 시추에이션을 1989년 해직 사태 이후 20년 만에 재현해내는 놀라운 연출력도 발휘했구요. 구명 활동을 하는 동료 교사, 학생, 학부모에게 장학사와 교장, 교감, 일부 부장 교사 들이 노골적으로 협박을 일삼는 곁가지 코믹극을 선보이기도 했습니다. 또한 아이들이 교문 밖에 서 있는 담임선생님을 만나러 나가는 것을 막기 위해 복도 철문을 잠궈 아이들을 하루 종일 감금해버리는 천인공노할 사건도 있었습니다. 해직의 경험이 쓰라린 것은 실직 때문이 아니라 이런 서글픈 꼬라지를 1980년대도 아닌 2008년의 백주에 내 나라, 내 직장에서 확인해야 한다는 것이었습니다.

#4)

전북 임실을 필두로 여기저기에서 일제고사 점수 조작 사건이 터졌습니다. 교육 당국은 무척 당황하는 체했지만, 이 바닥 생리를 잘 아는 사람들이 이런 일이 일어날 것을 예상하지 못했을 리 없고, 오히려 고무하거나 장려했을 가능성조차 큽니다(운동부나 장애 아동들을 결석 처리하라는 권고가 그 예입니다).

2. 국면들─신자유주의 교육의 효도 상품

일제고사가 가져온 문제점은 바로 이런 막장 드라마를 교육 현실에 현실화했고 앞으로도 내내 그럴 것이라는 점입니다. 도대체 왜 MB 정부는 이런 우스꽝스러운 호러 쇼를 감행하면서까지 일제고사에 사활을 걸고 이탈자를 처단해야 했을까요? 실제로 교육 당국은 그들이 내건 "기초학력 부진의 진단과 시원, 건진한 경쟁을 통한 학업 능력 향상"에는 관심이 없어요.

쏟아져 나온 일제고사 부작용들에 대한 임기응변식 대응과 비판적 문제 제기에 대한 저들의 복수 활극을 보면 정부의 관심은 오직 '일제고사를 얼른 안착시킴으로써 그것과 연동시켜 추진해야 할 신자유주의 정글 교육 시스템을 정권 임기 내 확립'에 온 신경이 쏠려 있음을 알 수 있습니다.

부시와 MB의 일제고사

일단 일제고사의 경험적 배후에는 미국의 NCLB 법안(낙제 학생 방지법)이 있습니다. 우리나라의 일제고사는 많은 부분 이 법안에서 아이디어를 차용하고 있으며, 그중 복지적 요소와 합헌적 요소는 쏙 빼고 시장적 요소만을 골라먹고 있는 형태입니다. 이를테면 이런 겁니다.

①국가에서 전수 평가를 실시하여 ②지역별, 학교별 연간 성적을 측정하고 ③이 정보를 공개함으로써 ④학교선택제와 연계시켜 부진 학교는 낙인찍어버리는 신자유주의적 채찍질은 NCLB와 동일합니다. 이로 인해 미국의 일선 학교들이 영어·수학 위주로 시간표를 파행 운영하는 등 그 부작용이 심각해 교육자들의 비판을 받고 있습니다. 이제 NCLB는 부시와 더불어 폐기될 예정이라고 하죠. 하지만 미국은 그나마 민주주의 공화국으로서 체면 유지는 한 채로 일제고사를 시행했습니다.

일단 미국은 학부모에게 이 시험을 보지 않을 권리가 있다는 사실을 학부모와 학생에게 공지할 의무를 규정하고, 시험에 대한 자기 결정 권리를 명시한 편지를 교사가 보내도록 했습니다. 그런데 우리나라는 교사 7명이 그들이 찬미하는 '미쿡'식으로 했다는 이유로 교사들을 짤랐죠. 또 미국은 시험을 친 직후 학생을 인식할 수 있는 이름을 답안지에서 삭제하고 결코 개인과 연결시키지 않습니다. 우리나라는 어린 학생들이 일면식도 없는 권력 기관으로부터 고기 등급처럼 자기 등급을 통보받죠. 점수 미달 학교에 다니는 아이에게 거액의 보조금을 지급하거나 먼 거리에 있는 학교를 선택하는 아이들에게 통학 비용을 지원하는 복지 요소 역시 우리나라에서는 생략됩니다. 오히려 상위 성적 학교의 관리자에게 인센티브를 주는 형식으로 진행됩니다.

평준화 폐지, 학교와 교원 구조조정의 잣대이자 촉매

학교선택제를 실시할 때, 학부모들은 무엇을 기준으로 내 아이의 학교를 선택할까요? 특히나 우리나라처럼 교육을 지위 획득 경쟁의 수단으로 삼는 나라에서요. 보나마나 가장 일반적인 기준은 시험 점수가 될 것입니다. 정보 공개법에 의거해 학교별 일제고사 점수가 공개되면 사람들을 그것을 보고 학교를 지원할 것이고, 학교 지원율 역시 공개되므로 그 지원율에 따라 아주 자연스럽게 '일류' 학교, '기냥' 학교, '똥통' 학교가 국민들의 뇌리 속에 자리매김하는 거죠. 보나마다 강남의 8학군과 특목고는 1등급 학교로, 농어촌과 도시 서민 지역은 삼류 학교로 위상지어질 것이며, 서민 지역의 우수 학생들은 당연히 멀리 있는 강남의 명문 학교에 지원할 것입니다. 이런 식으로 '공부 못하는 아이들의 학교'로 낙인을 찍고 계층화하는 것이 빠르게 진행되어 고착화되는 것입니다. 그렇다고 정부가 이런 학교에 지원을 할까요? 당연히 아닙니다. 오히려 이들 학교에 지원을 끊어 결국 폐교시키는 사례를 이미 영국에서 볼 수 있습니다. 일제고사의 철학적 배경이 복지주의가 아니라 시장주의인 이상 당연한 결론입니다.

교사 역시 마찬가지입니다. 교원평가는 국민들이 생각하듯이 그렇게 순진하게-촌지 수수·폭력·성희롱이나 일삼는 부적격 교사들을 응징할 수 있다는-이뤄지지 않습니다. 구조조정을 위한 교원평가는 반장 선거마냥 학부모·학생의 다수결 선호도로 절대 이뤄질 수 없습니다. 누구나 그 결과에 꼬리를 내릴 수 있는 계량적 수치 증거가 필요합니다. 가장 익숙하게 납득할 만한 기준이 뭐겠습니까? 당연히 일제고사 결과이고, 교사들은 자신의 밥통이 달려 있는 이 시험에 목을 맬 수밖에 없어서 반 평균 깎아 먹는 아이들을 죽어라 갈구고 수업 시간 내내 시험 문제 풀이에 열을 올릴 것입니다. 교사나 학생이나 학교나 자기 서열 획득에 일로매진하느라 다른 데 신경 쓸 여유가 없을 것입니다. 이것이 바로 지금 국가가 원하는 '경쟁력 있는 근면한 이기주의자 양성'으로서의 학교교육 상입니다

전 국민의 햄스터화를 위한 자그마한 쳇바퀴

봅시다. 국제중, 특목고, 스카이 대학으로 이어지는 학벌 획득의 과정이 이미 세팅되어 있습니다. 그리고 이것은 생존 기득권 확보를 위한 가장 무난한 코스이며, 이 코스 선점에 가장 큰 영향력을 미치는 것은 부모의 경제력임은 현재의 모든 지표가 말해줍니다. 아무리 공교육이 이것저것 끌어들여 발버둥쳐봐도 '무한 경쟁에 의한 선발 제도'라는 프레임 안에서는 해답이 없어요. 비교 우위를 점하기 위한 고가의 사교육은 꾸준히 생성되고 진화하니까 서민들이 등골이 휘도록 자식 학원비를 대어본들 사교육 시장만 살 찌우고 애만 잡을 뿐, 비용 낭비의 제로섬게임에 휘말려 그냥 뺑이만 치는 생애가 되는 거죠. 매년 두 번씩 정기적으로 실시되는 일제고사는 바로 이 신자유주의 교육의 가장 정기적인 시스템이 되는 거고요.

3. 소시민 훈장이 바라본 일제고사의 교육적 문제점

구조적인 문제를 논외로 친다 하더라도 일제고사는 본질적으로 반교육성을 갖고 있습니다. 대단한 민주 투사도 아닌 7명의 교사가 해직자가 되어버린 것도 전형적인 보수 중산층인 우리 반에서 일제고사 거부자가 3분의 2에 달한 것 역시 이 때문입니다.

일제고사의 문제점 중 첫째는 일제고사가 아이들의 자존감을 왜곡 형성한다는 것입니다. 자신이 그림을 못 그린다는 것을 너무도 잘 알고 있는 아이는 결코 화가를 꿈꾸지 않듯이, 공부를 잘하지 못한다는 사실을 잘 아는 아이는 결코 공부를 열심히 하려고 하지 않습니다. 그저 수업시간이 따분하고 괴로울 따름이죠. 이런 아이에게 필요한 것은 자심감과 애정 어린 소통, 진로 지도이지 일제고사와 같은 부담스러운 시험을 통한 준엄한 판정과 등급 통보가 아닙니다. 아이들은 자기 자존감이 형성된 잣대로 세상과 이웃을 바라보기 때문에 지필 시험 능력만으로 아이들에게 등급을 매기는 것은 성적이 우수한 아이와 부진한 아이 모두에게 바람직하지 않습니다.

둘째, 일제고사는 교육과정을 파행화시킵니다. 중대한 평가는 수업 내용이 자체를 규정해버리는 위력을 가지는 법, 몇십 년째 대입 교육에 매몰되어 있는 인문계고가 그 증거입니다. 세상 만물에 대한 호기심과 탐구심으로 시선 둘 데 많은 그 보드라운 시기에 시험을 잘 보기 위한 교육, 주지 교과 지필식 교육만이 유용한 공부로 인식되는 것은 아이들 학력 신장에 오히려 해가 될 것입니다.

셋째, 표면 교육과정의 파행보다 더 아찔한 것이 아이들의 잠재적 교육과정을 망가뜨리고, 교육 본연의 생동감(사회 개혁성)을 말살시킨다는 점입니다. 이 점은 아주 중요합니다. 이미 우리나라는 비정규직 일반화를 통해 대학들을 취업 경쟁에 내몰아서 독재 시대에도 유일하게 저항 문화로 생동하던 20대 청춘들을 소시민으로 주저앉히는 경험을 했습니다. 하지만 이제 어린이와 청소년들의 문제가 되었습니다. 평등과 연대, 사회 참여의 감수성을 어린 시절부터 차곡차곡 질식시켜놓지 않으면 지금의 승자 독식 구조는 늘 위태위태하니까요. 굳이 초등학교까지 일제고사를 무리하게 시행하는 이유가 여기에 있습니다. 어린 시절부터 시험을 잘 보기 위한 공부를 하고 친구들과 경쟁해 등급을 받으며, 자신의 서열을 올려줄 선생님과 학교를 선호하고,

조바심 내며 스펙 관리에 몸과 마음이 적응되어가는 동안 키도 크고 머리도 크죠. 그리고 이렇게 차곡차곡 쌓인 일상을 통과해 어른이 되었을 때 사람이 만든 시스템을 절대시하고, 불공정한 경쟁을 절대 원리로 수용하고, 성공과 승자를 신화화하며, 사회적 약자와 소외된 곳을 바라보는 시선은 패배자를 경멸하는 것으로 바뀌는 것입니다. 연대해야 할 수많은 이웃들을 스스로 궁상맞게 여겨 모래알 같은 섬으로 국민 개개인을 존재하게 만드는 것입니다.

교육은 '성장'과 '선발'의 장치로써 균형 있게 기능해야 합니다. 그런데 안 그래도 국민 의식이나 사회구조가 교육의 선발 기능만을 강조하는 판에 공교육기관이 어떻게라도 균형을 잡을 고민은 하지 않고 국가와 학교가 앞장서서 기름을 부어 불을 싸지르는 것만은 하지 않기를 바라고 또 바랍니다.

6장
나는 왜 일제고사를 반대하는가

설은주[27]

저는 2008년에 전수 평가로 처음 실시되었던 국가 수준 성취도평가(이하, 일제고사) 때문에 해직 교사가 되었습니다. 아이들과 학부모들에게 시험을 거부하도록 유도하고, 체험학습을 허가한 것이 해직 사유입니다. 물론 교육청 징계위와 학교의 주장입니다. 사실 '유도'란 말은 유도당한 처지에서는 참으로 자존심 상하는 말이 아닐까요? 저에게 유도당한 학생, 학부모들은 그 주체적인 선택을 인정받지 못하고 어수룩해서 담임교사에게 유도, 선동당한 꼴이 되었으니 말입니다. 저는 일제고사가 아이들 삶과 교육 현장에 미칠 영향이 염려되어 시험에 대해 조금 더 자세한 정보를 주었고, 그 선택권은 학생, 학부모에게 있음을 안내했습니다. 아이들과 부모님들은 충분히 고민한 뒤 선택을 하셨습니다. 저는 체험학습을 신청한 부모님들의 선택을 존중해 늘 그래왔듯 체험학습을 허가했고, 시험을 선택한 학생과 부모님들의 결정을 존중해 시험을 잘 볼 수 있도록 격려했습니다. 하지만 이 모든 것이 해직 사유가 되고 말았습니다.

어떤 사람은 이렇게 얘기하기도 해요. '전교조 조합원이라서 그런 거다.', '전교조가 조직적으로 일제고사 거부를 선동해서 그런 거다.' 반은 맞고 반은 틀린 이야기입니다. 전교조 조합원이라서 그들이 상상 그 이상의 초유의 징계를 감행한 것은 맞는 것 같습니다. 전교조가 두

---

27 일제고사 관련 해직 교사. 복직 후 현재 서울 우이초교에서 근무중.

렵긴 한가 봅니다. 하지만 전교조가 두려운 만큼 그들에게 중요한 것은 일제고사이기도 했습니다. 일제고사 – 학교정보공개법 – 학교선택제 – 교육 시장화로 이어지는 그들의 플랜에 일제고사는 가장 핵심적인 축이기도 하거든요.

하지만 저는 그들이 말하는 대로 조직의 지침대로만 움직이는 조합원이 아닙니다. 조합원이기 전에 아이들과 부모님들과 소통하려고 노력하는 평범한 교사입니다. 교사로서 교육 활동에 충실하려고 노력하는 중에 좋은 선배들을 만났고, 그들은 대부분 전교조 조합원이었습니다. 이번 일도 마찬가지예요. 일제고사에 대한 고민은 2008년 초, 학교 교육과정에서 일제고사가 예고된 것을 봤을 때부터 했습니다. 그러한 고민을 하던 중, 교사로서 할 수 있는 방법을 조직 내에서 많은 사람들과 함께 고민하게 되었습니다. '전교조니까', '지침대로, 시키는 대로 할 것이다', 가슴이 아닌 명령과 지침대로 사는 그들이니까 그렇게 보일 뿐입니다. 조합원이기 이전에 교사로서 고민을 했었고, 이러한 고민을 할 수 있도록 영향을 준 곳이 전교조였습니다.

공정택 취임과 동시에 평가에 대해 고민하게 되다

2004년에 공정택 교육감이 취임한 뒤부터 서울시에서 학업성취도평가를 봐왔었습니다. 물론 이 때에도 평가권은 교사에게 있었기 때문에 학업성취도평가는 의무 사항이 아니었고 지금도 그 사실은 마찬가지입니다. 하지만 학력평가라 해서 대부분 학교에서는 동학년별 일제고사로 실시합니다. 아이들은 중학교에서 부르듯, "중간고사다, 기말고사다"하며 중요한 시험으로 여깁니다. 사실 아이들이 그렇게 부르기 앞서 어른들이 이미 그렇게 보고 있는 것이지요. 학년별로 추진되는 일이라 처음에는 거부하기가 어려웠습니다. 선배들도 많은데 후배가 '일제고사로 학력평가가 실시되는 건 문제가 있다'고 말하기가 어려웠습니다.

하지만 일제고사가 우리 반에 끼친 영향은 컸습니다. 일단은 진도가 맞지 않았습니다. 7차 교육과정은 시기와 여건에 따라 주제 중심으로 통합, 재구성할 수 있는 특징을 갖고 있습니다. 그래서 나름의 학급 교육과정으로, 제가 관심을 가지고 있던 사회과와 국어과를 주제 중심으로 통합해서 수업하고 있었는데, 당장 진도가 맞지 않았습니다.

두 번째는 가르치는 내용과 평가 내용이 다르다는 문제가 있었습니다. 6학년 사회 과목을 저는 생활사 중심으로 삼국시대를 가르쳤는데, 사회 과목을 낸 선생님은 삼국통일의 과정과 정치사 중심의 문제를 출제했기 때문에 삼국시대를 다시 가르칠 수밖에 없었습니다. 무엇을 평가하고 어떻게 평가하는지에 따라 가르치는 내용과 방법도 달라질 수밖에 없습니다. 평가권이 중요한 이유가 바로 이 때문입니다.

세 번째는 아이들의 반응입니다. 사회, 국어과에서 수행평가는 주로 생각을 드러내는 글쓰기와 조사 과제, 토론 참여 등으로 이루어졌는데, 아이들은 자신들이 했던 수행평가를 진지하게 생각하지 않았습니다. 사지선다, 25문항으로 이루어진 학력평가만이 중요한 평가라 생각합니다. 어떤 아이들은 중학생처럼 공부하지만, 대부분 아이들은 마음에 부담만 잔뜩 안은 채 포기하고 놉니다. 그리고 시험이 끝나면 '그동안 공부하느라 고생했으니 좀 쉬도록 해달라'며 수행평가 위주였을 때와는 너무나 다른 반응을 보였습니다.

동학년에 보조를 맞춰가며 잘 따라가 보려 했지만, 일제고사 문제만큼은 제 교육활동에 지속적으로 너무 큰 영향을 미치기에 결국 제 소신대로 하기로 했습니다. 이때부터 '동학년 선생님들과도 잘 지내야겠지. 하지만 내가 왜 교사가 되었나? 난 아이들 가르치는 게 일인 사람이다. 학년 교사들과의 관계는 그 다음이다'라고 다짐을 한 것 같습니다. 그 이후로도 이 다짐은 학교 안에서 어떤 결정을 내려야 할 때 판단의 기준이 되었습니다. 나는 가르치는 사람이라는. 아이들의 선생이라는.

그 뒤로 학업성취도평가는 동학년별 일제고사로 보지 않고 학급별 평가로 보았습니다. 과목과 날짜까지만 학교와 학년과 협의하고, 범위와 채점 방식 등은 학급 교육과정에 의거해 담임인 제가 결정했습니다. 물론 평가권은 담임에게 있는 것이고, 수행평가가 이미 이루어지고 있었습니다. 하지만, 학부모들을 설득해야 했고, 그것이 학급별 평가를 못하게 하는 빌미가 될까 염려스러워 학교와 적정선에서 합의하는 것으로 학급별 평가를 택했습니다.

학급별 평가 초기에는 저 역시 기존 평가 방식에 적응되어 있던 터라 25문항 사지선다 유형으로 출제했습니다. 하지만 그것은 일제고사가 아닐 따름이지, 아이들의 반응은 비슷했습니다. 평가 결과가 수행평가만큼 의미있게 쓰이지도 않았고, 아이들은 평가 내용(무엇이 맞고, 무엇이 틀렸는지, 왜 틀렸는지)에는 관심이 없고 점수와 자기들끼리 낸 순위에만 관심을 보였습니다.

무엇이 문제일까? 25문항 사지선다라는 형식이 문제라면, 점수를 낼 수 없도록 문항을 만들자. 하지만 맞고 틀리는 개수 세는 건 6학년 정도면 다 할 수 있는 일인데. 그리고 무엇보다 수업에서 가르치고자 했던 것을 아이들이 알고 있는지, 잘 모르고 있다면 그것이 어느 부분인지가 평가에서 드러나야 했습니다. 그것이 평가를 하는 가장 큰 이유이니까요. 이런 생각에 이르자 객관식 평가보다는 아이들이 아는 것을 드러낼 수 있도록 하는 주관식, 서술형 평가 형태가 많아졌고, 문항 수를 줄여 수업에서 가장 핵심으로 다루었던 것을 평가하게 되었습니다. 채점은 o, x 형태에서 벗어나 핵심을 잘 짚고 있으면 o, 아예 쓰지 못했다면 x, 조금 미흡한 부분이 있다면 △로 하고 어떤 부분을 잘 썼으나, 어떤 부분이 미흡한지 간단한 코멘트를 달았습니다. o, x에도 코멘트를 간단히 달아주었고, 채점한 시험지는 집으로 보냈습니다.

성취도평가가 수행평가와 중복되는 것이 문제였지만, 아이들이 중요한 부분을 다시 한 번 복습할 수 있도록 하는 데에 목적을 두었습니다. 수행평가와 비슷한 시험을 보는 것이라, 아이들은 수행평가 때 한 것을 다시 복습하기도 하고, 배움 공책을 읽으며 공부하기도 했습니다.

평가에 대한 우리 반 아이들의 말, 말

"애들아, 시험의 목적은 내가 공부한 것이 맞는지, 잘 이해했는지, 뒤처진 부분은 어디인지 아는 것 아닐까? 그런데 어쩌면 이 모든 것을 제일 잘 아는 사람은 자기 자신일 거야. 그런데 그것을 좀 더 명확하게 객관적으로 알고 싶으니까 시험이란 걸 보는 거지. 그러니까 시험을 볼 때는 꼭 필요할 때만, 좋은 점은 살리고, 나쁜 점은 줄여가면서 보는 것이 가장 좋지 않을까?"

아이들은 잘 듣고 있었지만, 그리고 일부는 시험이 필요하다고 보는 아이들도 있었기에 그랬지만, 대부분은 그래도 시험은 끔찍하게 싫다는 얼굴이다. 아무렴, 당연하지. 나도 그런걸.

"그래도 애들아, 어떤 시험이면 너희에게 도움이 되고 좋겠니? 이런 시험이면 좋겠다. 이런 거 말야."

"보고 싶은 사람만 보는 시험이요. 수학경시대회처럼요."

"성취도 말고, 단원평가나 쪽지시험이요. 그러면 안 떨리고 공부도 되는 것 같아요."

"예고 없이 보는 거요. 예고하면 막 준비하라고 공부시키고, 그런 아이들 보면 긴장되고 그래요."

"선생님이랑 우리랑만 서로 몰래 시험 보는 거요."

"야! 그런데 그렇게 몰래 봐도 집에 가서나 학원 가서 일러바치는 애들 있더라."

"맞아."

"어쨌든, 우리 바람을 얘기하는 거니까 그냥 다 들어주자. 그렇게 몰래 봐서 결과도 자기한테만 가르쳐주는 거 말하는 거지?"

"네. 근데 다른 사람 점수도 궁금해지지 않을까요. 그러면 어떡해요?"

"야! 그러니까 니가 맨날 불안해하는 거야. 왜 비교하냐?"

"맞아. 비교하기 시작하면서 사람은 불행해지는거야."

"문제 수를 줄여요. 핵심만 보는 거죠."

"어? 그러면 한 문제당 점수가 높아지잖아?"

"점수를 안 내면 되지."

> "아~ 그럼 되겠구나."
>
> —일제고사 보기 전 우리 반 아이들과 나눈 대화 중

일제식 평가가 문제가 있고, 상황에 따라 다양한 방법으로 평가를 해야
한다는 것은 이미 7차 교육과정 해설서에서 나와 있습니다.

✚ 학생은 평가 방법과 도구를 보고 공부할 내용과 방법을 선택한다. 단순한 사실의 기
억을 평가하면 교과서의 지엽적인 내용을 암기하려 할 것이고, 사물의 인과관계를 설
명하는 문제를 주면 사회현상의 운동 논리를 찾으려 할 것이다. 그리고 학급에서 토
론하는 과정을 교사가 평가한다면, 학생들은 토론에 적극적으로 참여하려 한다.

평가의 본질적 기능은 학습자를 등급별로 나누어 서열화하는 것보다는, 교수 학습
과정에서 학습자가 해나가는 학업 수행 상황을 진단하고, 학업 성취 정도를 판단하
는 데에 필요한 자료를 제공하는 것이다. 즉, 평가는 교육과정의 정신을 구현하기 위
한 수단이라 할 수 있기 때문에 교육과정이 지향하는 과목—목표—내용—방법과 일관
성을 유지해 나가야 한다.

(중략) 사회과 평가를 바르게 하기 위해 고려해야 할 준거 체제는 '합목적성, 효율성,
공정성'으로 나누어볼 수 있다. 합목적성이란 사회과 교육 목표에 맞도록 평가를 해
야 한다는 것으로서, 교육 본질과 관련되는 준거 체제이다. 효율성은 정해놓은 목표
를 달성하는 데 드는 비용을 최소화하는 것으로서, 출제와 시험 관리 및 평가 결과 처
리에 소요되는 시간과 노동력 투입의 극소화, 제한된 비용으로 가치 있는 결과를 산
출하는 일이 효율성의 중요한 점이다. 공정성이란 다양한 배경을 가진 학생과 교사
요인에 따른 우연성이 평가 과정과 결과 처리에 왜곡과 편의를 발생시키지 않도록 하
고, 노력에 대한 정당한 성적 보상을 해주어야 한다는 의미이다.

지금까지는 평가를 선발 수단으로 보고 공정성과 효율성을 앞세웠다. 그 결과, 교육
본질에 대한 합목적성은 상대적으로 약화되었다. 이러한 상황에서 교사는 교육적으
로 의미 있는 평가보다는 정답이 분명한 선다형과 단답 서술형의 지필 평가를 선호할
수밖에 없었다. 그 결과, 사고의 다양성과 사회 참여 태도를 강조하는 사회과에서 학
습자가 사회현상을 창의적으로 해석할 수 있는 기회는 제한되었다.

앞으로 사회과 평가 문제를 해결하기 위해서는 합목적성을 근본적인 대전제로 설정하고, 그 전제 하에서 다른 준거를 고려해야 한다.

✚ 평가 목적 : ~등급화하여 상호 비교하지 않도록 한다. 특히 수준별 교육과정의 정신에 따라 학습자 개개인의 성취도를 확인하기 위한 목적으로 평가하도록 한다.

특히 초등학교는 상급 학교 진학 시험과 관계없기 때문에 학생을 등급화할 필요가 없으며~

✚ 평가 시기 : 평가는 진단평가와 학습활동 평가, 형성 평가와 같이 학습 과정을 중심으로 되어야 하며, 그 결과만 대상으로 하는 총괄 평가 중심은 지양되어야 한다.

✚ 평가 방법 : 객관식 위주의 지필 평가보다는 면접, 체크 리스트, 관찰, 포트폴리오 등 다양한 형태의 수행평가 위주로 한다. 객관식 문항 평가는 효율성이라는 긍정적인 면이 있으나, 학습자가 주체적으로 사고할 수 있는 기회를 주지 못한다. 즉, 사회과에서 강조하는 창의적 사고나 문제 해결력 등은 객관식으로 평가할 수 없기 때문이다.

✚ 평가 자료 : (중략)'사회 성적 90점'이라는 양적 평가를 보면 90점이라는 수치 자체에는 두 가지 문제가 들어 있다. 하나는 90점이라는 수치는 형식적 표상일 뿐, 그 의미를 알 수 없다. 그리고 사회과가 강조하는 사회현상에 대한 이해 정도나 의사 결정 능력과 같은 목표는 그 달성 정도의 의미를 해석해야 하는 대상이지 계량화할 수 있는 대상은 아니다. 따라서 사회과 평가는 질적 평가를 할 수 있는 자료를 중심으로 해야 한다.

- 7차 교육과정 사회과 해설서 중에서

동학년별 일제고사에도 문제가 있다고 판단했기에 담임 스스로 하는 학급별 평가를 할 때도 많은 고민을 하고 여러 가지 시도를 했습니다. 이런 시도들은 학급 밖까지 이어져 동학년에 뜻 맞는 선생님들과 문제를 공유하기도 하고, 전교조 분회 안에서 함께 실천하기도 했습니다. 일제식 평가를 지양하며 시작하게 된 평가에 대한 고민은 나름대로 교육 활동에 유익하게 작용했던 것 같습니다.

새롭게 깨달은 것도 있습니다. 교육 활동의 한 과정으로 평가가 중요하지만 평가하기 전에 충분히 잘 가르치는 과정, 즉 교수 학습 과정이 더 중요하다는 사실입니다. 교사는 가르쳤는데 아이들은 배우지 않았다면, 교수 방법이나 교육과정 자체에 문제가 있다는 걸 교사가 알아야 합니다. 평가의 가장 큰 위험 요소는 평가 결과를 대부분 아이의 무능함으로 단정짓는 것입니다. 물론 아이에게 문제가 있을 수도 있지만, 교사가 가르치는 방법이 문제였을 수도 있고, 교육과정 자체가 아이들 발달단계에 맞지 않을 수도 있습니다. 그렇기에 교사는 아이들의 발달단계와 각자의 특성과 상황에 맞게 충분히 이해하기 쉽게 가르치고, 활동을 구성해야 합니다. 그런 다음 평가를 해야 교육적으로 의미 있게 작용할 수 있지 않을까 생각합니다.

또한 결과를 처리하는 방식도 고민이 많았습니다. 해직되기 전, 학교에서는 시험지를 가정에 배부하지 않았습니다. 문제가 학원가로 유출되면 교육적이지 않다는 게 이유였는데, 좀 미흡해 보이지 않나요? 학교에서 일제고사를 보는 것만으로도 학원들은 돈을 법니다. 어떤 문제가 나올지 예상해서 족집게처럼 맞혀 인기 있는 학원이 되는 것은 그 다음 문제일 겁니다. 그런데도 학원

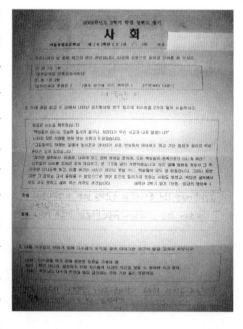

가로 문제가 유출되는 것을 방지한다고 주장하는 이유는 따로 있는 것 같

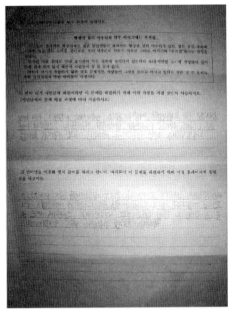

습니다. 문제에 자신이 없거나, 혹은 그 문제를 내년에도 또 쓰기 위해서거나.

물론 학부모들의 태도도 문제입니다. 아이들을 비교하지 않도록 하기 위해 점수를 내지 않는데도 부모들끼리 모여 순위를 매기는 경우도 있습니다. 좀 다른 얘기지만, 통지표도 마찬가지입니다. 평가가 제 기능을 하고, 서열을 매기는 데 쓰이지 않도록 하기 위해 서술형 평가를 원칙으로 했지만,

뜻이 애매해서 아이의 상태를 정확히 알기 어렵다는 지적이 많았습니다. 그 결과, 수우미양가는 아니지만, 다시 단계형 평가 방식을 쓰게 되었습니다. 이렇게 단계형 평가를 하면 '매우 잘함' 혹은 '잘함'의 개수로 순위를 내기도 합니다. 대단한 학부모님들이시지요.

그렇다면 왜 이런 상황이 만들어질까요? 비교를 하고, 순위를 내고, 남보다 내가 좋은 위치에 있어야 안심을 하는, 경쟁 중심의 사회구조가 우리를 이렇게 병들게 합니다. 자신에게 만족하지 못하고 남과 비교해서 우위에 있을 때에만 얻게 되는 만족감. 자존감과 열등감의 차이입니다.

이번에 해직당한 선생님 일곱 분은 모두 처음 만난 분들이었습니다. 갑자기 해직을 당한 터라 서로의 학교생활에 대해 이야기해볼 기회가 없었습니다. 그러다가 12월에 경향신문사에서 연 좌담회에서 평가에 대한 생각을 나누다, 서로 비슷한 고민을 해왔다는 것을 알고 정말 신기하고 기뻤습니다.

아래에 통지표는 정상용 선생님 학급의 통지표입니다. 통지표도 교육 활동의 한 과정으로 여겨 직접 만들고 있었습니다.

학부모님께

학중 푸르름이 짙어가는 교정의 은행나무에서 여름이 다가옴을 느낍니다. 그 동안 평안하셨는지요?
우리반 아이들이 1학기에 학교에서 서로 공부한 결과를 알려드립니다. 평가내용을 먼저 읽어보시고 평가기준과 결과를 파악하시길 부탁드립니다. 그리고 이 자료는 6월 중순까지의 자료로 완결된 평가결과가 아니며, 7월까지 나머지 평가까지 마무리하여 최종평가결과를 생활통지표로 알려드리겠습니다.
아울러 말씀드릴 것은 우리 6-8반은 학기말 학업성취도평가를 실시하지 않고 이 학습활동결과 통지표로 대신할까 하며 학업성취도 평가에 대한 제 생각 몇 가지와 함께 이 평가자료에 대한 설명을 간단하게 말씀드리겠습니다.

먼저, 평소에 하는 수행평가나 형성평가와 학기말 평가가 중복됩니다.
학기 초에 교사가 직접 만든 평가계획에 따라 일상적으로 평가가 이루어지고 있는데 따로 학업성취도평가를 보게 되면 평가의 내용이 중복되고 결과적으로 한번 평가한 것을 또다시 평가하게 됩니다.

둘째, 학기말 성취도 평가는 학생의 학습지도 자료로 활용되기 어려운 평가입니다.
평가는 평가 그 자체가 목적이 되어서는 안 되며 평가 결과가 교사와 학생에게 이후 학습지도를 위한 자료로 사용되어야 한다는 것이 7차 교육과정에 반영된 평가의 기본 목적입니다. 학기말에 실시하므로 평가결과에 따른 실제적인 학생지도가 불가능한 조건이며 따라서 학생지도에 별로 도움이 되지 않는 평가라고 생각합니다.

셋째, 7차 교육과정이 지향하고 있는 방향과 어긋나는 일제고사식 시험의 병폐가 나타납니다.
평소에 학습활동전반에 대한 평가를 하고 있음에도 아이들은 학기 초부터 학기말 학업성취도 평가를 염두에 두고 공부를 합니다. 그래서 평상시에 하는 평가를 그리 신뢰하지 않는 경향이 있으며 학습방법도 학업성취도 평가에 맞추어 일제고사식으로 공부하게 됩니다. 아이들이 공부하는 것을 보면 단순암기식 문제풀이 형식이 대부분이며 그나마 학습단계도 맞지 않는 선행학습에 많은 시간을 보내는 것이 현실입니다. 일제고사식 학업성취도 평가는 이러한 비교육적인 현상을 더욱 심화할 우려가 있으며 더더욱 시험 한 번으로 그 학생의 학업성취를 평가할 수 있는 지에 대해 아이들을 가르치고 있는 저로서는 평가방법의 신뢰성에 의문이 듭니다.

그리고 무엇보다도 현행 교육과정은 교사가 학습내용을 학생이 살고 있는 지역과 눈높이에 맞게 재구성하여 가르치는 것을 권장하고 있습니다. 예를 들어 과학시간에 생태계에 대해 공부한다고 할 때 아이들이 동물원에서나 구경할 수 있는 곤충, 개구리, 뱀, 독수리로 공부하는 대신 거북산이나 불광천에 살고 있는 생물로 생태계를 공부하는 것이요. 이것 또한 전체 학년 또는 전국의 모든 학생들을 대상으로 일제고사로 아이들을 평가할 수 없는 이유입니다. 이것은 제 개인의 생각이 아니라 교육과정 평가부분에 일제고사식 학업성취도평가 형식으로 평가를 해서는 안 된다고 여러 번 반복해서 나와 있는 내용입니다.

위와 같은 이유로 우리 반은 학기말 시험을 실시하지 않고 평소에 아이들이 공부한 결과를 평가한 자료를 보내드리오니 아이들 지도에 참고하셨으면 합니다.

아울러 드릴 말씀은, 아이들은 한창 성장기에 있으므로 이 평가결과 역시 그 학생이 가진 능력의 최대치를 반영한 것으로 이해하지 말아주셨으면 합니다. 제가 관찰하고 평가한 것은 정말 그 학생이 가진 능력의 일부분입니다. 조금 부족한 평가를 받은 학생도 상급학교에 진학해서 더 많이 성장하는 것을 자주 보아왔습니다. 칭찬과 격려로 학생을 다독거려 주시기 부탁드립니다.
아이와 평가결과표를 같이 보면서 한 학기를 되돌아보고 좋아하는 과목이나 재미있는 활동에 대해 이야기를 나누면서 적성과 흥미를 찾아보는 것도 괜찮지 않나 싶습니다. 여름방학 때 조금 더 공부해야 할 것을 알아보는 것도 필요하겠지요. 조금 모자라는 부분보다 잘하는 부분을 아이와 함께 찾을 수 있었으면 하고 따라서 다른 아이와 비교할 필요도 없겠지요?

벌써 여름방학이 가까워옵니다. 돌이켜 생각해보면 학기초에 아이들과 같이 하고 싶었던 여러 가지 활동과 또 학부모님께 약속했던 학습지도와 학급운영의 원칙들 가운데 제 게으름으로 실천하지 못한 부분이 생각납니다. 여름방학 동안 더 치밀하게 준비해서 우리 반 아이들이 정말 즐겁고 보람있는 6학년이 되도록 노력할 것을 약속드립니다.
학부모님의 관심과 격려 덕분에 1학기를 마무리 할 수 있어 가뿐하게 생각하며 감사의 말씀을 전합니다.

6-8 담임 정상용 드림

의 학습활동 결과를 알려드립니다.

과목	평가영역	평 가 내 용	평가	평 가 기 준
실과	가족과 일	진로 계획 시 고려해야 할 조건을 알아보고 자신에게 적합한 직업을 탐색하고 진로계획을 세울 수 있다.	◎	잘함◎, 잘함○, 보통△
	생활자원	식물이나 소품으로 실내 환경을 아름답게 꾸일 수 있다.	○	잘함◎, 잘함○, 보통△
	생활기술	식품을 바르게 다루고 밥과 빵을 이용하여 여러 가지 음식을 만들 수 있다.	○	잘함◎, 잘함○, 보통△
영어	듣기	출신지와 위치를 묻고 답하는 표현을 듣고 이해할 수 있다.	◎	매우잘함◎,잘함○,보통· 노력바람△
	듣고 말하기	목적지를 찾는 표현을 듣고 다시 이야기할 수 있다.	○	매우잘함◎,잘함○,보통· 노력바람△
	쓰기	짧은 어구나 문장을 쓸 수 있다.	◎	매우잘함◎,잘함○,보통· 노력바람△
	듣기말하기읽기	물건사기에 관한 표현을 이용하여 가격에 대해 묻고 대답할 수 있다.	○	매우잘함◎,잘함○,보통· 노력바람△
음악	가창	제재곡의 특징을 살려 노래를 바르게 부를 수 있다.	◎	매우잘함◎,잘함○,보통· 노력바람△
	가악	예말바이스를 아름다운 음색과 아티큘레이션 표현방법으로 리코더 2중주를 할 수 있다.	◎	매우잘함◎,잘함○,보통· 노력바람△
	창작	메기는 부분의 리듬에 맞게 가사를 바꾸어 부를 수 있다.	○	매우잘함◎,잘함○,보통· 노력바람△
	감상	사계 중 봄을 감상하고, 음악이 표현하고 있는 내용을 그림으로 나타낼 수 있다	•	매우잘함◎,잘함○,보통· 노력바람△

출결상황

수업일수	결석일수			지각			조퇴			결과			특기사항
	질병	무단	기타	질병	무단	기타	질병	무단	기타	질병	무단	기타	
105	·	·	·	·	·	·	·	·	·	·	·	·	

학부모님께

아이들이 모두 돌아간 텅 빈 교실에서 그 동안 기록해두었던 여러 가지 평가기록들을 정리하고 있습니다. 무척 덥네요. 열린 창문으로 불어오는 한 줄기 시원한 바람이 무척 반갑습니다.

아이들을 가르치다보면 해마다 약간씩 다르게 학급 특성이 나타나는데 올해 맡은 아이들은 대체로 참 순박하고 특별한 지도나 배려가 필요한 학생도 없어 담임으로 순탄하고 즐겁게 한 학기를 보냈다는 생각이 듭니다.

아이들은 다양한 관심분야와 학습수준을 갖고 있다는 것을 전제로 적극적인 학습동기를 갖고 자발적으로 학습활동에 참여할 수 있도록 지도하려고 했는데 지금 돌이켜 생각해보니 여러 가지로 부족했던 부분이 많았습니다. 부족한 것들을 보충하고 여름방학에 더 열심히 준비해서 2학기에는 좀 더 자신감 있게 아이들을 만날 수 있도록 하겠습니다.

아울러 40일 간의 긴 여름방학이 시작됩니다. 댁에서 아이들을 직접 지도하실 텐데 아이들이 학교에서 배울 수 없었던 많은 것들을 배우고 경험할 수 있는 시간이 되었으면 합니다. 무엇보다도 저는 아이들이 좋은 책을 많이 읽었으면 합니다. 학원에 다니느라 아이들도 무척 바쁘겠지만 그나마 좋은 책을 읽을 수 있는 기회가 여름방학이 아닌가 생각합니다. 학교 도서실에는 좋은 책들이 우리 아이들을 기다리고 있습니다.

아이들의 몸과 마음이 한 단계 성장하는 여름방학이 되었으면 하며 별 탈 없이 한 학기를 마무리할 수 있게 된 것에 대해 학부모님께 감사의 인사를 드립니다.

6-8 담임 정상용 드림

의 학습활동 결과를 알려드립니다.

교과	평가영역	평 가 내 용	평가	평 가 기 준
국어	듣기·말하기	상황에 어울리는 속담이나 격언을 사용하여 말할 수 있다.	4	최고5, 최저2, 목표도달3
		알맞은 근거를 들어 논리적으로 말하고 토의에 적극 참여할 수 있다.	4	최고5, 최저2, 목표도달3
	읽기	여러 가지 효과적인 표현을 음미하여 글을 읽을 수 있다.	2	최고6, 최저2, 목표도달3
		글을 읽고 전체의 내용을 요약할 수 있다.	O	잘함◎, 보통○, 노력바람△
		글을 읽고 내용을 잘 이해하여 질문에 대한 답을 찾을 수 있다.	19	최고23, 최저12, 목표도달18
	쓰기	여러 가지 매체에서 필요한 정보를 찾아 묘사하는 글을 쓸 수 있다.	6	최고10, 최저4, 목표도달7
		이야기 글을 읽고 극본으로 바꾸어 쓸 수 있다.	4	최고5, 최저2, 목표도달3
		주장하는 것에 알맞은 근거를 세워서 글을 쓸 수 있다.	4	최고5, 최저2, 목표도달3
		감각적인 표현을 살려 시를 쓸 수 있다.	4	최고5, 최저1, 목표도달3
	문학	작품의 배경이 사건의 전개와 어떤 관련이 있는지 알 수 있다.	3	최고5, 최저2, 목표도달3
		글을 읽고 느낌을 다양한 표현방법으로 표현할 수 있다.	4	최고5, 최저2, 목표도달3
사회	지식이해	선사시대 우리 조상들의 생활모습을 알 수 있다.	9	최고12, 최저5, 목표도달9
		삼국의 발전과 그 당시 활약한 인물을 알 수 있다.	4	최고5, 최저2, 목표도달3
		우리 민족이 세운 나라와 역사적 사건, 문화재에 대해 알 수 있다.	14	최고20, 최저1, 목표도달12
		조선후기 사회모습을 이해하고 서민이 사회문화의 중심으로 성장하는 과정을 알 수 있다.	7	최고20, 최저1, 목표도달12
	기능	역사신문 만들기를 통해 시대별 사건과 그 발생 원인을 찾을 수 있다.	3	최고5, 최저2, 목표도달3
		전쟁 뒤 나라와 백성의 생활을 안정시키기 위한 방법을 찾을 수 있다.	4	최고5, 최저2, 목표도달3
		역사속의 인물이 되어 당시 상황을 정확하게 이해하고 글과 그림으로 표현할 수 있다.	O	잘함◎, 보통○, 노력바람△
		현장체험학습 활동에 적극 참여하며 결과를 조사보고서로 작성할 수 있다.	O	잘함◎, 보통○, 노력바람△
	가치태도	우리 조상들이 남긴 문화유산과 역사적인 인물에 대해 애정과 관심을 가지고 탐구하려고 노력한다.	4	최고5, 최저1, 목표도달3
수학	수와 연산	분수와 소수의 관계를 알고 분수를 소수로, 소수를 분수로 바꿀 수 있다.	14	최고15, 최저7, 목표도달12
		이상과 이하, 초과와 미만의 뜻을 이해하고 실생활에 적용할 수 있다.	14	최고14, 최저7, 목표도달12
	도형	쌓기나무의 규칙성과 갯수를 알 수 있다.	12	최고13, 최저7, 목표도달10
		각기둥과 각뿔의 구성요소를 이해하고 전개도를 그릴 수 있다.	9	최고9, 최저6, 목표도달7
	측정	겉넓이와 부피를 알고 둘이의 개념을 이해할 수 있다.	8	최고12, 최저5, 목표도달9
	확률과 통계	조사 활동을 통하여 나타난 통계를 바탕으로 원 그래프를 그릴 수 있다.	4	최고19, 최저9, 목표도달15
	규칙성	비례식과 황금비의 뜻을 잘 알고 실생활에 적극 활용할 수 있다.	18	최고19, 최저12, 목표도달15

교육을 위해서라면 폐기되어야 할 일제고사

그 어떤 평가 방식도 아이들의 능력과 성장 가능성을 완벽하게 가려내지 못할 겁니다. 학습 목표 그리고 아이들의 상황과 여건에 따라 도움이 필요할 때는 도움을 주고, 가능성이 보이는 부분은 더 지원하기 위해 교육에서 평가가 필요한 것이 아닐까요? 이것을 평가의 본질적 목표인 합목적성이라 한다면, 합목적성이 제대로 기능하기 위해서는 평가 방식이 열려 있어야 합니다. 일제고사의 가장 큰 문제점은 여러 평가 방식 중 지필 평가 위주로만 아이들의 능력을 점검한다는 것입니다. 채점의 공정성을 확보하고, 순위를 명확히 가려내려니까 객관식 중심, 단답형 중심으로 문항이 구성됩니다. 평가 내용이 교육과정 목표와는 점점 멀어질 수밖에 없습니다.

다시 한 번 말씀드리지만, 평가권을 통제받는다는 것은 교육 내용과 방법을 통제받는 것, 곧 자율권에 관한 문제입니다. 그래서 중요합니다. 앵무새처럼 시험에 많이 나오는 내용만 가르치는 교사가 아니라, 자신의 철학과 가치관을 교육과정에 버무려 자기만의 교육과정으로 만들어내는 교사야말로 우리가 늘 꿈꾸는 선생님의 모습이 아니었는지요.

지난 10월 평가 결과 공개에 따른, 요즘 벌어지고 있는 성적 비리 소식들은 관리 감독의 문제가 아닙니다. 일제고사 자체가 가지고 있는 본질적 한계입니다. 질타를 받고 있는 임실의 선생님들과 아이들, 학부모님들이 안쓰러울 따름입니다. 교감, 교장을 비롯한 학교 관리자들과 교육청이 저지른 이 비극에 상처를 받는 것은 우리 아이들과 교사들입니다.

그들이 주장하는 학업성취도평가의 본래 의도대로, 그 목적이 선발과 서열화가 아닌 교육적 지원이라면, 일제고사는 반드시 폐기되어야 합니다.

7장

일제고사와 한국 교육의 임박한 파국[28]

이계삼[29]

놀이터 기구들이 부서진 것을 종종 본다. 우리 모녀가 잠복 취재한 결과, 시소나 그네 조랑말을 부수는 이는 술 취한 사람도 나쁜 사람도 아니다. 바로 아이들이다. 대략 초등학교 고학년들. 이들이 놀이터에 들르는 시간은 학원에서 학원으로 옮겨가는 10~20분 남짓. 짧은 시간 거칠게 논다. 논다기보다 부순다. 마구 당기고 밀어 망가지는 꼴을 봐야 직성이 풀리기라도 하듯이. 처음에 그런 아이들을 보면 나무라기도 했는데 애들이 이런 식으로 스트레스를 푼다는 것을 알았다. 한창 나이에 시간에 쫓겨 농구나 줄넘기마저 주말 체육학원에서 몰아 할 정도니, 힘을 어디에 쓰겠는가. 거친 형태로 입으로 나오고 손발로 나온다. 방학이라고 사정이 다르지 않다. 일제고사 부활 이후 중학생들까지 강제 보충수업으로 방학을 빼앗겼다. 정말 마음이 안 좋다. (김소희, 《씨네21》 2009년 8월 30일)

교육과 관련하여 기막힌 일들이 끊임없이 이어지고 있다. 자포자기하는 마음 없이는 바라보기 힘든 이 야만과 몰상식들은 이제 일상이 되었다. '아

---

28 이 글은 《녹색평론》 2009년 9–10월호에 실린 글을 보완했다.
29 경남 밀양 밀성고등학교에서 아이들을 가르치고 있다.

이들을 이렇게 키워도 되는 것일까?'라는 질문은 이들의 압도적인 힘에 짓눌려 깃을 펴지 못한다. 때때로 우리는 위 글에서처럼 아이들의 모습에서 어떤 묵시록적인 공포를 느낄 때가 있다. 그렇지만, 완전한 파국에 이르렀음을 확인하기 전까지 이 체제는 그럭저럭 이어질 가능성이 높다. 교육 운동의 일선에서 얻은 실감으로 말하건대, 이에 대한 교육 주체들과 시민들의 대응이 완전히 무력하기 때문이다.

그런데 최근 들어 학교의 변화가 무언가 급류를 타고 있는 듯 심상치 않은 느낌이 든다. 우선 초등학교와 중학교에서 방학이 사라지고 있다. 고등학교에서 방학이 사라진 것은 오래된 일이지만, 이번 여름방학의 경우 많은 초등학교, 중학교에서 학습부진아 지도나 일제고사 대비 등의 명목으로 짧게는 4일부터 길게는 4주에 이르기까지 보충수업이 실시되었다. 초등학교에서 시험을 치르는 횟수가 급격하게 늘어나고 있다. 언론 보도에 의하면, 서울의 한 지역 교육청은 초등 1학년부터 3학년까지 매달 시험을 치르라는 공문을 내려 보냈고, 이미 초등학교 3학년에서 1년 동안 아홉 차례나 시험을 치른 학교가 있다고 한다. 우리 지역에도 월말고사를 치르는 초등학교가 생겨났다. 중학교에서는 7교시 수업이 의무화되어가고 있다. 불과 1년 만에 일어난 변화다.

서울과 부산에서 15곳의 자율형 사립고가 지정되었고, 이런 추세는 전국적으로 곧 확산될 기세다. 그리하여 과학고-외국어고-자립형 사립고-자율형 사립고-기숙형 공립고 등 특화된 고등학교군을 정점으로 나머지 학교가 일렬로 줄을 서는 체제가 곧 완비될 태세다. 고교 평준화는 사실상 끝났다.

'미래형 교육과정'이라는 이름으로 국어, 영어, 수학 교과의 비중이 더욱 확대되고, 음악, 미술 ,체육 등 예체능 교과와 기술, 가정 등 실과형 교과들이 이름만 남거나 퇴출되는 상황이 곧 도래할 것 같다. 근대 공교육 체제가 공히 채택하고 있는 '전인교육'이라는 이념을 사실상 폐기하는, 아마도 세계적으로도 유례가 없을 가공할 사태다.

대학 입시 제도는 입학사정관제를 정점으로 크게 요동칠 준비를 하고 있다. 그러나 이것은 다양한 잠재 능력을 중심으로 학생을 선발하겠다는 취지와 상관없이 그간 지역별, 계층별 교육 격차의 완충 역할을 해주던 고교 내신을 무력화시키고, 고교 등급제를 부활시키는 기제로 활용될 가능성이 매우 높다. 그리고 이 입학사정관제로 인해 '스펙'(성적, 자격증, 해외 연수 등 체험 학습, 봉사 활동, 수상 기록 등 자신의 역량을 표현할 수 있는 외적 데이터를 지칭)이라는 반교육적이기 이를 데 없는 신종 괴질이 창궐하게 될 것이다. 입학사정관 체제에서 가장 중요한 것은 각 대학별 전형 정보를 효율적으로 습득하는 것과 스펙을 '관리'하는 능력인데, 이런 체제에 가장 발 빠르게 적응할 유한 계층의 자제들에게는 가능성의 문이 활짝 열릴 것이다. 그리고 이와 관련된 사교육 시장이 광범위하게 생겨날 것이다. 벌써 서울과 대도시를 중심으로 입학사정관제에 대비한 컨설팅 업체들이 생겨나고 있다는 소식이다. 이들은 수능과 내신 성적 외에 외국어 능력 시험, 봉사 활동, 수상 경력, 추천서와 자기소개서, 그리고 교내외 활동의 기록들을 담은 포트폴리오 작성과 면접 요령에 이르기까지 입학사정관 앞에서 자신을 '프리젠테이션'할 수 있도록 관리해주는 신종 사교육 기업이다. 그리고 이 모두를 포함하여 일제고사는 한국 교육을 파국의 임계점 수준으로 끌어올리는 '화룡점정'의 역할을 할 것으로 예측된다.

참담한 마음으로 이 모든 변화를 지켜보다가도 '이제 끝이 보인다'는 생각에 마음이 편안해지기도 한다. 일제고사 문제를 들여다보면, 우리 교육의 미래가 보인다.

일제고사가 이루어낼 교육 내적 변화

1998년 김대중 정부 시절, '교육과정평가원'이 설치된 이래 지금까지 매년 국가 수준의 학업성취도평가라는 이름으로 표준화검사(부분적 일제고사)를 실시해왔다. 그러나 지금까지는 일선 교사들조차도 실체를 잘 모르는 경우가 많았다. 왜냐하면 전체 학생의 0.5~1%만 표집으로 삼아 조사했고(최근에는 5%까지 늘어났다), 결과를 공개하지 않았기 때문이다. 그러나 이명박 정부 아래에서 일제고사는 공교육 체제의 근간을 뒤흔드는 매머드급 폭탄이 되었다. 왜냐하면 이전과 달리 초등학교 6학년, 중학교 3학년, 고등학교 1학년에 다니는 '모든' 학생들로 하여금 이 시험을 치르게 하고[30], 2010년부터 '학교알리미'(http://www.schoolinfo.go.kr)라는 사이트에 그 학교 학생 중 우수 등급을 제외한 보통, 기초학력, 기초학력 미달 학생의 비율을 공시하게 되었기 때문이다.

물론 일제고사는 아이들이 학창 시절 치르는 골백번의 시험 중 한 번에 불과하다. 고등학교의 경우, 각 과목별 전국 석차까지 세세하게 가르쳐주는 수능 모의고사에 비하면 매우 느슨한 시험이기도 하다. 그러나 일제고사가 이렇게 폭발적인 의미를 갖게 되는 것은, 인터넷에 공시된 학교 간 자료들을 조합하면 금세 전국 석차가 나오게 되고, 이는 곧 국가가 공인한 학교 간 서열이 되기 때문이다. 이로 인해 생겨날 일들은 한국 교육 현실에 대한 평균적인 이해만 갖고 있어도 충분히 상상할 수 있다.

우선 학교 안에서 일어날 변화를 하나씩 따져보자. 이 시험을 주관하는 교육과학기술부는 일제고사가 기초학력 부진 학생들을 진단하고 이에 대한 지원책을 강구하기 위해서 실시하는 것이라고 하지만, 이는 거짓말이다. 2010년으로 예정된 성적 공시까지 앞당겨 2008년 시험 결과를 임의로 발표하고, 일제고사에 대한 선택권과 체험학습을 안내한 교사 10여 명에게는 파면과 해임 등 중징계를 남발하면서 광분하지만, 기초학력 부진 학생들에 대

---

30 시험은 이틀 동안 치러지며, 국어,영어 ,수학 ,과학, 사회에서 각 과목당 객관식 30~40문제, 주관식 수행평가 6~12문제 등 도합 210문제를 풀게 된다. 이 성적의 결과에 따라 학생들은 각 과목별로 네 등급 (우수, 보통, 기초학력, 기초학력 미달) 중에 한 등급의 성적을 통지받게 된다.

해 통상적으로 해오던 것 이상의 지원책은 아직 발표한 바 없다. 어쨌든, 미국과 영국은 국가 수준의 성취도 평가를 통해 학력이 낮은 학교와 학생들에 대해 엄청난 규모의 국가 재정을 투여했지만, 우리 교육 당국은 오직 학교 간 비교와 경쟁을 불붙이는 일에만 온 힘을 기울이고 있다.

예전부터 교육 당국은 학교의 학력을 학교 관리자와 교사를 평가하는 척도로 삼겠다고 공언해왔는데, 이제 일제고사 성적이 명확한 데이터가 될 것이다. 모든 조직이 그러하지만, 평가 결과를 인사 문제와 연결짓게 되면 그때부터 평가는 모든 것을 압도하는 핵심 사안이 되어버린다. 교사들은 살아남기 위해 성적을 올리려고 모든 수단 방법을 동원할 것이다. 이제 교사는 자신의 교육 철학이나 아이들의 상황에 맞는 독자적인 수업을 준비할 필요가 없어진다. 그리고 이 상식적인 교육적 노력을 '감행'하는 데는 비상한 용기가 필요하게 된다.

이 시험으로 평가할 수 있는 것은 학생의 인간적 역량이나, 학교의 교육적 역량의 극히 작은 부분일 뿐이다. 교육 활동은, 그것이 교육이기 때문에, 측정이나 평가가 용이하지 않거나 불가능한 요소가 매우 많다. 일제고사의 객관식 문항과 단답형 주관식 문항으로 측정할 수 있는 것은, 진정한 의미에서, 교수-학습 과정의 성과물에 담겨 있는 교육적, 인간적 의미를 거의 드러내지 못하는, 사실상 빈껍데기에 불과한 것이다. 독일의 발도르프 학교에서는 성적표가 학부모에게 보내는 편지 한 통이라고 한다. 아이들은 모두 다르기 때문에 모든 학생들에게 보편적으로 통할 수 있는 평가란 사실상 있을 수 없다는 것이다. 수치가 아니라, 그 아이가 처한 환경, 발달 상황의 추이, 그 속에서 이루어낸 변화가 '개별적으로' 기록되어야 하는 것이다. 그러므로 점수와 석차가 가장 객관적이며, 그것이 곧 변별력이라는 사고방식은 참으로 퇴폐적인 발상이다. 이야기가 조금 엇나가지만, 내가 가르친 학생 중에 초등 교사를 꿈꾸면서 오랫동안 교대 진학을 준비해온 한 학생이 있었다.

일찍부터 임길택, 권정생, 이오덕 선생의 책들을 읽어왔고, 어린아이들에 대한 애정이 남다른 학생이었다. 그런데 그 학생이 지방의 어느 교육대학 수시 모집에서 내신 환산 점수 0.3점의 차이로 탈락하고 말았다. 3년 동안의 고교 내신 성적 중에 아무 과목이라도 한 등급만 높았어도 합격할 수 있었지만, 그야말로 습자지 한 장 두께의 차이로 그 학생은 초등 교사의 꿈을 접어야 했던 것이다. 그러나 수많은 어린 영혼들에게 크나큰 영향을 미칠 수 있는 초등 교사의 자질을 평가할 수 있는 기제가 고작 내신 성적, 수능 등급 따위의 수치밖에 없단 말인가. 그런데 이 사회는 그런 얄팍한 차이로 매우 훌륭한 초등 교사의 자질을 가진 학생을 탈락시키는 것에 대해 아무 문제의식이 없고, 오히려 이를 '공정하고 객관적'이라고 믿고 있는 것이다.

일제고사는 교사들을 부정과 반교육적 행동으로 이끌 것이다. 2009년 2월, 일제고사 성적이 발표되었을 때, 수도권 지역 학교들의 성적이 낮게 나온 것에 대해 교과부의 한 고위 관료는 "수도권에는 이주 노동자와 탈북자의 자녀가 많아서 평균이 낮을 수밖에 없었다"고 말한 바 있다(《경향신문》, 2009년 2월 17일자). 교육 관료로서의 자질을 의심케 하는 이 서글픈 발언은 일제고사로 벌어질 반교육적 사태들이 대략 어떤 방향으로 진행될지 짐작할 수 있게 해준다. 당장 한 학급에서 같이 지내는 많은 친구들이 졸지에 '평균을 갉아먹는 존재'가 될 것이다. 이미 많은 학교에서 운동부 학생들을 시험에 참여하지 않게 했던 사례가 있고, 성적이 낮은 학생을 시험 당일 날 의도적으로 결석시킨다는 영국 등의 사례가 우리나라에서도 재현될 것이다. 이미 2008년 시험에서도 채점 부정과 상급 교육청에 보고하는 과정에서 의도적으로 데이터를 조작한 사례가 속출했다고 언론은 전하고 있다.

일제고사는 가난한 아이들에게 또 한 번 상처를 남길 것이다. 기초학력 부진 학생들은 대개 가난한 아이들이다. 영국에서 급식 지원 대상자인 빈곤층 학생의 비율이 높은 순서대로 나열한 학교 명단을 거꾸로 뒤집으면 곧장

학교 간 성취도 순위가 되듯이, 이는 우리 사회에서도 마찬가지다. 이들은 이제 기존에 얻었던 낙인에 더하여 '웬만하면 우리 학교에서 없었으면, 혹은 입학하지 않았으면 좋았을' 존재로 여겨질 것이다. 어쨌든 이 아이들의 성적을 끌어올리라고 국가에서는 학교로 '돈'을 내려 보낼 것이다. 학교는 그 돈을 써야 할 것이고, 그래서 한동안은 아이들에게 차비도 대주고 급식비도 대줘서 방학 때 학교에 나오게 하여 영어와 수학 문제를 풀게 할 것이다(올해 여름방학에 우리 지역의 한 전문계고가 실제로 이런 식으로 보충수업을 실시했다). 그러나 이 아이들에게 당장의 성적을 올리기 위한 프로그램이 무슨 의미가 있는가. 이들이 처한 소외와 빈곤을 따뜻하게 보듬어주는 '관계의 변혁'이 전제되지 않고서 벌이는 이 모든 일들은 그저 어른들이 살기 위해 벌이는 수작일 뿐이다. 아이들은 이로 인해 또 한 번 열등감과 수치심을 느끼게 될 것이며, 거대한 세금 낭비로 귀결될 것이다.

일제고사가 이루어낼 교육 외적 변화

이야기를 잠시 돌려, 우리나라의 일제고사가 모델로 삼고 있는 미국과 영국을 바라보자. 영국에서는 1980년대 후반 보수당 내각에서 국가 단위 성취도평가를 실시하고 순위를 공개하기 시작했다. 성적 순위는 사실상 빈곤층 학생의 유입 정도가 결정지었는데, 이로 인해 광범위하게 학군이 조정되었다. 그리하여 부유층, 중산층 그리고 빈곤층으로 학교의 구획선이 그어진 것이다. 영국에 유학 중인 교육학자 이병곤이 《교육비평》에 기고한 바에 따르면, 영국의 검색 포털에서 'school league table'이라는 검색어를 입력하면 3,800개가 넘는 잉글랜드의 중등학교 성적이 1등부터 순위대로 뜬다고 한다. 그리고 1등부터 400등까지는 대부분 연간 평균 2,200만 원 이상의 학비를 내야 하는 사립학교들과 소수의 그래머 스쿨(선발 시험을 따로 치르는 공립학교)이 자리잡고 있고, 중·상위권에는 부유한 동네의 공립학교, 중위권에는 일반 공립학교, 그리고 하위권에는 예외 없이 이민자와 극빈층이 밀집된 도심 지역의 공립학교들이 자리잡고 있다고 한다.

경희대 성열관 교수에 따르면, 우리나라의 일제고사는 사실상 부시 행정부가 2001년에 제정한 NCLB법No Child Left Behind에 의한 성취도 평가 체제를 모방한 것이라고 한다. 미국의 학교들은 도심의 낮은 교육비와 과밀 학급에다 가난한 유색인종의 자녀로 넘쳐나는 학교와 도심 외곽의 부유한 백인 자녀들의 학교로 분리되었다. 이스라엘이 팔레스타인 거주 지역에 설치한 분리 장벽처럼 미국 사회는 학교를 중심으로 인종과 계층의 분리 장벽이 생겨났다. 미국의 교육운동가 조너선 코졸에 따르면, 마틴 루터 킹을 기념하는 '마틴 루터 킹 고등학교'는 학생의 96%가 흑인과 히스패닉으로 채워지는 악명 높은 인종 분리 학교가 되어 있다고 한다. 미국의 최근 일제고사는 이러한 지역의 흑인 학생들의 저성취 문제를 해결하기 위해 나온 것이므로 한국에서 일방적으로 모방할 것이 아니다. 이제 한국에서도 이런 현상은(물론 구체적인 양상은 다르겠지만) 그대로 재현될 것이다.

한국 사회에서 교육 문제가 차지하는 비중을 고려한다면 그 변화는 더욱 극악할 것이다. 당장 예측할 수 있는 것은, 초·중·고등학교의 학군이 일제고사 성적을 기준으로 확실한 기준점을 잡게 될 것이다. 그 기준점에 입각해 그 일대의 부동산 가격과 주거지의 등급이 결정될 것이다. 학력이 낮은(다른 의미로 가난한 집안의) 학생들이 많이 입학하는 학교들은 당연히 기피할 것이고, 그 학교가 속한 지역은 '가난하고 찌질한 동네'로 확실하게 자리매김될 것이다. 중·고등학교의 내신 성적은 상급 학교 입시에서 똑같이 대우받지 못할 것이다. 국가에서 공인한 확실한 성적과 순위가 있기 때문이다. 따라서, 고등학교는 자연스럽게 중학교 등급제를, 대학들은 고교등급제를 실시하게 될 것이다. 이제는 대학뿐만이 아니라 초등학교부터 중학교, 고등학교까지 모두 세세하게 서열이 매겨지게 되고, 아이들은 아주 이른 나이 때부터 자신이 다니는 학교와 주거지로써 자신의 사회적 신분을 판별받게 될 것이다. 1950~1970년대 소수 명문 중·고등학교를 중심으로 한 경쟁 체제보다 훨씬 광범위한, 유사 이래 가장 극악한 학벌 경쟁 체제가 완성되는 것이다.

교육이란 '섞이는' 것

이를 통해 저들은 무엇을 얻고자 하는 것일까. 예컨대, 미국에서 부시 행정부를 주도한 네오콘들이 국가 수준의 성취 기준을 설정하고, 이른바 '고부담 시험'을 통해 만들고자 했던 질서가 어떤 것이었는지를 생각해볼 수 있다. 미국의 교육학자 마이클 애플이 통렬하게 지적하는 것처럼, 그것은 유럽, 아프리카, 라틴 아메리카, 아시아에서 건너온 다양한 인종들의 혼거로써 성립하고 지탱해온 나라를 백인들만이 유일한 정통성과 권력을 갖는 사회로 재편하려는 편집증이었을 것이다. 이로 인해 미국에서는 결국 하나의 인종, 하나의 계층만이 의미 있는 교육적 훈련을 받을 수 있는 체제가 마련되었다. 요컨대 그것은 거칠고 가난하고 무식한 유색인종들로 넘쳐나는 학교로부터 자신들처럼 건전하고 명민한 아이들로만 채워진 학교로 탈출시키려는 몸부림이었을 것이다. 그것은 또한 한국 사회에서 '영어유치원-사립초등학교-국제중-특목고/자사고-명문 대학'으로 대표되는 성장 코스에 자신의 아이들을 집어넣으려는 중·상류층들의 편집증과 그대로 맞아떨어지는 것이다. 결국 저들에게 교육이란, 특권을 갖고 태어난 자의 특권을 한층 더 강화하는 것밖에는 아무것도 아님을 알게 된다.

실제로 이명박 정부 5년을 지금처럼 지내고 나면 그들의 소원은 거의 이루어질 것이다. 그러나 거기에 끼지 못할 절대 다수의 아이들은 물론이거니와, 이런 따위 황폐한 성장 코스에 따라 자라날 아이들의 불행은 어찌할 것인가. 교육이란 '섞이는' 것이라고 나는 믿는다. 가장 훌륭한 교육 환경은 온갖 출신 배경과 특성을 가진 아이들이 두루 섞여 있는 교실이라고 나는 생각한다. 거기에는 남학생도 여학생도, 공부를 잘하는 아이도, 못하는 아이도, 갑부집 아이도 철거민의 아이도, 다문화 가정의 아이도 이주 노동자의 아이도, 장애를 가진 아이도 모두 섞여 있어야 한다. 그리하여 장애 학교에서는 그 학교의 전부이던 장애가, 귀족 학교의 전부이던 부유함과 지적 총명함이, 실업계 학교의 전부이던 가난과 일탈이 실은 우리의 인간됨을 구성하는 다양한 배경의 하나일 뿐이라는 사실을 알 수 있어야 한다. 그리하여 내 존재에 찍힌 가난과 열등의 낙인이 부유함과 우월의 표지가 실은 별것 아님을, '나는 그저 나일 뿐'임을 깨달을 수 있다면, 그때서야 그는 '자신의 삶'을 살 수 있는 것이다.

아마도 이런 주장에 대해 당장 불안을 느낄 사람들이 많을 것이다. 섞이는 것에 대한 불안을 그들은 아마도 '하향 평준화'라는 그럴싸한 명분에 기대어 표현할 것이다. 교육은 이러한 '현실적 이해관계'를 넘어서야 하는 것이지만, 실제로 수많은 연구 결과들 또한 평준화로 인해 학업 성취도가 더 향상되었음을 증명하고 있다. 그리고 완전한 평준화 체제인 핀란드가 국제적인 성취도 평가에서 거두는 괄목할 만한 성과도 이야기할 수 있다. 그러나 설사 실제로 하향 평준화 되더라도 아이들을 온전한 인간으로 키우기 위해서는 섞어야 하는 것이다. 공교육 체제는 이와 같이 아이들이 서로 섞여서 자라나도록 도와주고, 거기서 생겨나는 문제들을 함께 풀어가기 위해서 존재하는 것이 아닌가. 하지만 한국 교육은 단 한 번도 이러한 '섞임'의 문제가 공론의 장에서 논의된 적도, 이에 바탕한 사회적 합의에 따라 그 진로가 결정된 적도 없다. 교육 문제를 오직 정권 창출과 연장의 수단으로 바라본 국가권력과 경쟁과 효율성밖에는 아는 것이 없는 일군의 지식인들, 그리고 교육을 통해 자신의 계급적 이익을 실현하려는 중·상류층들의 집요한 욕망만이 교육의 장을 주름잡았을 뿐이다.

저항을 위하여

한국의 공교육 체제가 아이들에게 가해왔던 억압은 이제 일제고사로 인하여 그 임계점을 돌파하게 될 것이다. 경제 성장이 미약하던 시기에는 학교가 앞장서서 경쟁을 조장했다. 그러나 경제 성장이 일정 단계에 진입한 이후 사교육으로 대표되는 금전의 경쟁이 시작되었고, 이는 대체로 학부모가 주도했다. 그리고 그동안 초등학교와 중학교에서는 교육적인 활동을 시도할 여지가 어느 정도 존재했던 것도 사실이다. 그런데 이제 일제고사가 정착된다면, 학교와 학부모가 공교육과 사교육 모든 측면에서 아이들을 들볶는 체제로, 전투원과 비전투원의 구분이 없는 총력전 체제로 돌입하게 될 것이다. 거기서 생겨나는 고통은 고스란히 아이들에게 전가될 것이다. 분명, 이로 인해 목숨을 끊는 아이가 속출할 것이다.

그러므로 내가 제안하는 것은 일제고사에 대한 광범위한 보이콧이다. 일제고사는 이 신자유주의적 교육 시장화 정책을 구현하는 핵심 고리이자 그 극점이면서, 끝내 한국 교육을 파국으로 이끌 것이다. 일제고사는 폐지되어야 하고, 성적 공시는 당장 중단되어야 한다.

공교육은 교육의 권리 주체이자 납세자인 시민의 것이다. 이 체제는 학부모가 양육의 권리와 의무를 국가권력에게 양도하여 성립한 것이다. 따라서 학부모는 자녀를 위탁한 사람으로서 자녀를 고통스럽게 하는 국가의 반교육적 행위에 대해 반대할 명백한 권리가 있다. 일제고사를 반대하는 학부모들에게 학교가 흔히 자행하는 으름장과 협박은 주객이 전도된 어처구니없는 것이며, 학부모는 여기에 끌려 다닐 아무런 이유가 없다.

이제 한국 교육의 야만과 몰상식의 물적 토대가 되었던 경제 성장이 한계에 부딪혔다는 반가운 소식이 들린다. 그리고 일제고사를 포함하여 지금과 같은 극악한 시장화의 흐름이 지속된다면 얼마 지나지 않아 한국 교육은 파국을 맞을 것이다. 결국 우리의 힘으로 만들어낸 어떤 질서, 어떤 흐름이 엄청나게 중요한 의미를 갖게 될 것이다. 그러므로 필요한 것은 광범위한 보이콧과 그로 인한 '혼란'이다. 그 속에서 진정한 가르침과 배움에 대한 성찰과 상상력, 그리고 살아있는 경험의 세계를 지향하는 교육적 열정이 분출할 공간이 열릴 것이다. 지금 이 혹독한 공기 속에서는 그 어떤 교육적 열정도, 몸부림도 숨을 쉴 수가 없다.

2년여가 되어가지만, 아직도 잊혀지지 않는 이야기가 있다. 2008년 12월, 중학교 1·2학년을 대상으로 한 일제고사를 반대하는 학교 앞 1인 시위에 참여했던 한 아주머니의 이야기다. 지금껏 제 자식 얼굴만 보고 살았는데, 그때 학교 앞에서 한 시간 동안 1인 시위를 하면서 등교하는 그 학교 아이들의 얼굴을 모두 볼 수 있었다고 했다. 그런데 그 중학생 꼬맹이들 누구도 즐겁고 기대에 찬 얼굴로 등교하는 아이가 없더라면서, 마음이 아팠다는 이야기를 했다. 그는 한 시간 동안의 짧은 저항의 행동을 통해 오늘날 학교 교육에 긴박된 아이들의 창백하고 파리한 얼굴을 하나의 영상으로 대면할 수 있었던 것이다. 이 깨달음은 얼마나 귀한 것인가.

일제고사로 한국의 교육은 더 나빠질 것이 없는 지점에 이른 것 같다. 우리는, 우리 아이들이 지금보다도 더한 끔찍한 고통을 겪는 것을 반드시 목격하게 될 것이다. 결국 이 지옥에서 유일한 희망은 우리가 만들어낼 저항과 혼란뿐이다.

8장

일제고사의 해악성, 철학적 접근

이성우[31]

1. 한국 사회의 교육 자화상

〈에피소드 –1〉

"놀이터여, 안녕!"

헤밍웨이 원작의 영화 제목 "무기여 잘 있거라"를 연상케 하는 이 문구는 한때 텔레비전에 등장했던 광고 제목이다. 새 학년도가 시작되는 3월을 맞아 어린아이는 놀이터를 향해 "잘 있거라, 내 친구 놀이터야" 하며 담담한 표정으로 손을 흔드는데, 배경음악으로 가수 김광석의 '이등병의 편지'가 흘러나온다. 그러니까 스무 살 청년이 군인 갈 때처럼, 자기 생애에 닥쳐온 중요한 난관을 이겨내기 위한 비장한 준비 자세가 다름 아닌 코흘리개 초등학교 1학년생에게 요구된다는 것이 이 광고가 던지는 메시지인 것이다.

옛 성현께서는 "배우고 익히면 때론 즐겁지 아니한가學而時習之 不亦說乎" 하셨는데, 어떻게 이 사회에서는 배움의 여정이 무거운 짐을 지고서 멀고도 험한 길을 가는 고역으로 각인되고 있는가? 그 광고는 조금도 과장이 아니

어서 실제로 초등학교에 입학하는 순간 아이도 아이의 엄마도 비상 체제에 돌입하는 것이 우리네 현실임에 틀림없다.

〈에피소드 -2〉

몇 해 전, 내가 초등학교 2학년 담임을 할 때, 착실한데도 숙제를 잘 해오지 않는 아이가 있었다. 왜 그런가 알아보니, 학원에서 숙제를 너무 많이 내주는 것이었다. 어떤 숙제인가 하면, 학원에서 사용하는 문제집에 있는 문제를 하루에 50개씩 풀어가야 한다고 한다. 어처구니없게도 2학년《슬기로운 생활》한 과목에 200문제씩 담겨져 있다. '수학' 문제라면 몰라도 '슬생' 문제가 분기별로 200문항씩 만들어져 유포되는 것은 교육학적으로 재앙이 아닐 수 없다. 질보다는 양을 추구하다 보니 학습 문제의 수준은 한심할 수밖에 없었다. 교사인 내가 봐도 도대체 뭘 묻는 문제인지 뜻도 영문도 모를 문제가 수두룩했다. 그나마 짜임새 있다고 생각되는 문제조차 다음과 같은 식이다. 다음은 '슬생'의 여러 문제집에서 비슷한 형태로 다루어지는, 이른바 출제 빈도가 높은 문항이다.

◎ 다음 중 우리가 옷을 입는 이유로 잘못된 것은?

①피부를 보호하기 위해 ②땀을 흡수하기 위해
③추위를 막기 위해 ④남에게 잘 보이기 위해

맨 처음 위의 문제를 접했을 때 교육자로서 두 가지 면에서 심각한 회의가 엄습했다. 우선, 이 바보 같은 질문을 왜 아이들에게 묻는가 하는 것이다. 원시사회든 문명사회든, 옷을 입는 이유에 대해 지식의 형태로 애써 가르치고 배우는 노고가 필요할까? 물론 이것은 문항을 제작한 사람의 잘못이라기보다는 교육과정의 문제이다. 교과서에서 그걸 다루니까 문제집에도 담

는 것이다. 그건 그렇고, 위의 문항과 관련한 문제의 심각성은 그 정답이 ④
라는 것에서 절정을 이룬다. 더욱 놀라운 것은 내 눈엔 답이 없어 보이는데
아이들은 너무도 당연한 듯 '쿨하게' 정답을 골라내는 것이다.

도대체가 말이 되는가? 고객의 입장에서 옷을 고를 때 고민하는 주된 이
유가 뭔가? 패션 디자이너가 ④에 대해 전혀 신경을 쓰지 않고 옷을 만든다
면 그 옷이 팔리겠는가? 이른바 명품에 목숨을 거는 사람들은 어떤 이유에
서인가? 현실이 이러한데도 그 모의 시험지는 학생들에게 ④를 정답으로 강
요하고 있는 것이다. 상식적으로는 ④가 전혀 답이 될 수 없음에도 출제자
가 요구하는 정답을 정확히 골라내는 아이는 '문제집 풀이'라는 조건화 기
제를 통해 다음과 같은 점을 학습해갈 것이다.[32]

삶 따로 공부 따로, 현실 속의 진리와 공부에서의 진리는 별개의 것이다!

〈에피소드 -3〉

중학교 사회 시간이다. 교사는 프랑스대혁명에 관해 수업하다가 그 연장
선상의 심화 내용으로 한국의 6월항쟁 이야기를 아이들에게 들려준다. 교사
는 자신의 젊은 시절 추억을 떠올리며 약간은 격앙된 목소리로 아이들에게
과거 이 땅의 독재정권 시절이 어떠했는지 그리고 그 암울한 반동의 세월을
우리 민중들이 어떻게 이겨냈는지에 대해 열강을 펼친다. 이런 수업에서는
그 어느 때보다 청중, 즉 학생의 참여가 사뭇 적극적이고 진지해지기 마련이
다. 그런데 뒤편에 앉은 한 녀석이 그 적막을 깨고 교사에게 민원(?)을 제기
한다.

"진도 나갑시다!"

단원의 학습 주제에 충실하여 열심히 잘 나가고 있는 진도를 저지하는 이

---

32 이것이 '잠재적 교육과정'이다. 명시된 교육과정(표면적 교육과정)의 학습 목표와 무관하게 학생들이 교사가
    의도하지 않은 것을 은연중에 배우는 것을 '잠재적 교육과정'이라 하는데, 잠재적 교육과정은 표면적 교육
    과정보다 훨씬 강력히 학생들에게 학습된다.

당돌한 학생은 사회 시험을 만점 받는 이른바 '공부 잘하는' 아이이다. 이 사회에서 "공부를 잘한다"는 것이 뭘 의미하는지……

평가의 교육적 의의

여기서 나는 '시험'과 '평가'를 구별해서 쓰고자 한다. 평가는 교육 실천의 중요한 한 부분으로서 성공적인 교육을 위해 반드시 필요한 교육 실천의 한 프로세스이다. 진단평가, 형성평가, 총괄평가가 그러한 예에 속한다. 그러나 이러한 평가들이 '시험'의 형식을 취할 때 여러 가지 반교육적 폐단을 파생시킨다. 여기서 말하는 '시험'이란 "서열을 가리기 위한 시험"을 말한다. 시험과 평가가 구별되는 지점은 선발이나 줄 세우기를 목적으로 하는가의 여부이다. 그 밖의 측면에서는 '시험'과 '평가'를 굳이 구분할 필요가 없을 것이다. 따라서 이 글에서 시험과 평가를 구분 짓는 것은 어디까지나 '조작적 어법'이다. '평가'라 할 때는 긍정적인 의미로, '시험'은 부정적인 맥락에서 사용할 것임을 미리 일러둔다.

미국의 교육철학자 존 듀이는 "교육은 성장이다"라고 했다. 그런데 모든 성장은 변증법의 원리에 따른다는 점에서 평가의 교육적 의의가 있다. 여기서 '평가'는 반드시 지필고사나 수행평가의 형식을 취하는 것을 의미하지 않는다. 수업 시간에 교사가 질문하고 학생이 응답하는 것도 하나의 평가일 수 있다(형성평가). 그러면, 성장과 평가, 변증법적 원리와 평가는 무슨 관계가 있는가?

성장의 변증법적 원리라는 것은 사물이 '부정의 부정'의 과정을 통해 발전해가는 이치를 뜻한다. 오류 없이 성장하는 유기체는 없다. 손다이크Edward Lee Thorndike의 '시행착오설'이 생생하게 설명하고 있듯이, 유기체의 인지 발달은 숱한 오류에 이은 일련의 반성적 과정을 통해 이루어진다. 다시 말하면, 시행착오 없이는 의미 있는 배움이 이루어지지 않는다. 교육의 장에서 학습자는 '평가'라는 계기를 통해서 자신의 오류를 가장 효율적으로 깨우쳐 간다. 평가는 행동을 수정하기 위한 강력한 피드백의 효과를 제공한다고 할 수 있다.

모든 교육은 '교수'와 '학습'이라는 두 계기의 상호작용을 통해 이루어지기에, 평가를 통한 오류 수정의 효과는 학생 외에 교사에게도 더 나은 가르침을 위한 중요한 역할을 한다. 교사들은 자신의 교수법이나 수업 실천이 얼마나 적절한지를 오직 학생의 반응을 통해서만 알 수 있는데, 교사의 이러한 자기 성찰은 일련의 교육 과정 가운데 평가 단계에서 가장 잘 이루어진다. 총괄평가의 예를 들면, 교사가 시험지를 채점하면서 특정 문항에 대한 학생들의 오답을 접할 때, 처음 한두 학생의 오류를 대할 때는 그 학생을 탓하지만, 동일한 오류가 계속 되풀이된다면 정작 문제가 있는 쪽은 학생들이 아니라 그 내용을 가르친 교사 자신에게 있다는 것을 깨닫게 된다.

프레이리Paulo Freire의 말대로 교육은 본질적으로 교사와 학생 간의 '대화적 실천dialogical practice[33]'으로 이루어진다. 마찬가지로, 평가 또한 결코 일방적인 교육 실천이 아니다. 교사가 가르친 학생을 평가하는 것은 곧 교사 자신에 대한 평가가 될 수 있으며, 교사와 학생 모두 평가라는 계기를 통해 숱한 시행착오에 힘입어 더 나은 학생, 더 나은 교사로 지양Aufheben[34]해가는 것이다. 요컨대, 교사에게 평가는 더 나은 수업을 위한 타산지석의 교훈을 얻을 수 있는 중요한 '모니터'로 기능하는 교육 실천인 것이다.

지금까지 평가가 교육적으로 중요한 의의를 가지는 근거에 대해, "교육의 본질은 성장인데, 모든 성장은 변증법적으로 이루어진다는 것과 평가는 이

33　진보 교육감 시대가 열리면서 최근 교육계에서 '혁신학교운동'이 활발히 일고 있는데, 혁신학교와 관련한 연수에서 '대화적 실천'이란 말을 자주 만나게 된다. 이 말은 사토 마나부의 개념으로 손우정 교수가 소개했는데, 원래 브라질 교육사상가인 프레이리에게서 유래한 것으로 보여진다. 대화적 실천에서 대화dialolgue는 변증법dialectic과 어원이 같다.

34　헤겔 변증법의 용어로서 '지양(止揚)'은 '무엇을 하지 않음'을 뜻하는 일상적 의미와는 다르다. 영어로는 'negation(부정)'으로 옮겨지는데, 독일어 'Aufheben'은 부정negation과 보존reservation 그리고 상승elevation의 세 가지 의미를 동시에 품고 있다.

변증법적 발전을 촉진하는 중요한 계기로 작용한다"는 것을 논했다. 이어지는 평가의 반교육적 폐단 또한 이 같은 원근법에 입각해 논리를 전개하고자한다. 나는 일제고사의 해악성이 그 무엇보다 그것이 학생의 자발적인 성장을 저지하는 비변증법적 속성을 본질로 하는 것과 관계있다고 본다.

2. 시험의 반교육적 폐단

다시, "교육은 성장"이다

존 듀이의 이 명제가 의미하는 바는, 모든 인간은 그 본연에 내재된 자발적 성장 능력이 있기에, 어린 학생들은 있는 그대로 던져놓으면 자기 나름의 숱한 시행착오를 경험하면서 자연스럽게 성장한다는 뜻이다. 따라서 학교교육의 역할은 학생의 자발적 성장을 방해하지 않고 그것을 돕기 위한 최적의 인적·물적 환경을 제공하는 것이다. 그러나 일제고사는 학습자의 그러한 자발적 성장에 방해가 되는 최대의 걸림돌이다. 그것은 일제고사가 성장의 변증법적 원리를 크게 거스르기 때문이다.

일제고사는 줄 세우기를 목적으로 삼는 그 자체로 이미 반교육적이다

계량화 즉, 점수로 환산되는 모든 시험은 줄 세우기(서열화)와 동전의 양면을 이룬다. 입학시험이나 입사 시험처럼 '선발'을 목적으로 하지 않는 초등학교의 중간고사나 기말고사의 경우에도 점수화 되는 순간 서열 매김은 불가피하다. 교사는 줄을 세우지 않아도, "나는 전 과목 5개 틀렸는데 너는 몇 개틀렸니, 또 너는?" 하는 식으로 아이들 스스로 서열을 매기기 때문이다. 특히아파트가 밀집한 지역의 학구에서는 교사도 모르는 1등부터 10등까지의 학급 석차를 학부모들이 매겨 동네방네 유포한다.

한국 교육은 옆집 아줌마가 다 망친다고 하는데, 노무현 정부 때는 초등학생들을 대상으로 한 아파트 아줌마들의 서열 매기기가 원천적으로 불가능했다. 학교나 지역에 따라 약간의 차이는 있지만, 초등학교에서 학교 차원의 중간고사나 기말고사 따위를 보는 경우가 잘 없었을 뿐만 아니라, 시도 학력고사 또한 점수화가 아닌 상-중-하(○-□-△)의 성취 수준을 묻는 서술형 평가 방식이었기에 서열을 매기고 싶어도 매길 수 없었던 것이다.[35] 그러던 것이 이명박 정부 들어서 전국적으로 지역 간 서열화를 골자로 하는 국가 수준학업성취도평가가 시작되면서 초등학교에서도 '무한 경쟁'이란 말이 일상어가 되고 있다. 이 제로섬게임에서 숨 가쁘게 펼쳐지는 경쟁은 끝이 없어서, 이를테면 모두가 밤잠 안 자고 시험공부를 해도 일등과 꼴찌가 생겨난다. 남보다 조금이라도 더 앞서기 위해 모두가 바쁘다. 초등학교에 입학하는 순간 놀이터에 이별을 고하고 모두들 학원으로 향한다.

치열한 경쟁의 교육 시스템에서는 배움 그 자체가 목적이 아니라 수단과 방법을 안 가리고 남보다 더 나은 점수를 받는 것이 목적이 된다. 내가 내신성적 1등급을 받기 위해 나와 비슷한 수준의 친구가 "노트 필기한 것을 빌려달라"고 해도 그 부탁을 거절해야만 한다. 이런 환경 속에서 우정이나 공동체의식을 가진 따뜻한 영혼이 길러질 리가 없고, 학생들은 오직 개인주의의 화신이 되어 시기심이나 악의적인 경쟁심만을 키워간다. 이른바 '공부 잘하는' 아이들에게서 이런 경향성이 농후한데, 장차 이들은 이 사회의 엘리트가 되어 힘없는 선량한 대중들 위에 군림하며, 이 비인간적인 메커니즘을 재생산하는 데 이바지할 것이다.

---

35 물론, 이 같은 평가 방식에 불만을 품는 학부모들도 적지 않다. 요컨대 "이런 식이라면, 우리 아이 실력이 어느 정도인지 알 수가 없지 않냐"는 것이다. 그러나 "학부모가 아이 등수를 모르게 하는 것이 교육적이라는 것"을 알아야 한다. 초등학교에서는 서열 매김 자체가 원천적으로 불가능하도록 평가를 해야 한다. '아이'라는 생명은 미완의 대기(大器)이다. 큰 그릇일수록 늦게 성장한다. 그런데 새싹 단계에서 나무의 등급을 미리 재단해버리면 어찌되겠는가? 아이도 부모도 "나(우리 애)는 몇 점밖에 안 되는 재목이라며" 자기충족예언self-fulfilling prophecy을 할 것이다.

'무한 경쟁 교육'을 강조하는 이명박 정권이 들어선 뒤, 서열화는 학생 간의 경쟁에서 학교 간의 경쟁으로 확대되고 있다. 일선 학교 학교장들은 점수 경쟁에서 뒤지지 않기 위해, 다른 학교와의 비교에서 우위를 점하기 위해 온갖 수단과 방법을 총동원해 좋은 결과를 얻고자 발버둥 치고 있다. 전 세계에서 가장 치열한 경쟁 사회인 이 나라에서는 이제 올림픽에서뿐만 아니라 학교에서도 오로지 결과로만 모든 것을 말하는 '묻지 마 교육 체제'에 돌입한 것이다. 그러다 보니 신성한 교육의 장인 학교에 온갖 편법과 술수가 기승을 부리고 있다. 이를테면, 올 7월 12일에 치르는 국가 수준학업성취도평가에 대비해 학교에서는 해당 학년인 6학년과 해당 과목인 국어, 영어, 수학에 집중할 것이다. 들리는 바에 의하면, 어느 학교에서는 6학년 담당으로 학교에서 가장 유능한 교사들을 배치하고 그들에게 다른 업무는 전혀 주지 않고 오직 7월에 있을 시험에만 몰입하라는 '특명'이 떨어졌다고 한다.[36]

  이 같은 조치는 교육적으로나 상식적으로 절대 피할 수 없는 모순 또는 딜레마에 봉착하게 된다. "가장 유능한"이란 말이 교육적으로 어떤 의미를 지니는가 하는 것은 둘째 치더라도, 그 대열에 선발되지 않은 나머지 학년의 교사들이 갖게 될 상처나 허탈감에 대해서도 '묻지 않는다'는 점에서 교단을 정신적 공황으로 몰아가는 것이다. 뿐만 아니라 평가가 국어, 영어, 수학 세 과목에 국한되기에 다른 교과는 건성으로 지도하는 식의 파행적 교과 운영

---

36 학교의 한 해 살이는 2월 28일에 끝맺는다. 2월 말에 다음 학년도에서 개별 교사들이 맡을 담당 학년 배정과 업무 분장을 하는데, 여기서 '업무'란 교사 본연의 임무인 수업이나 학생 생활지도를 의미하는 것이 아닌 공문을 비롯한 각종 잡무가 주를 이룬다. 그런데 우리 교육 현실에서 주객이 전도되어 교사들의 입장에선 본연의 업무보다 잡무 처리로 인한 스트레스가 엄청나다. 그래서 해마다 이 시기에 모든 교사들은 자신에게 업무가 많이 주어질까 봐 노심초사한다. 업무를 배분할 때 보통 젊은 교사들에게 일이 많이 돌아오는데, 국가 수준학업성취에만 몰두하라며 6학년 담임 교사를 잡무에서 해방시켜주는 것은 파격적인 조치가 아닐 수 없다. 6학년 담당은 대부분 젊은 교사들이기에, 이 같은 조치는 상대적으로 나이 많은 교사들에게 과중한 업무 부담으로 전가될 것이다.
  한 지역 언론에서는 학업성취도평가에 대한 부담 등으로 6학년을 맡지 않으려는 교사들이 늘면서 학교장이 '꼭 맡아 달라'며 읍소하거나 은밀히 협박(!)하는 일까지 벌어지고 있다는 기사를 실었다. 또한, 6학년 담임을 하지 않으려고 동료 교사들끼리 언성을 높이는 일까지 벌어지며, 학교에서 비교적 젊거나 전입 온 교사들이 '울며 겨자 먹기 식'으로 6학년 담임을 맡고 있디는 내용도 싣고 있다.(청주=뉴시스, 2011.02.28)

이 불가피할 것임은 뻔한 이치다. 선배 교사와 후배 교사 사이에 애정과 존경을 바탕으로 형성된 교사 문화가 파탄되는 것에 대해서도 묻지 말 것이며, 국영수 외의 교과목이 외면됨으로써 전인교육의 근간이 무너지는 부작용에 대해서도 묻지 말자고 한다. 교육자의 양심이나 신념 따위는 접어둘 것이며, 스승으로서 내면의 목소리에도 귀 기울이지 말고, 오로지 시험 점수에만 신경 쓰자고 한다. 교육감은 시·군 교육장과, 교육장은 학교장과, 학교장은 교사와, 그리고 종국적으로 교사는 학생과 오직 점수로만 소통하는 이 광기의 시스템 속에서 어찌 교육다운 교육이 이루어지겠는가? 이 반교육적인 경쟁 체제 아래에서는 희망의 교육 공동체로서의 학교는 사라지고 "만인에 대한 만인의 투쟁의 소"만 남을 것이다.

실패가 미덕이 아닌 무능의 낙인이 되는 일제고사

발명왕 에디슨은 전구를 만들 때까지 2천 번 실패를 했다고 한다. 그런데 에디슨이 생각하는 '실패'라는 개념 규정이 참으로 천재적이다. 에디슨은 "2천 번의 실패"를 "전구가 빛을 내지 않는 2천 가지의 원리를 알 수 있었던 유익한 경험"으로 풀이하였다. 이렇듯 평가가 학생의 성장을 촉진하는 중요한 매개물이 될 수 있는 것은 주로 정답보다는 오답에서, 성공보다는 실패를 통해서였다. "실패는 성공의 어머니"라는 민중의 언어가 시사하듯, 최종적인 성공의 열매는 숱한 실패를 자양분 삼아 맺어지는 것이다. 따라서 배움의 장에서 학생들은 어떤 목표에 대하여 과감하게 도전하고 또 그 과정에서 필연적으로 발생하게 될 실패에 대한 두려움을 갖지 않도록, 어떠한 실패에 대해서도 허용적인 교육 환경을 조성해줘야 한다. 한 번 실수는 병가지상사이련만 시험 위주의 교육 현실에서 한 번의 실패는 영원한 실패, 한 번 낙오자는 영원한 낙오자가 된다.

성장이 이루어지는 지점은 결과보다는 과정에 있음에도 시험 위주의 경쟁적 교육 시스템 속에서는 모든 것이 거꾸로 돌아간다. 즉, 시험이라는 것이 교육을 위해 존재하는 것이 아니라 거꾸로 교육이 시험을 위해 존재하는 것이다. 그러다 보니 변증법적 원리에 충실한 참된 성장이 이루어질 수 없다. 결과가 나쁘면 과정은 깡그리 의미를 상실하고 만다.

일제고사는 교사가 평가의 주체가 되어야 하는 교육의 원리에 위배된다

교육 원리상, 평가는 교수 행위의 연장선에서 이루어지기 때문에 마땅히 가르치는 이의 몫이어야 한다. 교육이 교육으로 성립하기 위해 이 원칙은 꼭 지켜져야 한다. 그것은 무엇보다 교육이 인간 대 인간의 만남을 전제로 이루어지는 것과 관계있다. 만남이 없으면 교육도 없다. 만남이 이루어지는 교육의 장[37]이라면, 학생은 교사의 신념이나 그가 사물을 보는 관점, 그리고 그러한 이성적 측면에 조응하는 교사의 정서적 측면을 내면화해갈 것이다. 앞서 소개한 '에피소드 3'이 그 좋은 예이다. '프랑스대혁명'이나 '한국의 6월항쟁'을 소재로 한 수업의 장면에서 학생들은 교사의 흥미진진한 이야기 속으로 빨려 들어가 파노라마처럼 전개되는 역사적 순간들을 추체험하며 때로는 분노를 때로는 환희를 느끼며 생생한 배움을 경험해갈 것이다. 교수 활동과 학습활동은 수레의 나란한 두 바퀴처럼 함께 작용하는 법이어서, 교사가 자기 수업에서 신명을 쏟는 만큼 아이들도 배움의 희열을 느낀다.

그런데 이런 훌륭한 수업 분위기를 깨뜨리며 "진도 나갑시다"라는 하극상의 발언이 공부 잘하는 학생의 입에서 튀어나오는 이유는 뭘까? 교사나 절대 다수의 학생들이 열심히 가르치고 배우는 상황 속에서 어떻게 진도를 나가야 충실한 공부가 된다는 말인가? '공부'란 대관절 뭘 배워가는 걸 뜻

---

37 사설 학원 강사와 학교 교사가 다른 점도 이것, 즉 "만남의 여부"가 전부이다. 물론 학원 강사 중에도 따뜻한 인간미의 소유자가 낭연히 많을 테지만, 구조적으로 그와 학생의 만남은 '자본'을 매개로 이루어진다. 돈이 매개된 모든 만남(인간관계)은 마르크스가 말한 '소외'로 흐르기 마련이다. 한국의 사설 학원 교육은 소외된 교육의 전형이다. '공교육'이란 한마디로, 학생과 교사의 만남이 '자본의 논리'에서 벗어나 자유롭게 이루어질 수 있도록 제도적으로 구현된 교육 체제를 의미한다.

하는가? 학교에서 학생은 교사로부터 뭘 배워가야 잘 배워가는 것일까? 공부를 잘한다는 것은 도대체 뭘 의미하는가?

"진도 나갑시다"라는 학생의 말에 함축되어 있는 것은, "그런 수업은 흥미는 있지만 시험에는 출제되지 않는다"는 지극히 영악한 계산법이다. 이는 가르치는 이와 평가하는 이가 각각 따로 존재하는 일제고사 시스템이 파생시킨 우리 시대 교육의 비극이리라. 가르치는 이에게 평가권이 주어진다면, 그리고 교사의 권한을 떠난 어떠한 일제식 국가고사도 치러지지 않는다면, "진도 나갑시다"란 따위의 헛소리가 사라질 것이다. 곧은 신념으로 교단에 서는 스승이 그 존귀한 권위가 회복될 것이다.

비단 아이들에게 영혼의 울림을 주는 심도 있는 수업이 아니더라도, 단순히 '지식의 전달'이란 측면에서도 "가르치는 이가 평가해야 하는" 원칙이 지켜지지 않기 때문에 이 땅에서는 주입식 교육이 판을 친다. 우리 교육 현실에서는 교과서가 곧 교육과정을 의미한다. 방대한 양의 독서보다는 교과서를 달달 외우고 문제집을 부지런히 푸는 학습 방법이 높은 점수를 보증한다. 요컨대, 드릴(주입식 교육, drill)이 최고의 교수-학습법이며 총정리 문제집이 가장 위력적인 학습 도구이다. 따라서 교육청 차원에서 떠들어대는 '자기주도적 학습'이니 '창의적 교수법'이니 하는 구호들은 현실적으로 전혀 실효성이 없는 헛소리에 지나지 않는다. 한편으로는 "창의성 교육에 힘쓰라"고 떠들면서, 다른 한편으로는 "시험 점수로 학교 간 순위를 매기고 또 그 순위에 의거하여 교사와 학교장의 능력을 가늠한다"는 작태야말로 이 땅의 교사와 학생들을 분열적으로 몰아가는 '정신분열 교육의 현주소'를 적나라하게 보여주고 있다.

일제고사는 학습자의 비판력과 창의력을 말살시키는 "지적 자살 행위"이다

일제고사는 객관식 시험 형태로 이루어진다. 이 또한 일제고사가 줄 세우기를 근간으로 하는 것과 그 동전의 양면을 이룬다. 현재 한국의 중등학교에서 치러지는 대부분의 학력고사가 그러하며, 국가 차원에서 실시하는 모든 표준화 시험이 객관식으로 치러진다. 평균 0.01점 사이에 내신 등급이 왔다 갔다 하는 체제에서 객관식 시험이 아니라면 채점 결과에 대한 학부모의 민원으로 학교가 몸살을 앓을 것이 뻔하다. 또한 국가의 입장에서 전국의 학생들을 대상으로 석차를 내려면 객관식 시험이 아니면 불가능하기 때문이다.

그러나 '에피소드 2'에서 보듯이 특히 객관식 시험은 그 내용상 전혀 객관적[38]이지 못하다. 상식적으로는 전혀 맞지도 않은 것이 정답으로 강요되는 그 시험이 어떻게 객관적이란 말인가? 또한, 아무리 엄선된 내용의 표준화 시험이라 하더라도 모든 객관식 시험은 변증법적 원리에 전면적으로 위배된다. 그것은 학생들에게 맹목적으로 정답을 강요하기 때문이다. 그 구조적 성격상, 보기 가운데 무조건 답이 있다는 것을 전제로 치러지는 객관식 시험은 학습자의 비판력과 창의력을 원천적으로 봉쇄한다. 객관식 시험이야말로 변증법적 성장에 걸림돌이 되는 최악의 폐단일 것이다. 뤼시앵 골드망Lucien Goldman의 다음과 같은 말은, 사회의 진보와 관련하여 객관식 시험이 얼마나 해악한가를 논증하는 데 뜻 깊은 시사점을 제공해준다.

사회과학이 변증법적이어야 하는가 아닌가 하는 물음은, 사회과학이 현

---

38 좋은 평가도구를 구성하는 3요소로 타당도-신뢰도-객관도가 있다. 객관도(objectivity)란 같은 문항을 놓고 여러 사람의 채점 결과가 일치하는 정도를 말하는 것으로서, 평가자 간의 주관성의 편차가 최소화된 경우를 객관도가 높다고 볼 수 있다. 이런 점에서 '객관식 시험'은 순도 100퍼센트의 객관도를 보증한다. 평가자의 주관성이 개입될 여지가 있을 수 없기 때문이다. 그러나 '에피소드 2'의 경우에서 보듯, 좋은 평가를 구성하는 한 요소로서의 '객관도'는 학문적 객관성과 무관하다. 안타깝게도, 우리 교육현실에선 후자가 전자에 의해 압도되는 꼴이다. 치열한 경쟁체제 속에서는 '창의적이고 비판적인 지식'을 전하기보다 평가와 관련한 잡음 즉, 학부모의 민원이 제기될 소지를 최소화하는 것이 학교교육관계자들의 급선무이기 때문이다.
교육전문가인 교사에게 자율성이 넉넉히 보장되지 않으면 바람직한 교육은 불가능하다. 평가와 관련한 교사 자율성의 회복, 이 문제는 현장교사들에 의해 먼저 고민이 시작되어야 한다. 혹 우리 교사들이 '아이들의 바람직한 성장'에 대한 고민 없이 OMR이리는 문명의 이기에 안주해 객관식 문항을 선호하는 것은 아닌지 돌아봐야 할 것이다.

실 세계를 바로 이해해야 하는가 아니면 그것을 왜곡하고 은폐하는 역할을 해야 하는가 하는 물음과도 같다.

변증법적으로 사고함은 무엇보다 현실 사회의 모순에 대한 탐색을 내포한다. 참된 지적 성장을 위해 이 같은 변증법적 사고가 필요한 것은 사물의 현상과 본질이 일치하지 않기 때문이다.[39] 마르크스의 말대로, "사물들의 현상 형태와 본질이 직접적으로 맞아떨어진다면 어떠한 과학도 필요하지 않을 것이다." 즉, 인간 지성의 발전은 본질과 현상 사이의 모순을 극복하는 과정인데, 이 과정은 그리 간단하지 않아서 변증법이란 방법이 필요한 것이다. 다시 말해, 변증법은 모순된 현실을 분석하고 비판할 수 있는 가장 유력한 방법론인 것이다.

변증법적 관점이란 현상의 이면에 감춰진 본질에 대한 탐색을 내포한다. 변증법은 학습자의 비판적 관점과 창의성을 촉진하는 사고 체계인 것이다. 그런데 가르치지도 않은 제3자 - 나와 세계관이 다른 동료 교사나 장학사 그리고 국가에서 위촉한 교육 엘리트 - 가 그의 의도에 따라 만든 획일적 정답을 요구하는 객관식 시험을 통해서는 창의성이나 비판 정신이 거세되어 제도권 질서에 맹목적으로 순응하는 '범생이'만 양산될 것이다.

변증법적 사고는 현재의 가정이 수정되고 반박되고 전도될 가능성에 대해 항상 열려 있는 태도를 의미한다. 그것은 사물의 속성이 '운동성'과 '변화'를 본질로 하는 이치와 관계있으니 이른바 '진리의 상대성'이란 개념이 이를

---

39 객관식 시험의 허구성이 바로 이 같은 인식론적 문제와 관계있다. 사물의 현상과 본질이 일치하지 않기 때문에 인간의 인식은 변화에 변화를 거듭하면서 변증법적으로 발전해간다. 그런데 획일적 정답을 강제하는 객관식 시험은 학생들에게 "이거나 저거나" 하는 양자택일의 형이상학적 인식론을 요구하는 것이다. 그러나 시험지를 벗어나 삶 속에서 우리가 직면하는 거의 모든 문제들은 양자택일의 인식 방법으로는 해결할 수가 없다. 이것들은 오직 변증법적인 사고로만 그 진리의 근사치에 도달할 수 있다. 그러므로 학습자의 지적 성장을 위해 가장 바람직한 학습은 '드릴'이 아닌 '토론'이다. 또한, 정답이란 존재하지 않으므로, 어떠한 시험도 응시자에게 정답을 요구해서는 안 된다. 이런 이치에 비추어 가장 바람직한 평가는 '논술(서술형) 평가'이다.

뜻한다. 오늘의 진리가 내일도 진리로 남으리라는 보증이 없는 것이 지식의 본질인데, "이거냐 저거냐 식의 양자택일"을 강요하는 객관식 시험은 학습자의 지적 성장에 큰 장애물이 된다. 이런 시험을 많이 칠수록 학생들은 점점 비변증법 사고에 익숙해질 것이기에, 이 사회의 학습자들은 말하자면, 교육을 받으면 받을수록 바보가 되어간다.

똑똑한 아이들을 잔머리의 대가로 만들어가는 일제고사

객관식 시험은 일단 논술 평가보다 시험 문항이 많다. 그러니 시험에 대비하는 학생의 처지에서는 한 가지 지식에 대해 깊이 파고들기보다는 잡다한 단편적 지식을 많이 외우는 주입식 학습 방법이 주효하다.

이런 면에서 주관식 단답형 시험도 해롭기는 마찬가지다. 비슷한 이치를 텔레비전 프로그램인 '장학퀴즈'에서 볼 수 있다. 베토벤의 월광 소나타가 흘러나와도 아무도 답을 못한다. 그러다가 진행자가 '베토벤, 밤' 어쩌구 하면 벨을 눌러 '월광'이라고 맞힌다. 이 순간, 거의 동시에 벨이 울리지만 촌음의 차이에 따라 상대적으로 잔머리를 빨리 굴린 아이에게 정답 발언권이 돌아간다.[40]

이게 서커스단의 원숭이 재주넘기와 뭐가 다른지 나는 모른다. '도스토옙스키' 하면 '죄와 벌'이고, '죄와 벌' 하면 도스토옙스키고……. 한 권의 책에서 저자가 던지는 메시지에 대해 고민하기보다는 잡다한 책들의 제목과 줄거리 외우는 것이 학력 사회의 피라미드 상층부로 향하는 지름길이 되는 이런 교육 풍토가 누구에게 무슨 도움이 되겠는가?

40 마오(毛)는 이런 시험을 '게릴라 전투'에 비유했다. 교사는 정답을 꼭꼭 숨겨놓고, 아이들은 마치 보물찾기를 하듯 별 가치도 없는 단편적인 내용의 정답을 찾기 위해 안간힘을 쓰는 시험. 이런 게릴라 전투에서는 교사도 잔머리, 아이들도 잔머리, 모두 잔머리에서 시작하고 잔머리로 끝난다. 그래서 '교육철학자' 마오는 모든 시험을 오픈북 테스트로 치를 것을 제안했다. '오픈북'은 정보화 시대에서 더욱 설득력을 가진다. 정보 자체가 의미를 갖는 것이 아니라 정보를 이용해 문제를 해결하는 능력으로 학습력을 판가름해야 한다. 잡다한 지식은 'NAVER(인터넷 포털사이트)'에 다 들어 있는데, 그걸 외우기 위해 왜 우리 아이들이 밤늦도록 학원과 '야자'에 시달려야 하는가?

우리가 가르치는 아이들은 백인백색으로 저마다 타고난 소질과 재능이 다 다르다. 그러나 '묻지 마' 식 경쟁 교육 체제 아래에서는 교육의 모든 성과가 시험 점수로 환원되기에 베토벤이 될 아이도 피카소가 될 아이도 철학자로 성장할 아이도, 모두모두 총정리 문제집과 씨름해야 한다. 미완의 그무엇은 역설적으로 엄청난 성장 가능성이 담보된 그릇ㅅㅓ이런만, 미성숙한 우리 아이들의 창의성과 비판력을 말살시켜가면서 모두를 '잔머리 작동 기계'로 만들어가는 이 이상한 사회에서, "공부를 잘한다"거나 "공부를 열심히 한다"는 말이 무슨 의미가 있는가? 아이들을 죽도록 공부시켰으면 이 사회의 발전을 위해 뭔가 남는 게 있어야 하지 않는가? 뭐가 남는가?

배우고 때로 익히면 즐겁지 아니한가

그렇다. 배우고 익히는 과업은 즐거워야 한다. 교사는 신명나게 가르치고 학생도 즐겁게 배워야 한다. 자연 상태로 두면 어떠한 학습자도 '학이시습'의 기쁨을 만끽하며 열공하런만, 우리 아이들은 가혹한 학습 노동으로 심신이 지쳐 배움으로부터 도주하려 한다. 그나마 예전의 초등학교에서는 교사의 입장에서 주입식 교육을 지양하고 전인교육을 꾀하는 자율성의 여백이 있었건만, 이명박 정부 들어서 살인적 경쟁 교육 체제가 초등학교에까지 파급됨에 따라, 학교장과 교사 사이나 동료 교사 사이 그리고 교사와 학생 사이에 따뜻한 만남을 토대로 한 공동체적 교육 풍토가 깡그리 무너지고 있다.

엄청난 사교육비 지출로 학부모들은 등골이 휘고, 아이들은 아이들대로 살인적인 경쟁에 몸과 마음이 황폐해져가고 있다. 학생들은 학원에서 밤을 새우고 학교에서 잠을 자는 것이 일상화되어 교권은 나날이 추락해가고 있다. 학교폭력이나 왕따 따위의 모든 교육 병리 현상의 직간접적인 원인인 이 막장 교육 체제를 '무한 경쟁'이니, '명품 교육'이니 하는 천박한 언어로 그야만성을 정당화하려 애쓰지만, 이는 교육학적으로 명품이 아닌 천박 그 자체이며, 국가 경쟁력과도 아무런 상관이 없다.

　초등학교에 접어드는 순간, 아이도 부모도 놀이터에게 작별을 고하며 치열한 경쟁 교육 전선에 뛰어드는 사회, 놀이터에 친구가 없으니 친구를 사귀기 위해서라도 학원에 아이를 보내야 하는 사회에는 희망이 없다. 생각해보라. 저학년 초등학생에게 '놀이터'는 절대적으로 소중한 교육의 장이다. 이 소중한 체험학습의 장에서 우리 사회 미래의 주인공들은 또래끼리 부대끼며 양보심과 협동심, 그리고 점차 메말라 가는 이 사회에서 절대적으로 요구되는 공동체 의식을 배우는 것이다. 흙을 만지며 꽃내음을 맡으며 자연의 신비를 깨달아갈 것이며, 다양한 노작 활동을 통해 페스탈로치가 말하는 3H(hand, head, heart) 즉, 손재주와 영민한 머리 그리고 따뜻한 가슴을 키워가는 것이다. 그런데 문제집 풀이 따위의 드릴로 일관하는 교육을 받으며 자란 아이 가운데 아인슈타인이나 베토벤이 나올 수 있을까?

　아이들을 놀이터에서 놀지 못하게 차단시키는 것은 그 또래 단계에서 익혀야 할 가장 중요한 발달 과업을 터득할 기회를 차단하는 것과도 같다. 사회적 존재로서 한 인간의 인격이나 품성은 공동체 삶 속에서 구성원 간의 부단한 대립에 따른 결실로서, 철학적 의미로 말하면 '대립물의 통일'이다. 때로는 다투다가도 다시 화해하고 또 의기투합하면서 양보심과 협동심 그리고 이웃의 소중함을 깨달아가면서 이 사회의 건강한 공민으로 성장해가는 것이다. 그런데 이 비이성적인 사회에서는 전국가적으로 매년 천문학적인 액수의 사교육비를 지출해가며 우리 아이들의 자발적 성장을 방해하고 있으니 어찌 통탄할 일이 아닌가? 아이들에게 놀이터를 돌려주자. 놀이 공간과 놀이 시간을 돌려주자. 그래야 아이들이 건강하고 똑똑하게 자라 이 나라를 빛내고 이 사회를 윤택하게 일궈갈 것이다.

3부

일제고사의
대안과 과제

9장

스웨덴의 평가 방법[41]

이윤미[42], 손지희[43]

1980년대 이후 신자유주의의 영향으로 교육정책상의 국제적 수렴현상global policy convergence 강하게 나타나고 있다. 그러나 외관상으로 유사해 보이는 문제의식이나 정책도 그 사회의 역사와 구조에 깊게 뿌리박고 있기 때문에 표면적 유사성만으로 이해하기 어렵고 동일한 잣대로 평가해서는 안 된다.

정책 수렴 현상과 관련해 주목할 쟁점의 하나는 교육에서의 자율성과 책무성 문제이다. 많은 국가들이 관료적이고 비대한 국가 기능을 분권화하고 하부 단위의 자율성을 확대하면서, 동시에 국가 수준에서 공교육에 대한 책무성을 강화하는 교육정책을 시도하고 있다.

국가 수준 학업성취도평가는 교육적 책무성 점검의 주요 기제로서 중시되고 있다. 특히 OECD와 같은 국제기구들이 국제학업성취도평가(PISA 등)를 실시한 이래 국제 비교에 대한 관심이 높아지면서 국가별로 학력에 대한 관심은 교육적 책무성의 주요 지표로 강조되고 있다. 국제 학력 비교를 통해 핀란드처럼 급부상한 사례도 있고, 독일처럼 충격(the 'PISA shock')에 빠진 사례들도 있다. 미국의 NCLB처럼 제재 조치가 강한 국가시험을 실시하며 학력을 높이려는 경우도 있고, 일본처럼 상대적 학력이 높으면서도 전통적인 지식 주입 위주의

---

41 이 글은 2010년 《교육문제연구》 제38집에 실린 것이다.

42 홍익대 교육학과 교수로 재직 중이다.

43 상신중학교에서 수학을 가르치고 있으며 진보교육연구소 연구원이다.

교육을 벗어나 여유롭고 자율적인 이른바 '유도리(ゆとり)교육'을 실시하면서 학력 저하 논란에 시달리는 사례도 있다. 전통적으로 자유주의적이거나 진보주의적인 교육을 시행해온 국가에서뿐 아니라 엘리트주의적 시스템이 강한 국가들이나 입시 위주의 교과 중심 교육을 해온 나라들 모두가 학력을 문제시한다는 것은 학력 논쟁이 그 사회 내부에 기원을 둔 고유한 문제라기보다는 일종의 '국제 담론화'한 것임을 시사한다. 표준화된 학업성취도평가의 결과는 그것이 얼마나 실질적으로 학력이 높은지 낮은지를 설명할 수 있는가와 무관하게 교육의 질을 설명하는 지표처럼 광범위하게 인식되고 있다.

국가마다 교육이 얼마나 제대로 이루어지고 있는지를 점검하기 위한 방법으로 표준된 학업성취도평가를 실시하지만 이것이 사회별로 인식되고 해석되고 적용되는 방식은 매우 다르다. 외관상 유사한 추세와 경향에 따라 도입된 제도라고 하더라도 그 사회 내부의 독특한 정책 맥락에 의해 사회구성원들이 정책을 받아들이고 적용하는 방식은 상당히 다를 수 있다.

이 장에서는 북유럽의 대표적 국가인 스웨덴에서 국가 수준의 교육적 질 관리 문제가 국가 수준 학업성취도평가를 통해 어떻게 다루고 있고 그 특징이 무엇인지를 살펴보려고 한다. 특히 스웨덴에서 1990년대 이후 실시된 분권화 개혁의 의의와 1994년부터 시행되고 있는 국가 수준 학업성취도평가의 함의와 시사점에 대해 평가적 국가로의 전환에 따른 자율과 책무라는 관점에서 논의할 것이다.

최근 북유럽 교육정책에 대한 관심은 급증하고 있지만, 교육 분야의 정책 배경과 과정을 체계적으로 이해하는 데 도움을 주는 선행 연구는 매우 부족한 실정이다.[44] 이 글은 국내에서 연구되지 않은 스웨덴 교육 개혁의 쟁점에 대한 문헌 및 자료들을 분석함으로써 북유럽 교육을 더 심층적으로 이해하기 위한 토대를 제공하고자 한다.

스웨덴은 OECD 평균을 상회하는 수준의 학력을 지니는 것으로 나타나지만[45] 20세기 들어 가장 모범적으로 평등한 교육 체제를 구축해왔고, 창의력이나 국가 경쟁력에서 여전히 최

---

44 강승규(2005); 김은정(2006); 손혜경(2006); 안승문(2007); 이규환(1997); 이윤미(2010) 등 참조.

45 2006년 PISA의 경우, 스웨덴의 전체 순위는 읽기(독해) 8위(507/489), 수학 14위(502/497), 과학 14위 (503/498)로 나타났다. (괄호 안: 스웨덴 평균 점수/전체 평균 점수). Tomas Matti (eds.), Northern lights on PISA: Differences and similarities in the Nordic countries, Copenhagen: Nordic Council of Ministers 2009, pp.26-28.

고 수준을 유지하는 국가로 주목받고 있다. 스웨덴은 미국이나 유럽 각국과 비교되는 북유럽적 교육 모형을 대표해왔다. 초등교육부터 고등교육까지 전면 무상교육을 실시하고 수준 높은 교육 인프라를 유지하면서 평등성과 수월성의 가치를 동시에 추진해온 대표적 사례이다. 20세기 초 이래 스웨덴은 '평등'을 기조로 하는 교육정책을 유지해왔지만, 최근의 몇 가지 변화들은 기존의 중앙집권적이고 관료적 효율성을 극대화해온 시스템이 자율과 분권을 강화하고 질 관리에 주력하는 방향으로 변화하고 있음을 보여준다. 1990년대 이후 학생당 공교육비를 사립 자율학교에 지원함으로써 학교 간 경쟁을 유도하며 학생 선택권을 확대하고 있고, 지방 교육행정을 학교 단위로 분권화함으로써 국가 교육과정에 따른 '평가 중심의 통제'를 정착시키고 있다.

이러한 '평가적 국가evaluative state'의 강화는 1980년대 이후 미국과 영국을 위시로 해서 나타난 세계적 추세로 사회과학자들이 주목해왔다(Neave, 1998; Henkel, 1991; Halpin et al., 2004). 중앙정부의 직접적인 통제로부터 권한 위임과 학교 단위의 자율적 경영이 강화되는 변화는 일견 민주화와 참여가 강화되는 인상을 주었지만, 실제로는 결과에 대한 평가를 통해 표준화 및 국가 통제를 강화해왔다. 기획하고 집행하는 국가에서 평가하는 국가로 전환하는 과정에서 신자유주의와 신보수주의가 결합된 신우파New Right 이데올로기의 영향력이 크게 작용했다는 점이 지적되고 있다.

스웨덴에서도 1990년대 이후 자율을 확대하는 동시에 평가를 통한 책무성을 강화하는 정책 변화가 두드러지게 나타났다. 스웨덴은 국내의 사회 · 문화적 변화, 경제 위기에 따른 체제 개선 요구, 그리고 EU 가입(1995년) 이후 국제적 준거의 영향력 강화 등에 의해 큰 변화를 경험해왔다.

국가마다 유사한 교육정책들을 '차용'하고 특정 방향으로 정책들이 '수렴'되어가는 것으로 보이지만, 실제 국내의 논쟁이 무엇인가에 따라 그 수용 양상은 매우 다르다. 의도된 차용도 있지만 의도되지 않은 수렴도 있고, 동일해 보이는 정책도 실제로 상이한 정책 효과가 드러나는 사례들도 있다. 그렇기 때문에 특정 정책이 수용되고 형성되는 역사적 · 사회적 기초를 이해하는 것이 필수적이라고 하겠다(Phillips, 2006; Crossley & Watson, 2009).

1980년대 이후 미국과 유럽 국가들을 위시한 대부분의 국가들이 자율과 분권의 기치를 걸고, 다른 한편으로는 통제와 책무성을 강화하는 정책 논리를 적용해왔다. 이는 일종의 정책 수렴적 현상으로 매우 유사한 외관을 가지고 전개되어왔다. 그러나 정책을 차용하고 도입하는 과정은 국내의 다양한 정책 변인들로 인해 매우 복합적으로 전개되는 것이 현실이며 설명 또한 쉽지 않다. 해당 사회의 정책 변화를 이끈 내적 동인들과 정책들이 제도화하는 과정에서 투영되는 교육관 및 교육 문화에 대해 주목할 필요가 있을 것이다.

이 글에서는 스웨덴 교육에서의 학력 및 평가에 대한 관점을 통해[46] 자율과 평가를 동시에 강조하는 정책이 해당 사회에서 보여주는 특수성을 살펴보고자 한다. 특히, 역사적으로 교육적 공공성이 강한 스웨덴의 정책 변화 과정에서 이러한 '공공성'이 교육 시스템의 분권화, 민영화(시장화) 확대와 평가적 국가로 전환하는 과정에서 어떻게 유지되고 변형되는가가 주요 관심이라고 할 수 있다.

이 글의 체제는 이러한 문제의식을 기초로 해서 다음과 같이 구성했다. 먼저 스웨덴에서의 정책 변화 과정의 배경과 주요 내용을 다루고, 다음으로 스웨덴에서 책무성 점검 기제로서의 국가 수준 학업성취도평가가 지니는 성격을 학력관 및 평가관과 함께 고찰했다. 마지막으로 스웨덴의 국가 수준 학업성취도평가가 지니는 특성과 시사점에 대해 논의했다.

1. 스웨덴 교육정책의 발전 과정과 특성

'스웨덴 모델'의 발전과 위기

1980년대 이후, 전 세계적으로 신자유주의의 영향이 크게 나타났다. 주지하다시피, 영미에서 시작된 신자유주의 개혁은 시장주의적 메커니즘을 교육

---

46 이러한 분석을 위해 학력(學力)의 개념에 대한 전제가 필요하다고 본다. 비교 연구에서 용어의 정의와 그 사용 맥락은 매우 혼란스러울 수 있다. 우리나라에서 학력이라는 용어는 한자어 학(學)과 력(力)의 의미를 어떻게 정의하는가에 따라 한편으로는 좁은 의미(지적 능력 수준)로 사용되기도 하고 넓은 의미의 능력(지적 능력 이상의 복합적 능력)을 의미하기도 한다. 최근에는 더 폭넓은 인간 능력을 표현하기 위해 역량(competence, competency)이라는 용어가 학계에서 사용되고 있다. 이 글에서는 학력을 '배움을 통해 얻은 역량'으로 규정하고자 한다. 다만 전통적인 학업성취도평가를 통해 '측정 가능한' 능력이 주로 지적 역량이기 때문에 그 이상의 복합적 능력(지식, 기술, 동기 등)과 관련한 평가 대상이나 평가 도구를 지칭하기 위해 '다면적 학력'이라는 용어를 사용하고자 한다.

에 적용해 기존의 공교육 체제를 혁신한다는 아이디어를 기반으로 하고 있다. 이에 대한 논란과 대응이 치열한 가운데 그 영향력 또한 매우 컸다.

자본주의 세계 내에서 시장의 지배로부터 가장 영향력이 적은 '탈상품화'된 체제를 유지해온 북유럽 국가들 또한 1990년대 이후 이러한 변화에 영향을 받아왔다. 스웨덴은 북유럽의 대표적 국가로 이른바 스칸디나비아형 복지국가 모델의 전형으로 인식되어왔다. 이른바 '스웨덴 모델'은 덴마크, 노르웨이, 핀란드, 아이슬란드 등 다른 북유럽 국가의 모델이 되었다. 에스핑 앤더슨G. Esping-Andersen은 미국과 유럽 국가들의 복지국가의 성격을 크게 자유주의(미국, 영국), 보수(조합)주의(유럽 대륙 국가), 사회민주주의(스칸디나비아 국가) 이렇게 3가지 전형으로 나누고, 스웨덴을 대표로 한 사회민주주의적 복지국가를 다른 유형과 구분한 바 있다. 이 구분에 의하면 탈상품화(사회권으로서의 복지), 계층화(보편주의), 국가/가족주의 등을 기준으로 볼 때 북유럽 사회민주주의 복지국가들에서는 자산조사means-test를 근거로 한 잔여적 복지를 중심으로 한 영미자유주의나 직업이나 소득을 기반로 한 복지제도를 운영해온 유럽 대륙 국가들과는 다른 특징을 보여왔다. 직종이나 기여도와 무관하게 보편주의 원리에 따라 복지를 제공하고 가족에 대한 복지 의존을 최소화했다. 완전 고용을 통해 생산적 복지를 추구해왔고, 보편주의를 기반으로 한 연금이나 의료보험을 제공해왔으며, 탁아 보육 등 모성 보호 정책을 통해 고용상의 남녀평등을 실현해왔다(Esping-Andersen, 1992; 1998).

교육은 사회 전체 노동력 재생산의 매우 중요한 기제가 될 뿐 아니라 개인의 복지 실현에 중요한 기반이다. 스웨덴에서의 교육은 초등교육에서부터 고등교육까지의 전면 무상교육을 특징으로 한다. 의무교육은 9년이지만 무상교육의 연한은 대학원 박사과정 교육까지 포괄한다. 이는 교육의 기회나 효과가 개인의 사유물이 아니라 사회적 공유물임을 의미한다. 교육은 사회적 권리이자 공적 자산의 일부이지 개인적 특권이 아니다. 특히 사회민주당 정권이 1940년부터 논의해 1962년부터 실시된 종합학교개혁은 스웨덴 사회를 지탱해온 '연대(solidarity, 스웨덴어로는 solidaritet)'의 철학을 반영하는 것이다. 스웨덴에서의 연대는 약자와 함께하는 것을 의미한다(Miron, 1998). 경쟁보다는 협동을 중시하고 평등과 민주주의적 가치를 중시하는 교육을 해왔다.

'스웨덴 모델the Swedish model'로 지칭되는 사회 발전 모델은 성장과 분배의 조화를 근간으로 하고 있다. 스웨덴 사회를 이해할 때 매우 중요한 특징 중 하나는 '사회민주주의'이다. 스웨덴의 사회민주주의는 오랫동안 지배 정당이었던 사회민주당의 이념을 볼 때 사회주의의 궁극적 실현을 목표로 하지만, 의회주의적 경로를 취하고 생산력 발전을 위해 자본주의 산업화를 인정한다는 점이 특징이다(Steinmo, 1988). 따라서 평등성 못지않게 자본주의 발전을 기초로 한 효율성과 성장을 중시해왔고 기업친화적 정책을 도모해왔다. 세금에 의한 강한 재분배 정책과 수준 높은 복지의 배경에는 자본주의적 고성장이 자리 잡고 있었다. 스웨덴식 사회민주주의의 사회 운영 원리는 계급투쟁보다는 '인민의 집(Folkhem 혹은 People's Home)'으로 상징되는[47] '계급 연대' 정책이라고 할 수 있으며, 강력한 실용 노선에 의해 지배되어 왔다(Misgeld et al., 1992). 사회민주주의에 대한 일반적 기대와 달리 스웨덴은 개인 소득세는 높지만 법인세는 상대적으로 낮다. 업종별, 부문별 노조의 조직률이 높고 이를 기반으로 한 단체협상으로 분배가 균등하게 이루어져왔다. 업종별 노조는 직업계 교육과정의 직접적 수요를 산정하고 졸업 자격 기준 등을 제시하는 등 공교육 내 직업교육의 질 관리에도 중요한 역할을 차지할 정도로 사회적 영향력이 높다. 이러한 사회 운영의 기반에는 생산력을 높여서 모든 사회구성원이 이익을 공유해야 한다는 연대의 철학이 담겨 있다. 성장과 분배의 균형, 효율과 평등의 균형, 그리고 이를 이루기 위한 정치적 타

---

47 1930년대 이후 (Per Albin Hansson 수상 시기) 스웨덴 사민당의 정책 철학을 대표해온 용어이다.

협compromise과 합의consensus의 창출 과정은 스웨덴의 정치 철학을 표현해 주는 핵심적 용어들이다(김인춘, 2007).

스웨덴은 교육 투자 부문에서 세계 최고 수준이며, 교원의 조직화를 기반으로 한 높은 지위 유지, 의무교육의 탈복선화(종합학교), 평생학습 사회 구축(고등교육 무상화, 개방적 성인 정규 교육 기회) 등이 특징적이다. 이러한 교육제도 운영의 철학도 사회제도 운영 원리와 동일하게 경제적 목적과 사회적 목적을 동시 기반으로 한다. 즉, 교육은 한편으로는 경제성장의 기초로 인식됨과 동시에 사회적으로는 모든 인간의 성장 기회를 제공하는 것으로 경쟁의식보다는 평등, 공동체, 연대를 기반으로 해서 추구해야 한다는 것이 기본 가치로 추구되어왔다고 할 수 있다.

이러한 스웨덴식 사회민주주의의 발달 과정은 20세기 초부터 시작된다. 스웨덴은 1917년부터 왕정에서 벗어나 의회와 내각이 정치를 책임지는 체제로 변화했다. 이 전환 과정에서 중요한 역할을 했던 것은 전통주의에 대항한 자유당이었으며, 1889년에 성립된 사회민주당(사민당)은 이와 공조했다. 1932년 이후 단독 집권을 시작한 사민당은 제반 개혁을 단행했고, 교육은 중요한 일부였다. 특히 제2차 세계대전 종결을 전후해서는 ─ 유럽 전반에서 형성된 교육 개혁의 흐름과 같이하면서 ─ 훨씬 선구적으로 기존의 복선제 체제를 단선적이고 통합적인 체제로 변모시키는 개혁을 성공적으로 단행했다. 유럽의 전통적 복선제 역사 속에서 볼 때, 스웨덴에서 1960~1970년대에 걸쳐 이루어진 초·중등학교의 종합학교comprehensive school 개혁은 매우 큰 변화였다.

스웨덴의 사회민주주의는 1970년대에 전성기를 이룬 것으로 평가된다. 효율과 평등을 동시에 추진하는 것을 기반으로 한 높은 성장과 수준 높은 재분배, 계급 연대와 합의 창출의 메커니즘, 보편주의적 복지 등은 '스웨덴 모델'의 특징적 요소들이다. 교육 또한 공공성과 무상성을 기반으로 한 기회 및 결과의 평등을 추구해왔다고 할 수 있다(Lindensjö, 1992).

이러한 스웨덴 모델은 1970년대 전성기를 지나면서 여러 차례 도전에 직면해왔다. 1932년 이후 사민당 지배와 연동되어 있던 스웨덴 모델의 도전과 위기와 관련해서는 세 가지 계기를 주목할 수 있다. 첫째는 사민당이 44년 만에 처음으로 선거에 패배해 실권(1976년)을 한 1970년대의 위기이며, 둘째는 총선에서 1928년 이래 가장 낮은 지지율인 37.7%를 기록한 1990년대 초(1991년) 이후이다. 셋째는 중도보수연합정권(Center-Right, 이하 우파연합정권)이 네 번째로 집권한 2000년대 중반 이후(2006년)를 언급할 수 있다. 1970년대의 경우, 전 세계적인 경제 위기와 스웨덴 사회 내부 변화로 인한 사회·문화적 도전이 계기가 되었다면, 1990년대 이후는 우파연합정권의 집권과 신자유주의 영향, 그리고 EU 가입으로 인한 국제적 압력이 중요한 배경이 되었다고 볼 수 있다.

가장 두드러진 도전은 1970년대 이후의 경제 위기이다. 스웨덴 모델은 1970년대 유가 파동 이후 경제적 위기에 직면해 도전받기 시작했고, 신중간계급의 등장으로 기존의 노조 체제와 협상 방식 등에 변화가 요구되었다. 경제 위기로 인해 스웨덴 사회 운영의 기반이 되어온 성장과 분배의 동시 추진에 재생산 위기가 왔다. 이를 산업사회적 토대에서 발전해온 스웨덴식 복지국가 모델이 후기산업사회에 맞게 재적응하는 과정이라고 보는 시각도 있다(Esping-Andersen, 1992; Aasen, 2003).

둘째로 주목할 것은 사회·문화적 변화이다. 1970년대 유럽 신좌파New left 운동의 영향으로 스웨덴에서도 전통적 사민주의에 대한 비판이 제기되었다. 중앙집권화한 강력한 국가 체제를 비판하기 시작했고, 분권화와 민주화, 개인의 자유와 선택권 등이 강조되었다. 특히 사회민주당의 기반 세력이었던 산업노동자들과 달리 후기산업사회로 들어서면서 다양한 직종들을 중심으로 신중간계급이 형성되고, 탈산업사회적 가치들(환경 등)이 부각되는 것도 사민당의 세력을 사회·문화적 차원에서 상대적으로 약화시키는 배경이 되었다.

스웨덴에서의 신좌파 또한 유럽의 68혁명 세대와 같은 흐름 속에서 급진적 문화 변혁에 대한 요구를 피력했다. 특히 서구적 이성주의와 산업사회적 합리성에 의문을 제시하고 개인의 자유와 참여적 민주주의를 주장했다. 1940년대부터 시작된 스웨덴 사민당 개혁의 기본 배경은 미국식 진보주의였다. 이때의 진보주의는 전통주의에 대응한 것으로 과학주의를 기반으로 한 것이었다. 인문주의를 기반으로 한 유럽의 전통성에 대응할 '과학주의'가 계량심리학pyschometrics의 발달과 함께 크게 영향을 주었다. 스웨덴에서 진보주의 이념은 전통적 복선제를 해체하고 단선제적 종합학교 체제를 구축하는 이념적 기반이 되었음과 동시에 사회에서 '과학주의적' 기획-경영을 중시하는 사회적 공학social engineering으로 나타나기도 했다. 뿐만 아니라 과학적 합리성을 기반으로 한 계량심리학의 영향을 크게 받아 주관적이고 철학적인 지식보다는 객관적이고 표준화된 지식에 대한 선호도 강해졌다.[48]

1970년대 이후에 나타난 새로운 학문적 경향은 과학적 합리성과 표준화를 비판하는 흐름으로 나타났다. 프랑크푸르트학파의 문화주의적 마르크시즘이나 페미니즘 등의 영향이 두드러졌다. 이러한 개혁 요구는 1980년대 이후 스웨덴 정치 체제의 변화를 이끌어내는 주요 요인이 되었다. 특히 중앙집권화된 체제를 분권화된 체제로 바꾸는 과정에서 이러한 요구는 매우 크게 작용했다고 할 수 있다.

1970년대에 제기된 이러한 경제적, 사회·문화적 도전들은 스웨덴 모델의 근간이 된 사민당 정권의 정책이 전환되는 데 영향을 주었다고 할 수 있다.

---

48 (Lundahl & Waldow, 2009). 미국에서도 '진보=과학'이라는 등식이 한편으로는 탈전통/권위주의적인 진보주의 교육 사상을 낳음과 동시에, 사회적 효율성 원리social efficiency를 기반으로 한 산업 경영 논리와 결합되었던 것과 유사하다. 이는 정신과학적이고 해석적 경향이 강한 독일에서 계량심리학적 학문이 유사하게 도입되었지만 뿌리 내리지 못한 것과는 비교되는데, 스웨덴은 사회 조직 운영 원리뿐 아니라 학문적으로도 상당히 실용적이다.

이러한 도전을 통해 스웨덴 사회는 장기 여당인 사회민주당의 강력한 영향력을 다소 벗어나게 되었다. 기존에 미약했던 계급 정당인 보수당(귀족, 자산계급 등 구 보수 세력), 자유당(중간계급 및 신중간계급)이 상대적으로 득세하고, 다른 한편으로는 신좌파적 정책(인권, 환경, 평화 등)을 표방하는 환경당(녹색당)이 성장해 새로운 정치적 지형을 형성했다. 이러한 변화를 기반으로 해서 1990년대 이후에는 교육정책을 포함한 사회정책에 대한 활발한 개혁 논의가 전개되었다.

2. 1990년대 이후 분권화 및 민영화(시장화)의 확대

1990년대 초부터 시작된 개혁으로 인해 스웨덴에서의 교육정책 기조는 기존과는 다른 방식으로 전환되었다. 이른바 평가적 국가가 강화되었다고 볼 수 있다. 평가적 국가는 1980년대 이후 영미를 위시로 해서 서구 국가들에서 나타난 국가 개입 방식의 변화를 반영하는 것으로, 법령에 근거한 전통적인 중앙집권적 국가 통제 방식에서 벗어나 기획·투입 부문에서 분권화가 이루어지는 대신, 결과에 대한 평가 기능이 강화되는 것을 의미한다. 평가적 국가의 강화는 국가별로 다양한 요인과 메카니즘에 의해 이루어져 왔다(Neave, 1998).

1990년대 이후 스웨덴에서 국가의 역할은 기획과 과정의 통제에서 결과에 대한 평가를 통한 통제, 규칙에 의한 통치에서 목표에 의한 통치, 조종과 감독에서 모니터링과 평가를 통한 통치 방식으로 전환되었다(Aasen, 2003; Miron, 1998; Papadopoulos, 1993). 즉, 국가의 역할이 목표를 설정하고 결과를 평가하는 것으로 전환되었다고 할 수 있다.

1990년대 초의 개혁은 정권 교체 과정에서 일시에 급격하게 이루어졌다는 특징이 있다. 1991년 말 중도우파Center-Right 연합 정권이 탄생하면서 대대적인 개혁이 감행되었는데, 새로운 정권은 "자유로운 선택의 혁명"을 선포하고 학교선택제, 선택을 강화하는 국가 교육과정(1994), 학교의 교육과정 편성 자율권 등을 도입했다. 자율이 강화된 개별 학교들은 예술, 체육, 기타 교과 및 주제 영역에서 특성화(create their own "profile")를 시도할 것을 요구받았다. 이러한 변화는 1994년 사회민주당의 재집권 이후에도 이어져 교육행정, 기획, 재정 지원 등의 업무가 지역이나 학교의 관할로 위임되었다. 새로운 교육과정은 일반 공립학교와 사립 자율학교(independent schools 혹은 free schools; 스웨덴어로는 fristående skolor) 모두 국가가 정한 목표들을 따르되 교육과정 편성이나 재정 등을 '자율적'으로 운영하도록 강조했다(Miron, 1996: 77-78).

이러한 개혁은 기존에 스웨덴의 행정 시스템을 대표하던 몇 가지 특징들을 뒤바꿔놓았다. 첫째는 의사 결정 방식이다. 1970년대까지 스웨덴의 정책 결정 과정은 체계적인 조사와 충분한 논의 및 합의 창출 과정을 거쳐 이루어진 매우 모범적 사례로 언급되어왔다. 특히 사민당의 중앙집권적인 행정 체제는 정책들을 효과적으로 집행하는 데 일조했다. 1990년대 초에 이루어진 분권화 과정 또한 매우 효과적으로 진행되었는데, 이는 역설적이게도 중앙집권화된 행정 절차로 인해 가능했다고 평가되기도 한다(Miron, 1998: 151).

특히, 1990년대 초에 이루어진 개혁 사안들은 사민당과 우파정권 간의 정권 교체 과정에서 이루어져 기존의 합의 절차를 거치지 않고 주로 정치인들에 의해 짧은 기간에 이루어진 것이 특징으로 지적된다. 그 과정에서 교육 관련 집단이나 교육 전문가들이 개입할 수 있는 기회가 전혀 없었고, 정치적 논의 이외의 교육적 논의가 개혁 과정에 반영되지 못했다는 비판이 있다(Miron, 1998: 169). 1990년대 이전까지 스웨덴의 교육정책은 국가에 의한 중앙계획된 체제에 따라 형성되었다. 교육의 목표는 국가적으로 수립되었으며 이는 국가위원회 등이 장기적으로 준비해서 사회적 합의를 도출하기 위한 절차들을 거쳤다. 이 과정에는 많은 연구와 다양한 이해관계들을 반영하기 위한 심의가 이루어졌다. 정책의 강조점은 국가 전체의 균등한 발전을 보장하기 위한 통일성uniformity이었다.

이러한 중앙계획적 체제에 저항하는 운동은 1970년대 중반부터 나타났던 것으로 파악된다(Papadopoulos, 1993: 24). 기존에는 교육개혁 과정에서 특별위원회가 구성되어 정책 입안 이전에 방대한 연구 개발 활동을 하고 시범 실시 과정을 거쳤다면, 현재는 정책 결정이 정치적 단위에서 이루어지고 체계적인 사전 준비 없이 시행된다는 점이 특징적이다. 이러한 방식은 기획에 따른 비용을 감소시키고 이해 집단이나 전문가보다 '정치적 맥락'을 우선시 하는 것으로, 지역 교육 단위들과 중앙행정부가 지속적인 의사소통을 통해 정책 실행을 하도록 유도하는 제도이기도 하다(Papadopoulos, 1993: 25).

둘째는 상당한 정도의 급속한 분권화가 실현되었다는 것이다. 1990년대 초의 개혁이 급격하게 이루어지기는 했으나 교육과정 구성 및 선택에서 더 많은 자율을 주장하는 운동이 이미 1980년대부터 지역적으로 나타나고 있었고 정치적으로 인정을 받고 있었다. 이것이 1990~1991년의 급격한 개혁으로 반영된 것이다. 이 기간에 교육을 총괄하던 국가기구인 국가교육위원회National board of education가 폐지되고, 부문별 전문가 집단으로 구성된 단위들National Agency of Education이 만들어져 기획, 연구와 평가 업무만을 담당하게 되었다. 1994년 이후에는 국가 교육과정과 교수요목 등을 정하고 그 수행 정도를 평가하는 것이 중앙정부의 교육 관련 기능 중 가장 영향력 있는 것이 되었다(Papadopoulos, 1993: 24).

스웨덴 교육에서의 분권화는 이미 1989년에 사회민주당 정부가 교원들에 대한 고용 주체를 지역 단위로 위임하는 법안을 통과시키면서부터 시작됐다. 교원노조와의 갈등을 빚으며 통과된 이 법안에 의해 교사들의 임금과 근무 조건은 다양화되었다. 이 시기 스웨덴의 실업률은 1990년 1.8%에서 1993년 9.3%, 1997년 10.1%로 증가했고 이는 대공황 이후 가장 높은 수치였다고 평가된다. 이러한 위기는 1991년에 새로 집권한 우파연합정권의 개혁에 힘을 실어주었다. 1993년 우파연합정권은 기존의 특별 교부금 대신 정액 교부금을 만들었으며 이는 지역 정부들의 재정 권한을 강화시켜주었다. 지역 정부들은 학교에 이 자금을 사용할 수도 있고 이를 다른 서비스로 전환할 수도 있다. 이 시기에 바우처제도가 도입되어 사립 자율학교들을 확대시켰다(Björklund et al., 2005: 2-3).

사민당은 1994년에 재집권했지만 우파연합정권이 도입한 여러 정책들을 다시 바꾸기는 어려웠는데, 이는 경제적 문제에 대한 위기의식 때문이라고 평가된다.[49]

게다가 교육계에 영향을 준 "Lindbeck Commission Report(1993)"는 스웨덴 학교들의 실태를 드러낸 보고서로 학급당 학생 수를 줄이기 위한 공적 자원 투자가 학생들의 성취에 도움을 주지 않으며 오히려 가정학습(숙제)을 강화하고 학급 규모를 늘리는 것이 더 효과적이라고 제언함으로써 우파연합정권의 개혁에 힘을 실어주었다(Björklund et al., 2005: 3).

스웨덴에서 이루어진 분권화는 양면성을 가지고 있다. 1970년대 신좌파운동 이래 아래로부터의 참여와 민주주의에 대한 요구가 신자유주의적 자율화 논리와 결합되는 점이 그것이다. 분권화decentralization 문제는 이런 점에서 스웨덴에서는 매우 미묘한 문제로 다루어지는 경향이 있다. 분권화

49 1990년대에 급진적 변화가 이루진 배경에 대해 파파도풀러스Papadopoulos는 세 가지를 언급하고 있다. 첫째는 스웨덴 사회가 기존의 중립성을 벗어나 유럽공동체(EC)에 통합되고자 한다는 점이다. 둘째는 서구의 다른 산업화된 국가들과 마찬가지로 경제 환경의 변화로 인해 비록 국제 지표상 상대적으로 낮은 편이기는 하나 스웨덴 역사에서는 유례없이 높은 실업률이 나타났다는 점이다. 이는 스웨덴 사회가 사회적 '합의', 완전고용, 복지사회 등을 유지할 수 있는 공적 비용을 부담할 자원과 경쟁력이 있는가에 대한 국민적 염려를 이끌어내게 되었다는 것이다. 셋째는 1988년 보수파가 이끄는 연정(聯政)에 의해 자유주의 이데올로기를 기반으로 한 새로운 정책 목표와 담론이 선언됨으로써 스웨덴 교육을 이끌어온 기초적 원리들이 도전받게 되었다는 점이다(Papadopoulos, 1993: 23).

를 민주화와 동일하게 보고자 했던 세력에게 최근의 신자유주의적 통제 논리는 다소 다른 기원을 가진 것으로 보이기 때문이다(Forsberg & Lundgren, 2004).

즉, 한편으로 분권화는 민주화를 의미하는 것이었고, 다른 한편으로는 신자유주의적 자율·통제의 틀을 갖고 있다. 이미 사민당정권 아래에서 분권화는 탈규제와 민주화라는 맥락에서 1970년대와 1980년대에 논의되어왔다. 1990년대 이전, 사민당은 분권화를 통치 전략으로 강조하면서 학교들이 평등화(계급, 성별, 지역 차이)를 더 효과적으로 실현하기 위해서는 지역 단위의 행정 권한 위임이 필요하다고 보았는데, 이는 기본적으로 참여적 민주주의를 확대하고자 하는 것이었다(Lundahl, 2002: 625-626). 그러나 이러한 분권화가 추진되는 과정에서 신자유주의적 논리가 영향을 미치기 시작했다. 특히 교육 외적 세력들인 경제학자, 정치인, 언론인 등을 중심으로 기존의 학교들이 효율적이지 못하고 비싸고 너무 획일적이라는 비판이 일었다.

넓게 보면, 이러한 변화의 배경에는 1980년대 이후의 국제사회 변화가 크게 작용했다고 할 수 있다. 특히 냉전 체제 종식과 동구권 몰락은 시장의 위력을 강화시켰고 참여적 민주주의와 자유에 대한 논의도 활성화했다. 특히 공교육에 대한 비판과 교육에서의 민주적 참여 문제는 스웨덴에 영향을 주어 학부모와 지역 정치인들의 교육적 영향력 제고와 중앙정부의 지나친 규제와 획일성을 비판하기 시작했다(Miron, 1998: 155). 정책 목표 또한 평등, 민주주의, 연대에 대한 강조에서 효율성과 교육의 질, 개인적 자유의 문제로 전환되었는데, 세계적 추세가 스웨덴에 영향을 준 것이라고 할 수 있다. 분권화와 민영화(시장화)에 대해서는 찬성과 반대 입장이 팽팽하게 맞서 왔다. 효율성과 질 제고에 기여할 것이라는 입장과 사회 불평등을 심화할 것이라는 입장 사이의 갈등이 그것이다(Miron, 1998: 169).[50] 이러한 분권화의 결과로 교

---

50 경제학자Sandström의 연구에 의하면 공사립을 포괄하는 학교선택제 도입 이후 공립학교들이 피해를 보지

육에서 자율에 대한 강조가 확대되었고, 이에 따른 책무성 문제도 학교 평가나 국가 수준 학업성취도평가 등을 통해 부각되었다.

3. 평가적 국가로 전환과 스웨덴 교육정책의 특성

평가적 국가로 전환은 전 세계적으로 나타난 경향이라고 해도 과언이 아니다. 그러나 유사한 정책 경향을 드러내는 경우에도 내적 요인에 따라 평가적 국가가 지니는 제도적 맥락은 다르게 나타날 수 있다. 스웨덴, 노르웨이, 핀란드 등의 북유럽 국가들에서도 정책 과정과 결과 평가 방식의 차이는 있지만 공통적으로 평가적 국가로 전환했다고 할 수 있다.

스웨덴과 영국, 노르웨이의 사례를 비교한 한 연구(Helgøy & Homme, 2006)는 스웨덴에서의 개혁이 유사한 다른 사례들과 구체적으로 어떻게 다른지를 투입에 대한 규제와 책무성의 관점에서 아래 〈표 1〉과 같이 드러내주고 있다. 이 연구는 스웨덴이 지닌 상대적 특성을 이해할 수 있는 유용한 관점을 제공한다.

이들의 연구는 역사적 제도주의의 분석틀을 활용해 3개국의 특징을 전화conversion, 중층layering, 지속lock-in의 범주로 구분했는데, 스웨덴은 중층적 제도로 분석하고 있다.[51] 영국, 노르웨이와 비교할 때 스웨덴은 시장주의정책을 추진할 수 있는 정책 수단(사립 자율학교를 확대, 학교선택제 실시)을 갖추고

않았고 학력이 높아졌다고 보고 있다. 또한 학교선택제는 저소득층 학생에게 손해가 나타나고 있지는 않으나 평균적 학생들이 저소득층 학생보다 이익을 얻는 경향이 있다고 밝히고 있다(Sandström, 2005: 375). 한편, 학교선택제의 효과에 대해서는 경쟁이 분리(segregation)를 강화하는가에 대한 문제제기뿐 아니라 효율(efficiency)을 증대하는가에 대해서도 논란이 많다(Waldo, 2007).

51 전화(conversion)는 기존 제도가 새로운 목표로 방향을 바꾸는 것을 의미하며, 중층(layering)은 기존의 안정적 제도의 저변에 새로운 구조가 추가되는 것을 의미한다. 지속(lock-in)은 변화에 따른 인적, 물적 비용으로 인해 제도가 지속적으로 유지되는 기제를 의미한다(Helgøy & Homme, 2006: 145)

있으면서도 시장주의 정책을 중립화할 수 있는 수단도 취하고 있다.[52] 즉, 국가가 바우처제도를 통해 사립 자율학교와 공립학교에 동일한 재정 지원(학생에게는 별도의 등록금 없음)을 할 뿐 아니라 동일하게 평가받도록 함으로써, 한편으로는 시장주의적으로 학교 선택을 하도록 개방해 놓았지만 다른 한편으로 공·사립 부문을 균등화하기 위한 강한 조치를 함께 취해 시장의 효과를 조정하고 있다는 것이다(Helgøy & Homme, 2006: 156).

〈표 1〉

정책 수단	영국		스웨덴		노르웨이	
	1979년 이전	1979년 이후	1989년 이전	1989년 이후	1986년 이전	1986년 이후
투입 규제 (input regulation)	약한 국가 규제	국가 규제 강화 학교 자율성 강화	강한 국가 규제	분권화 학교자율 강화	강한 국가 규제	재집권화 지방분권화 학교자율강화
책무성 (accountability tool)	분권화한 재정 및 산출 통제 없음	시장화+ 강한 산출 통제 (시험과 기관평가)	중앙집권적 특별교부금 산출 통제 없음	정액교부금 +시장화+ 산출 통제 (국가시험, 기관 평가)	중앙집권적 특별교부금 산출 통제 없음	정액교부금+ 산출통제 (국가 시험)
제도 변화 특징	전화(conversion)		중층(layering)		지속(lock-in) 및 중층(layering)	

출처: Helgøy & Homme, 2006: 162

이 연구에서 노르웨이와 스웨덴의 차이는 경제 조건과 정치 과정의 차이에서 분석되고 있다. 경제적으로 스웨덴이 재정 적자로 위기를 겪는 동안 산유국인 노르웨이는 1990년대에 1인당 소득 기준 세계 4위의 경제력을 유지

---

52 스웨덴 학교선택제의 특징은 사립학교들이 공교육 지원을 받기 때문에 가격 경쟁이 없고 사립학교들이 학생선발권을 갖지 못한다는 것이다(Sandström, 2005: 352).

하고 있었다. 또한, 정치 과정을 볼 때 노르웨이의 의사 결정 방식은 조합주의적 민주주의를 기반으로 한 중앙집중적 의사 결정 과정이었고, 사회적 합의 도출과 광범한 참여를 근거로 하고 있기 때문에 교육개혁이 시도되어도 기존 메커니즘에 의해 거부되는 구조이다. 반면 스웨덴은 경제 위축과 우파 연합정권으로 인해 전통적인 조합주의적 민주주의의 기반이 약화됨으로써 기존의 체제와 분권화된 새로운 구조가 결합된 형태를 띠게 되었다(Helgøy & Homme, 2006: 159). 즉, 노르웨이에서는 지속성이 상대적으로 두드러지는 반면, 스웨덴에서는 중층성이 특징이라는 것이다.

스웨덴에서는 행재정 체제 분권화, 사립 자율학교 및 학교선택제 확대 등을 통해 다른 북유럽 국가에 비해 교육에서의 민영화(시장화)가 확대, 강화되었다. 그러나 한편으로 사립 자율학교에도 공교육비 지원을 동일하게 함으로써 이른바 학교 간 '가격 경쟁'이 없다. 이는 적어도 사회계층적으로 공·사립을 균등화할 수 있는 (혹은 계층화를 억제할 수 있는) 조치라고 볼 수 있다.

이러한 중층성은 스웨덴 교육정책의 제도적 성격을 주목하게 한다. 외관상으로 봤을 때 신자유주의적 개혁이 빠르게 도입되는 것으로 보이지만, 기저에는 기존의 사회민주주의적 연대와 공공성 개념이 작동하는 것을 볼 수 있다.

스웨덴의 교육정책 논쟁은 단순히 좌우로 갈라서 이해하기 힘든 측면이 있다.[53] 예를 들어, 2010년 현재 적녹연합(Red-Green Alliance, 2010년 9월 총선을 대비해서 사민당, 사회주의당, 환경당 등이 구성)의 일부인 환경당(녹색당)은 표준화와 평가를 반대하기 때문에 성적grading을 공식적으로 제공하는 것은 반대하지만, 개인적 선택의 자유를 중시하는 관점에서 학교선택제와 자율학교 설립은 찬성한다. 이들이 자율학교를 찬성하는 것은 일체의 규제가 실험

---

53 1990년대 초 시장적 요소들(market forces)에 대한 정당들의 태도는 반대(사회주의당–사민당), 찬성(환경당–자유당/중도당/기독교민주당–보수당–신민주당)으로 분화되는 것으로 나타났다(Miron, 1993: 95 참조.)

적 교육 활동을 억압하기 때문이라고 보기 때문이고, 개인들이 학교를 선택할 수 있는 자유를 확보해야 한다고 여기기 때문이다. 특히, 일부 자율학교에서 시간표를 없애고 학생 자치가 강화되는 것을 긍정적인 문화적 변화로 본다. 그러면서도 학교에 대한 질 관리(책무성, 공공성)를 위해 강한 지도 통제 supervision가 필요하다고 주장한다.[54] 한편, 환경당과 정치적으로 연대한 사민당은 자율학교가 사회(계층)적 분화segregation를 조장하는 점에 반대하고 공교육비 지원을 받아 이윤 창출을 할 수 있도록 되어 있는 제도에 대해 제재를 가해야 한다고 보지만, 공식적인 성적표를 주는 연령을 현재 8학년에서 더 낮춰 조기 부여하는 문제나 국가 수준 학업성취도평가에 대해서는 반대하지 않는다.[55]

좌우를 넘어 사회 전체적으로 볼 때, 여전히 연대와 민주주의라는 사회적 가치에 대한 지지가 매우 강함을 알 수 있다. 이는 현재 집권당인 보수당Nya Moderaterna의 선전문에서 잘 드러난다. "보수당이야말로 노동자의 정당!"이라는 선거용 문구들은 스웨덴 사회를 기저에서 받쳐주고 있는 '연대'의 가치가 무엇이고, 그 제도적 영향이 얼마나 강한지를 역설적으로 보여주는 것이라 하겠다.[56]

스웨덴의 정치 문화에 나타난 이러한 특성은 평가적 국가로서의 특성을 이해하는 데도 매우 중요한 요인이 된다. 즉, 분권화, 민영화(시장화)와 같은 급진적 변화들을 시도하고 관리하는 데에 작동하는 철학과 기제가 복합적일 수 있음을 시사한다. 다음 장에서는 이러한 정책 배경 속에서 스웨덴에서

---

54 1981년에 설립된 급진당으로 반핵, 여성 인권, 환경 문제, 평화운동 등을 주된 의제로 다루며 당대표 대신 당대변인만 두고 있다. 정당 공식 홈페이지에 교육 관련 정책 입장을 밝히고 있다. http://www.mp.se

55 현재 스웨덴 의회에서 최다 의석을 차지하고 있으나 우파연합정권의 집권으로 야당의 위치에 있다. 교육정책 입장을 홈페이지에 밝혀 두고 있다. http://www.socialdemokraterna.se

56 19세기부터 존속한 구 보수 세력을 중심으로 1938년에 설립되어 1969년에 온건당(moderate)으로 정당 이름을 바꾸었다. 1976~1978년, 1979~1981년, 1991~1994년에 집권한 바 있으며, 2006년 이후 우파연합정권의 일부로 집권하고 있다. http://www.moderat.se/web/Var_Politik.aspx

책무성 점검 기제로서 국가 수준 학업성취도평가가 지니는 성격과 의의를 살펴보고자 한다.

4. 스웨덴에서의 학력관과 국가 수준 학업성취도평가

책무성 점검 기제로서의 국가 수준 평가

1990년대 이후 스웨덴에서는 행정 체제 및 교육 체제 운영상의 변화(분권화, 민영화)와 국가 기능의 변화(평가)가 함께 나타났다. 스웨덴 교육에서 분권화 및 자율성 강화에 따른 책무성 점검 체제는 크게 학교 평가와 국가 수준 학업성취도평가로 나타나고 있다. 스웨덴에서 학교 평가는 학교평가청 Skolinspektionen이라는 별도의 기구에서 질 관리와 관련한 제반 사항들을 관장하고, 국가 학업성취도평가는 국가교육청(National Agency of Education; 스웨덴어로는 Skolverket)에서 출제와 시행을 담당하고 있다.

학교평가청[57]은 2009년에 설립된 신설 기구(그 이전에는 국가교육청 혹은 Skolverket의 일부)로서 여기서 담당하는 학교 평가 업무에는 공·사립학교에 대한 정기 장학/감사(사립학교에 대한 인가 취소 포함)와 국가 수준 학업성취도평가의 결과 관리 등이 모두 포함된다. 정기적인 학교 평가에서는 학교장이 법과 규칙에 근거해서 학교를 운영하는지를 중점적으로 파악한다. 학교 평가에서는 학생들이 안전한 환경에서 동등한 권리를 누리며 좋은 교육을 받는지를 확인하며, 모든 과목에서 최소 기준점(통과, G)을 받을 수 있도록 점검하고자 한다. 학교 평가는 교육법과 각종 규정, 교육과정 및 교수요목을 근거로 하며 평가에서 주안점을 두는 사항은 결과의 효과성, 행정 관리, 학습환경, 개별 학생의 교육권에 대한 것이다. 또한 학부모나 학생이 민원을 제시

---

57 웹사이트 skolinspektionen.se 참조.

하면 (수시로) 감사를 시행할 수 있다.

2003년에서 2009년 사이에 스웨덴의 모든 학교가 감사를 받았다. 이 과정에서 지적된 내용을 기초로 학교평가청의 업무가 이루어지고 있다. 당시 감사 결과에 의하면 스웨덴 학교들이 향후 집중해야 할 몇 가지 공통적 보완 사항들을 갖고 있다고 지적되었다. 첫째는 학생들의 지식이다. 단위 학교들에서 교사들이 교육과정 목표에 따라 학생들의 학습을 개별적으로 지원할 수 있도록 하기 위한 모니터링 시스템을 갖추고 있지 못하다는 점이 지적되었다. 둘째는 학교장의 교육적 지도력 문제이다. 학교장들이 학교에서 이루어져야 하는 학습의 결과에 대한 종합적 지식을 가지고 질 관리를 할 수 있는 역량을 갖추어야 한다고 지적되었다. 셋째, 특수교육 대상 학생의 학습 환경을 제고하기 위해 더 많은 지원이 이루어져야 한다고 지적되었다. 넷째는 공동체적 환경을 만들기 위한 규범과 가치를 세우는 문제로, 학생들이 소외되거나 위험에 노출되지 않도록 안전이 더 강화되어야 한다고 보았다. 다섯째, 교사에 의한 평가와 성적 부여가 학생 개인에게 결정적이므로 공정하게 이루어져야 한다는 점이 지적되었다.

이러한 진단을 근거로 해서 2009년 이후 학교평가청의 주관으로 주기적인 학교 평가를 실시하도록 하고 있다.[58] 학교에 대한 평가는 공립학교의 경우, 6년에 한 번, 사립 자율학교의 경우 3년에 한 번 이루어진다. 평가 기간은 3~4일 동안 학교에 상주하는 형식으로 이루어진다.

국가 수준 학업성취도평가의 경우도 분권화에 따른 교육적 책무성을 제고하기 위한 중요한 기제이다. 국가 수준 학업성취도평가는 1994년 이후, 기존에(1960년대부터) 표집조사 형태로 실시되었던 평가를 해당 학년 전수 대상의 국가 수준학업성취도평가nationella prov로 전환했다. 이러한 평가는 분권화에 따라 교사들의 교육 내용 및 교육 방법에 대한 자율권이 강화되고 절

---

58 skolinspektionen.se/sv/Tillsyn/Vanliga-brister/

대평가가 이루어짐에 따라 학교에서의 교육 및 평가 활동을 보완하기 위해 시행된 것이다(Skolverket, 2005).

국가 수준 학업성취도평가는 의무교육 단계에서는 5학년과 9학년에 실시되어 왔고, 후기 중등학교에서도 1학년에 국가 교육과정에 따른 프로그램별로 실시되고 있다. 2010년부터는 초등학교 3학년이 실시 대상으로 추가되었고, 시험 과목도 스웨덴어, 수학, 영어 이외에 9학년에서는 과학 과목까지 포함되었다.[59]

시험 결과는 일차적으로 학교에서 학생 지도 자료로 사용하며, 지방자치체별로 공지해서 열람할 수 있게 되어 있다. 출제는 스웨덴 내 주요 대학(스톡홀름 대학, 웁살라 대학, 우메오 대학 등)의 연구팀에서 위탁받아 이루어지며, 결과는 국가교육청과 통계청이 함께 수집해서 분석한다. 문항이 특정 교재나 특정 교수 방법에 국한되어 출제되지 않도록 유의한다.

스웨덴에서의 국가 수준 학업성취도평가 시행상의 특징은 과목별로 몇 달의 시차를 두고 순차적으로 실시한다는 것이며, 과목별로 다양한 능력의 평가가 가능하도록 문제 유형(구술형, 서술형, 단답형 등)을 복합적으로 제시해 여러 번에 나누어 평가한다는 점이다. 예컨대 봄 학기 시험은 3월에서 5월 사이에 실시되며, 학교들은 시험 시기를 선택해서 정규 교육과정과 함께 편성한다. 시험 실시 전에 담당 기관인 국가교육청에서는 안내문을 배부하게 되는데, 초등학교의 경우는 학부모, 9학년부터는 학생이 수신인이다. 학부모와 학생들은 시험의 목표와 방법, 결과 활용에 대해 안내를 받는다.

시험 결과를 바탕으로 학교에서는 학생의 지식발달프로파일knowledge profile을 작성해서 국가시험과 학교에서 관찰된 능력을 총괄하는 정보를 정리하여 학부모, 학생 간담회 때 개인 발달 상황에 대해 논의하는 기초로 삼는다. 또한 학생도 과목별로 자신의 역량을 스스로 평가하도록self

---

59 www. skolverket.se/sb/d/2852

assessment 하는데, 이를 통해 다른 과목의 역량과 비교하고 개인적 발달 과정을 확인할 수 있게 한다.

스웨덴에서의 국가 수준 학업성취도평가는 분권화로 인해 학교 단위로 교육 의사 결정 권한이 위임됨에 따라 학교에서의 교육 활동이 국가의 교육 목표에 맞게 수행되는지를 교사와 학생이 판단하도록 하기 위해 수행되고 있으며, 학교의 교육적 자율성이 그 전제가 된다.

5. 스웨덴에서의 교육평가와 국가 수준 학업성취도평가

스웨덴 교육에서 학력과 평가의 의미

스웨덴에서 이루어지는 교육평가에 대해 언급하기 위해서는 교육정책과 관련한 기본 철학에 대한 이해가 필요하다. 한 국가의 교육제도는 그 근간에 있는 이념, 철학, 문화적 관행 등을 이해하기 전에는 제대로 논의하기 어렵다. 무엇을 교육으로 보는가, 제대로 교육되었다는 것을 어떻게 판단하는가, 시험을 교육의 일부로 보는가 아니면 통제(서열, 분류)의 수단으로 보는가 등 해당 사회가 교육에 대해 가지고 있는 기본적 관점들이 서로 다르기 때문이다.

스웨덴의 현재 교육제도는 단선제 학제로 1962년의 종합학교 개혁 이래 평등성을 강조하며 정착되어왔다. 유럽에서 전통적으로 대학 진학을 전제로 하는 일반계학교(김나지움)와 직업학교를 이분화해온 것과 달리 스웨덴에서는 개혁을 통해 후기 중등교육 과정에서 '김나지움'이라는 단일한 학교 형태 안에 일반계와 직업계 프로그램을 함께 포괄하는 시스템을 유지해왔다. 의무교육 기간 동안 급식을 비롯한 모든 교구, 교재는 무상으로 제공되며, 개인의 성장 기회를 사회적으로 보장하기 위해 고등교육까지도 무상교육이 실시되고 있다.

스웨덴의 교육은 '연대solidarity'라는 기본 정신에 입각해서 이루어져온 것에 주목할 필요가 있다. 의무교육 단계에서는 등질 집단ability grouping을 중심으로 한 교육streaming을 하지 않고 모든 학생이 한 학교에서 교육받도록 하는 것을 원칙으로 하고 있고, 후기 중등 과정에서도 일반계와 직업계열을 한 학교에서 교육하고 있다. 즉, 스웨덴의 9년간 초·중·등 의무교육 과정과 3년간 후기 중등 과정은 한 학교 안에서 다양한 학생을 함께 가르치는 통합적 교육을 지향해왔다. 약자를 돕고 함께 성장하는 교육, 발달이 늦은 학생을 배려하는 교육, 그리고 모든 사람이 제2의 기회를 가질 수 있도록 보장하는 교육이 스웨덴 교육의 특징이라고 할 수 있다.

스웨덴에서 논의되는 -'배움을 통해 얻은 역량'으로서의- 학력學力은 좁은 의미의 학업 성취academic achievement를 넘어서는 상당히 포괄적인 관점에서 다루어지고 있다. 현재 교육과정의 근간이 되는 1994년 이후 교육과정에서는 다면적 발달을 중시하는 홀리스틱한 관점(인지, 수공, 정서, 심미성, 신체 기능, 사회성 포괄)이 강조되어 있다. 지식 위주의 전통적 학력과 달리 공동체적 규범과 가치들이 부각되어 있다. 특히 민주주의적 가치, 모든 사람의 평등한 권리와 기회 등을 강조하고 있고, 학생 개인의 역량으로서 타인과 협동하고 소통하는 능력, 비판적이고 창의적인 사고 등이 중시되고 있다(Skolverket, 2005: 12).

학습 방법도 개인의 발달을 중시하는 개별화된 학습을 매우 중시하고 있다. 1990년대 이후 교사들이 교육 내용과 방법을 자율적으로 결정할 권한이 강화되면서 교사들 사이의 협력이 강조된 반면, 학생들에게는 집단 활동보다 개별 학습 및 과제 수행이 강화되어 있는 점이 최근 교육개혁의 특징이기도 하다(Lysne, 2006: 352-353).

스웨덴 교육의 기본적 철학은 교육평가 원리에 반영되어 있다. 우선, '절대평가'라는 점이 주목된다. 종합학교개혁이 이루어진 1962년부터 교육과정 개편이 이루어진 1994년까지 스웨덴 학교에서는 5단계 척도에 의한 상대평가 방식이 통용되었다. 상대평가에 대한 비판은 절대평가 도입 이전부터 지속적으로 제기되었다. 절대평가가 도입된 배경은 1960년대 미국의 교육평가 이론의 변화와 관련되어 있다. 특히 교육의 성과를 목표goal를 기반으로 해서 파악해야 하며 이를 위해 교사와 학생이 협력 관계여야 한다는 크론바크 Cronbach의 논의가 북유럽 교육학계에 많은 영향을 준 것으로 알려져 있다 (Lysne, 2006: 347-348). 기존의 상대평가가 집단 안에서의 상대적 지위만을 알려줄 뿐 교육의 성과를 질적으로 파악할 수 없게 하고, 집단을 정규 분포 안에 인위적으로 배치함으로써 불공정하며 나아가 협력적인 학습 환경을 저해한다는 비판을 받고 있는 상황이었다. 더욱이 특정 비율의 학생은 반드시 최하위 성적으로 유지해야 하기 때문에 느린 학습자들에게 불리하고 낙오자를 만들어내는 제도라는 점이 문제시되었다.

현재 스웨덴의 교육평가 방식은 1994년 개혁에 의해 확정되어 시행되고 있는 것으로서 3단계 평정 척도에 의한 절대평가 방식이며, 통과(G, accepted), 우수(VG, well accepted), 매우 우수(MVG, very well accepted)의 3단계로 구성되어 있다. 공식적 성적formal grading은 8학년에 처음으로 배부되며 그 이전에는 공식 성적표가 없다. 다만 최근에는 국가적 합의에 의해 이를 6학년으로 낮추는 방향으로 정책 논의가 이루어지고 있다. 현재 8학년부터 배부되는 성적표에도 과목별 개인 성적이 있을 뿐 석차는 산정되지 않는다.

특히 의무교육 단계에서는 기본 교과에 대한 이수 외에도 반드시 갖추어야 할 일정 능력(수영 등)을 졸업을 위한 필수 사항으로 강조하고 있으며, 진로 탐색을 위한 2주간의 직업체험교육(PRAO, praktisk arbetslivsorientering)도 의무교육의 일환으로 8학년에서 실시하고 있다. 이러한 기준들은 독립적 시민이 되기 위한 기초를 다지도록 하기 위한 것이다.

스웨덴에서 국가 수준 학업성취도평가는 국가 교육 과정상의 성취 기준에 도달하는 것을 기본 목적으로 교사에 의한 평가에 신뢰성과 공정성을 부여하기 위해 지원되며, 개인들 간의 경쟁이 목적이 아니다(Skolverket, 2005: 10). 최근 스웨덴에서는 기존에 비해 평가 자체의 중요성이 더 강화되는 방향으로 변화되고 있고, 특히 공식 성적표 배부 시기를 더 조기화(8학년에서 6학년으로)하는 문제에 대해 광범위한 공감대가 형성되고 있는데,[60] 이는 학력 강화를 위한 최소한의 요건으로 강조되고 있다. 그렇지만, 여전히 일부 영향력 있는 좌파 정당(환경당, 사회주의당 등)은 평가 자체를 교육에서 배제해야 한다는 입장을 취할 정도로 교육의 목적은 평가가 아니라는 철학을 고수하고 있다.

표준화와 상대평가를 비판하고 개인의 성장과 발달을 중시하는 교육관은 스웨덴 교육에서 뿌리 깊게 자리하고 있다. 이러한 평가관은 앞서 언급한 1970년대 유럽 신좌파의 영향과도 밀접한 관련이 있다. 특히 프랑크푸르트 학파의 신휴머니즘의 영향을 받은 신좌파적 교육학은 교육에서 개인과 자유를 중시하고, 교사의 교육과정 자율성과 권한을 강화하고 학생 개인의 학습 속도를 중시하는 방향으로 논의를 전개했다(Lysne, 2006: 350-352).

교육에서 개인의 전체적 발달과 개별성을 중시하는 방식은 '질적 평가'라는 특징에도 반영되고 있다. 스웨덴에서의 평가 방식은 숫자에 의한 평정이 아니라 언어적이고 질적인 평가이다. 스웨덴의 학교에서 사용되는 3단계 기본 척도(G, VG, MVG)는 목표 지향적(goal-referenced)이면서 언어적 척도(verbal scale)라는 특징이 있다. 후기 중등교육(우리식으로는 고등학교)에서는 3단계 이외에 탈락(IG, not accepted)을 사용할 수 있고, 성인 교육이나 특수(장애)교육에서는 통과(G)와 우수(VG) 두 가지만을 사용할 수 있다. 스웨덴의 목표 지향적이면서 언어적 척도는 점수에 의한 척도를 사용하는 북유럽 대부분의 국가들과 다른 것으로 상당히 독특하다. 노르웨이가 교사들의 선호로 전

---

60 스웨덴교원노동조합(Lärarfördundet) senior officer 면담(2010년 1월 29일)에 근거.

통적 1~6 평정 방식(예수회 영향으로 사용)을 고수하고, 덴마크가 13단계 척도 (1850년대 도입된 Ørsted's scale)을 사용하며, 핀란드가 4~10 평정 방식을 사용하면서 대학입시에서 고전라틴어를 사용한 L, E, M, C, B, A, I 방식을 혼용하는 것 등과 비교되는 것이다(Lysne, 2006).

　스웨덴 학교에서 공식 평가는 8학년 이후 학기당 한 번씩 과목별 성적표와 전체 성적표를 작성하고 배부하는 것이다. 과목 담당 교사들은 모든 학생의 성적을 소정 양식을 근거로 해서 작성하고 배부하도록 되어 있으며, 담임 교사는 전체를 수합해 학기말 이전에 학부모와 학생 삼자 회의에서 이를 협의하도록 되어 있다. 삼자 회의 후 학생은 자기평가서(잘한 부분, 개선할 부분, 향후 계획)를 직접 작성해서 제출해야 한다. 과목별 성적표는 A4 용지 1~2장으로 작성해 학생에게 배부된다. 과목별 성적표에는 과목별 학습 목표가 열거되고 해당 목표별로 학생이 도달했는지의 여부를 3단계(불확실 osäkert, 도달 ja, 도달 수준 높음 I hög grad)로 표시하도록 되어 있으며 서술형 의견도 함께 제시한다. 학습 목표는 담당 과목의 교사가 해당 학기 진도에 따라 정하며 그 수준은 과목별로 차이가 난다. 성적표에는 지식과 관련한 사항 이외에 발달을 위한 제언(att utveckla), 과목 내에서의 사회적 발달(social utvekling)도 포함된다. 사회적 발달에 대해서는 과목에서의 수행과 관련해서 발달이 더 필요한가, 만족스러운가로 구분해서 검토한 뒤 의견을 제시하도록 되어 있다. 학기말 전체 성적표에서는 과목별로 최종 성적(3단계, G, VG, MVG)만 제시된다.[61]

　스웨덴에서 사용하는 언어적 척도의 또 다른 특징은 세분화되어 있지 않고 간단하다는 것이다. 척도의 세분화 문제는 단지 기술적인 문제가 아니라 정치적 입장을 반영해왔다는 점에서 주목된다. 스웨덴에서는 1960년대 이후 종합학교개혁이 이루어졌지만, 현재까지도 교원노조는 전통적 복선제 체제

61　스웨덴의 성적표 예시 자료는 이윤미, "스웨덴의 교육평가," 〈진보교육〉 4월호, 2010, pp.12-13에 제시된 표 참조. 스웨덴 스톡홀름시 뢰다베리종합학교(Rödabergsskolan)의 8학년 성적표를 참조해서 번역한 양식임.

의 영향으로 초등 부문과 중등 부문으로 양분화되어 있다. 복선제 아래에서 대중 교육을 담당해온 초등 교사들은 공식적 평가를 최소화하고 세분화가 덜 이루어진 척도를 주장해온 반면, 엘리트 교육을 담당한 중등 교사들은 공식적 평가와 세분화된 척도를 선호해왔다. 또한 평가에 대한 관점은 정당 인들의 교육정책관에도 투영되어 좌파 정치인들이나 행정가들은 우파에 비해 덜 형식적이고 덜 세분화된 평가를 주장하는 것이 일반적이었다. 1970년 대에 초등학교에서 공식적 평가를 없애는 논쟁과 개혁을 할 때 공식적 평가 여부와 척도의 세분화 문제는 교육적으로뿐 아니라 정치적으로 큰 간극을 가지고 논의되었다. 세분화된 척도를 반대하는 입장에서는 간단한 척도만 을 사용해도 학업에 대한 정보를 제공하거나 학생에게 동기 부여를 하는 데 충분하다고 보았다. 또한 세분화된 상대평가 척도에서 최하의 그룹으로 분 류되어 낙인감을 갖게 되는 느린 학습자들slow learners의 압박감을 해소시 킬 수 있다는 것을 장점으로 보았다(Lysne, 2006).

이러한 3단계 평가 척도는 2011년 가을부터 유럽의 ECTS(European Credit Transfer System) 척도의 영향을 받아 두 단계를 추가한 A~F까지의 6단계 평 가로 전환될 전망인데, 이는 현재의 척도와 유사하게 적용될 것이라고 보고 있다(Ramstedt, 2006: 22-24).

스웨덴의 교육에 반영된 이와 같은 기본적 평가관은 평가를 왜 실시하며, 무엇을 지향하는 평가인지를 이해하는 데 관건이 된다고 볼 수 있다. 이제 이를 기초로 스웨덴의 국가 수준 학업성취도평가의 특징을 살펴보자.

스웨덴의 국가 수준 학업성취도 평가의 특징

스웨덴에서의 국가 수준 학업성취도평가의 중요한 전제는 교사의 전문 적 자율성이 보장되어 있는 점이라고 할 수 있다(Skolverket, 2005: 18). 교사 들은 교육 내용과 방법을 결정할 수 있는 자율성을 가지고, 학생을 절대평가 방식으로 평가하고 있다. 따라서 교사 평가에서 객관성과 공정성을 높이고 전국적으로 균등한 교육을 보장하기 위해 국가시험이 실시되고 있다(Skolverket, 2009: 9). 국가 수준 학업성취도평가를 주관하는 국가교육청에서는 시험의 취지와 시행 방식과 관련해서 몇 가지 중요한 입장을 강조하고 있다.

우선, 2004년 이후 개정된 규정에 의하면 국가 수준 학업성취도평가의 목적은 다음과 같이 명시되고 있다(Skolverket, 2005: 19).

+ 학생의 교육과정 목표 달성에 기여
+ 평가를 보조하기 위한 가이드라인 제시
+ 공정하고 신뢰할 수 있는 평가를 지원
+ 학생의 강점과 약점 진단
+ 결과 수집을 통해 교육 목표 수행 정도 모니터링

명시적 목표 외에 '해서는 안 되는' 것으로 규정하고 있는 사항들도 있다. 첫째, 교육의 내용과 방법은 교사와 학생이 결정해야 하므로 특정한 내용과 방법을 선택하는 데 영향을 주어서는 안 된다. 둘째, 교사들이 학생의 누적적 행동과 지식, 기능에 근거해서 최종 판단을 해야 하므로 최종 평가의 기능을 해서는 안 된다. 따라서 국가시험은 학습을 돕기 위한 것이 되어야지 다른 기능을 수행해서는 안 된다고 본다. 국가시험은 교사를 지원하는 것이 되어야지 "전통적 의미의 시험"으로 간주되어서는 안 된다고 본다(Skolverket, 2005: 19).

또한, 시험의 결과가 "고부담 평가(high stake test)"가 되었을 때 나타날 수 있는 효과들이 초래되지 않아야 한다고 본다. 특히 "시험을 위한 교육 혹은 시험 준비 교육(teaching to the test)", "교육과정의 협소화(narrowing the curriculum)"와 같은 부정적 효과가 나타나지 않도록 해야 한다고 강조한다 (Skolverket, 2005: 19). 또 국가 수준 학업성취도평가를 시행하는 것은 해당 학년 교사들에게는 정규 근무 과정의 일부로 의무화되어 있지만 학생에게는 의무가 아니며 결시를 할 경우에도 재시험을 보지 않아도 된다.

스웨덴에서 국가 수준 학업성취도평가를 시행하는 기본적인 특징은 다음과 같다. 첫째는 국가시험이 일시에 단순한 평가로 이루어지지 않고 과목별로 순차적으로 실시되며, 정규 교과 시간 외에 별도로 책정되지 않고 해당 학년의 정규 학기의 일부로 치러진다는 점이다. 그리고 그 결과는 교사에 의해 이루어지는 시험과 함께 학생 개인의 프로파일에 기록되어 교사-학부모-학생 간 삼자 회의의 주요 자료로서 학생의 학업 발달을 위해 활용하도록 하고 있다는 것이다. 평가 결과는 교사의 학생 평가를 지원하기 위한 목적에서 이루어지므로 최종 평가에 반영하지만 교사가 하는 평가의 일부로 간주되기 때문에 비교 준거는 되지만 독자적 의미를 갖지는 않는다.

둘째는 한 과목 안에서도 다면적 능력이 평가될 수 있도록 문제 유형을 다양화하고 있다는 것이다. 각 과목이 한 가지 방법이 아닌 여러 방식의 평가를 혼용하도록 하고 있다. 스웨덴어, 영어, 수학 등의 과목에서 구술과 서술형 평가가 혼합되는데, 구술시험의 경우 학생들 간의 의사소통을 통해 지식이나 이해력을 판단하도록 하고 있다.

예시적으로, 의무교육 졸업 학년인 9학년에서 실시하는 국가 수준 학업성취도평가 과목의 평가 내용을 살펴보면 아래 표와 같다. 수학 시험에서도 그룹별 구술 평가가 실시되고 있는 점은 특징적이다.

과목	하위 시험	평가 내용
영어	A B C	구술적 의사소통 독해, 듣기 이해 작문 능력
스웨덴어 (모국어가 아닌 경우, 제2언어로서의 스웨덴어)	A B C	독해 구술 능력 작문 능력
수학	A B C	그룹별 구술시험 기본적 일상적 기능, 고등 문제 해결력 주제를 가진 혼합적 문제

출처: Skolverket, 2005: 21

셋째는 3단계 척도를 기준으로 기본 학력과 상위 학력이 구분될 수 있게 문항의 구성을 고려하고 있는 점이다. 특히, 기본 학력인 통과 점수(G)와 관련한 문항을 누적한 점수만을 가지고 우수(VG) 혹은 매우 우수(MVG)를 받을 수 없고 우수 이상의 점수를 받을 수 있는 난이도 높은 문제를 해결해야만 높은 점수를 받도록 하고 있다. 이는 광범한 지식 외에 이해의 깊이를 갖추도록 하기 위한 것이다. 특히, 수학 문항의 경우 매우 우수를 받을 수 있는 문항은 소수로 제한되어 있으며 매우 엄격한 기준에 도달해야만 받을 수 있도록 되어 있다.

넷째는 출제 준비 과정이 길고 전 과정이 체계적으로 분석된다는 것이다. 시험은 국가교육청과 주요 대학들이 팀을 이루어 출제, 시행, 결과 분석을 하는데, 한 시험을 준비하는 데 소요되는 시간은 1.5년에서 2년이다.[62] 각 시험의 결과는 배경 변인(성별, 이민 여부, 부모의 교육 수준)과 함께 체계적으로 분석되어 전체 경향이 보고서 형식으로 국가교육청 웹사이트에 공개된다. 학교

---

62 각 시험당 비용은 약 100만에서 130만 스웨덴 크로나(kronor) 정도이며, 국가시험의 출제와 보급에 소요되는 연간 총 비용은 약 5000만 크로나이다 (Skolverket, 2005: 19).

별 결과도 인터넷에 공개되지만, 시험의 결과를 '학교의 효과'로 직접 연결하는 것에 대해 경계하고 있다. 학업 성취도 결과는 학생의 사회·경제적 배경과 밀접하게 관련되어 있기 때문에 사회·경제적 배경에 따른 조정된 평균 점수(adjusted mean grade score)도 함께 명시되고 있다. 학교별로 원 점수 외에 부모의 교육 수준, 외국 출생 학생 비율, 성별 비율 등을 함께 분석해서 제시한다(Skolverket, 2005: 25-26).

이상에서 살펴 본 것처럼, 스웨덴에서의 국가 수준 학업성취도평가는 크게는 1990년대 이후 분권화, 자율화에 따른 책무성 점검 체제의 일환으로 이해될 수 있다. 국가 수준 학업성취도평가가 학교 현장에서 구체적으로 적용되고 있는 방식을 볼 때, 절대평가를 실시하는 학교 현장에서의 평가 활동을 돕고, 학생들이 다면적이고 복합적인 능력을 키울 수 있도록 학교교육을 지원한다는 것이 기본적 원칙으로 강조되어 있음을 주목할 수 있다.

이 글에서는 스웨덴 교육에서의 학력 및 평가에 대한 관점을 통해 자율과 평가를 동시에 강조하는 국제적 정책 수렴의 성격과 특수성을 살펴보고자 했다. 특히, 역사적으로 교육적 공공성이 강한 스웨덴의 정책 변화 과정에서 이러한 '공공성'이 교육제도의 분권화, 민영화(시장화) 확대와 평가적 국가로의 전환 과정에서 어떻게 유지되고 변형되는가가 주요 관심이었다고 할 수 있다.

스웨덴은 북유럽 복지국가 모델을 대표하는 국가로 교육정책상으로도 '연대'를 기반으로 한 평등주의적 정책을 시행해왔다. 성장과 분배, 효율과 평등의 조화를 위한 타협과 합의 정치 문화는 '스웨덴 모델'의 핵심이다.

앞에서 살펴보았듯이 스웨덴에서도 1994년 분권화에 기초한 교육과정의 개편 이후 국가 수준 학업성취도평가가 전면적으로 시행되고 있다. 이러한 변화는 평가적 국가를 강화하는 국제적 경향의 영향에 따른 것으로 볼 수도 있다.

국제적 정책 수렴global policy convergence은 한편으로는 국가사회별로 유사한 효과를 드러내는 동시에 그 사회의 특정한 필요와 목적에 따라 적용 양식이 다르게 나타나기도 한다. 국가 수준 학업성취도평가는 신우파New Right 이데올로기의 세계적 확산과 국제 학력 경쟁이 빚어낸 특정한 역사적 산물이라는 점에서 유사한 기원을 갖지만 그 현실적 기능은 사회별로 다르게 나타나고 있다.

스웨덴의 교육평가에서 주목할 수 있는 것은 국가 수준 학업성취도평가 결과가 통제 위주의 고부담 책무성 평가와 연동되어 강한 제재 조치를 수반하거나 학교를 서열화해서 논란이 되는 국가들의 사례(영국, 미국 등)와는 구분되는 특징을 지니고 있다는 것이다. 우선, 스웨덴에서의 교육평가는 그 기본적 철학에서 '강자와 약자가 함께 가는' 연대의 정신이 담겨져 있고, 전체적이면서 다면적 능력을 중시하며 통합적 학습 환경을 중시하고 있다. 절대평가와 덜 세분화된 간단한 척도를 사용하고 있어 상대평가와 점수 척도, 세분화된 등급을 사용하는 다른 제도에 비해 '느린 학습자들'을 조기 낙인화하지 않는 장점이 있다. 특히 국가 수준 학업성취도평가는 낙오된 학생을 최소화하고 모든 학생이 기본학력 수준을 갖추도록 하는 데 주안점을 두며, 경쟁 유발보다는 학교교육에서 이루어지는 일상적 평가를 지원하는 것을 기본 목적으로 한다. 사립 자율학교들도 예외가 아닐 뿐 아니라 국가의 세금으로 운영되기 때문에 더 강한 기준을 적용(짧은 주기 적용) 받도록 하고 있다.

스웨덴에서는 국가시험 자체에 대한 사회적 논란이 크지 않고, 오히려 상당한 신뢰를 받고 있는 것으로 평가된다(Skolverket, 2005: 29). 그 이유 중 하나는 국가 수준 학업성취도평가가 학생에 대한 다양한 자료를 실질적으로 제공하기 때문이라고 할 수 있다. 교사의 전문적 자율성을 중요한 전제로 하고 있고, 다면적으로 학력을 평가하며, 공정한(혹은 객관적) 평가의 기초를 마련하고자 하면서도 교육 내용과 방법을 표준화하지 않는 유연한 시스템을 유지하고 있는 점도 특징적이다. 현재 평가를 시행하고 있지 않은 교과목에서도 국가 수준의 평가를 실시해줄 것을 교사 단체가 요청하기도 하는데, 이는 교사들의 일상적 평가 활동을 국가시험이 지원하고 있음을 보여주는 것이다.

사회적·공동체적 가치와 규범을 학력의 기준으로 존중하고, 다면적 역량을 심층 평가하는 스웨덴의 교육이 주는 시사점은 크다고 할 수 있다. 특히, 교사들이 평가의 자율성을 확보하고 있는 점은 주목할 필요가 있다.

상대적으로 볼 때, 스웨덴 교원들은 전문적으로나 정치적으로 활동의 자유를 폭넓게 보장받고 있다.[63] 대부분의 교사가 교원노동조합에 소속되어 높은 조직률을 유지하며 교육정책 결정 과정에 중요한 주체로 참여해왔을 뿐 아니라 기본권으로서의 정치참여의 자유 또한 제한 없이 확보하고 있다. 이는 – 세계 각국의 사례에 견주어볼 때 – 매우 높은 자율성과 권리가 보장되어 있음을 시사하는 것이다.

공정성과 객관성 확보를 위한 표준화된 평가는 교육에서 때때로 불가피하면서도 지나치면 교육 활동을 위축시키고 왜곡할 수 있다. 스웨덴 교육은 그러한 점에서 학력 관리라는 사회적 필요와 그에 따르는 부정적 효과를 최소화하기 위한 균형을 비교적 잘 드러내주는 사례라고 할 수 있을 것이다.

스웨덴의 교육평가에서 나타나는 특징들은 우리나라 교육에 시사점을 준다. 우리나라 또한 1990년대 이후 평가적 국가로의 전환을 시도해왔고 자율성과 책무성이라는 화두로 교육개혁이 진행되어 왔다. 특히 2008년 이후 이른바 '일제고사' 논란이 교육계의 주요 분쟁 요소가 되고 있듯이 학력과 평가에 대한 논란은 어느 때보다 뜨겁다. 매우 다른 정치제도 및 교육 문

---

63 스웨덴에서도 1990년대 이후 분권화로 교원들의 지위가 지방직화함으로써 교원의 지위 하락과 고용 불안정에 관련한 논란이 많다. 분권화와 자율성의 양면성이 드러나는 대목이다. 따라서 이 글에서 논의하는 교사의 전문적 자율성은 '상대적'이라는 점을 전제할 필요가 있다.

화로 인해 대안적 시사점을 논의하기 어려울 수 있으나, 스웨덴의 사례는 다음과 같은 점에서 우리의 현실에 참고가 될 만하다고 본다.

첫째, 스웨덴의 사례는 교육에서 평가를 왜 하며, 누구에게 도움이 되어야 하는가를 고려하는 것이 중요함을 시사한다. 스웨덴의 국가 수준 학업성취도평가는 전통적 지식 교육을 넘어선 포괄적 학력관을 기초로 하고 있고, 평가 방법이나 기준도 그에 맞게 구성되어 있다. 스웨덴에서의 국가 수준 학업성취도평가는 학생의 다면적이고 포괄적인 발달을 돕고자 하는 성격이 강하다는 점을 주목할 만하다.

학생의 발달을 고려해 다원적 가치들이 평가 문항에 반영되도록 하고 있으며, 평가 방식 또한 복합적이어서 다면적인 학습 역량을 키우도록 고려되고 있다. 또한 절대평가를 중심으로 하는 교사들의 일상적 평가가 더 공정하게 이루어지도록 보조하고 있어 교사들에게 실질적으로 도움이 되는 평가를 지향한다. 스웨덴에서는 다른 사안에 비해(학교선택제, 사립 자율학교에 대한 공교육비 지원 등) 국가 수준 학업성취도평가 자체는 교육계에서 논란이 거의 없다고 자평하는데(Skolverket, 2005), 이는 학업성취도평가 결과가 통제 위주의 고부담 책무성 평가와 연동되어 지속적으로 쟁점이 되는 국가들(대표적으로 미국, 영국, 그리고 최근의 우리나라 등)과 크게 다른 점이다.

둘째, 스웨덴에서의 국가 수준 학업성취도평가는 전 세계적으로 1980~1990년대 이후 개혁의 화두가 되어온 이른바 '자율과 책무'의 논리가 현실 정책에서 적용되는 하나의 사례를 보여준다고 할 수 있다. 자율성과 책무성은 동전의 양면으로 양자가 함께 가지 않고 균형이 깨지면 일그러진다. 우리나라에서는 학교 단위 분권화나 교사의 전문적 자율성이 담보되지 않은 상태에서 국가 수준 학업성취도평가(이른바 '일제고사' 실시) 등을 통한 책무성 점검 논리가 우위를 점함으로써 교육계에서 마찰이 생기고 논란이 심화되고 있음을 지적할 수 있다. 자율이 전제되지 않은 책무성 논의는 교육 공공성 확보라는 목적보다는 표준화와 통제를 강화함으로써 교육 활동을 억제할 수 있음을 유의할 필요가 있다.

자율이라는 가치는 민주주의 사회에서 의심할 여지없이 긍정적 가치이지만, 어떻게 적용하는가에 따라 '공공성'을 저해할 수도 있는 '임의성'을 지닐 수 있다. 다른 한편으로, 공교육의 '책무성'이라는 논리 또한 공공성 담보라는 대의를 넘어 '통제'로 나아갈 수 있음을 경계해야 할 것이다. 자율성에 따른 주관성(임의성)을 보정하기 위해 평가의 공정성과 객관성을 강조하다 보면 표준화와 통제, 비교와 경쟁의 폐해들이 나타나게 된다. 이른바 "시험 준비 교육teaching to the test"이라는 현상은 고부담 책무성 평가가 지니는 전형적 폐해를 드러내는 것임에 틀림이 없다. 자율이나 분권화를 통해 실현하고자 하는 원래의 가치가 통제적인 책무성 논리에 압도되어 자율적인 교육을 억압하는 양상을 보여주는 것이다. 교육에서의 '자율과 책무'의 균형은 결국 그것이 얼마나 '교육적'인지에 의해 평가되어야 할 것이다.

특히 우리의 현실에서 시험(입시) 준비 위주의 교육은 학교교육의 오랜 고질적 문제이고, 국제학업성취도평가에서 한국 학생들이 높은 성취도를 보이지만 학교교육에 대한 불만족이 높게 나타나는 주요 요인 중 하나이다. 이러한 문제를 해결하기보다는 고질적 문제를 반복하게 하는 시험제도의 도입과 적용은 신중하게 검토될 필요가 있을 것이다.

1990년대 이후 핀란드의 교육제도는 스웨덴과 유사하게 '평가적 국가'의 경로를 강화해왔고 국가 수준의 교육적 질 관리를 매우 중시하고 있다. 하지만 국가 수준 학업성취도평가를 표집 형태로만 실시하고 감사 제도 없이 교사의 전문적 자율성을 보장하고 있어 세계적으로 주목받는 이유는 시험과 관련한 소모적 경쟁을 유발하지 않으면서도 수준 높은 교육을 하고 있기 때문일 것이다(Darling- Hammond, 2010).

스웨덴에서는 공교육비 투자에 대한 책무성 점검을 강력하게 시행하고 있지만(국가 수준 학업성취도평가에서의 전수조사, 학교 평가·감사 강화 등), 평가가 교육을 지원하는 활동이라는 기본 철학이 정책적으로 강조되고 있음을 주목할 수 있다. 즉, 모든 학생의 다면적이고 폭넓은 발달을 중시하고 개개인의 학습을 도우며, 교사의 일상적 교육 활동이 공정하게 이루어지도록 지원하는 평가를 지향하고 있다. 이를 통해 '신뢰받는' 평가 지원 체제를 구축하고 있음을 눈여겨봐야 할 것이다. 평가 체제가 신뢰를 확보하기 위해서는 '교육적인 평가'를 기반으로 해야 하고, 통제가 아닌 공공성 담보를 위한 책무성 논의가 기초가 되어야 한다는 것이 스웨덴의 사례가 우리의 교육에 주는 중요한 시사점이라고 하겠다.

참고 문헌

강승규(2005), "스웨덴의 교육," 〈교육진흥〉, 18, 2, 여름, pp.84-94

김은정(2006), "스웨덴 고등교육 정책의 변화에 관한 연구: 세계화의 영향과 조합주의의 특성을 중심으로," 서울대학교 대학원 사회복지학 석사학위 논문

김인춘(2007), 《스웨덴 모델 – 독점 자본과 복지국가의 공존》, 서울: 삼성경제연구소

손혜경(2006), "스웨덴 고등학교 직업교육의 방향과 노동시장의 관계: 스웨덴," 〈국제노동브리프〉, 4, 6, 2006년 6월, pp.103-109

안승문(2007), "스웨덴의 복지적 공교육과 한국 교육개혁의 과제," 〈실천교육학연구〉, 1, 2, 2007년 12월, pp.67-87

이규환(1997), 《비교교육학적 기초: 선진국의 교육제도》, 서울: 배영사

이윤미(2010), "스웨덴의 교육평가," 〈진보교육〉, 4월호

Aasen, Petter (2003), What happened to social-democratic progressivism in Scandinavia? Restructuring education in Sweden and Norway in the 1990s, in Michael W. Apple (ed.), The state and the politics of knowledge, New York: Routledge/Falmer (pp.109-147)

Björklund, Anders et al. (2005), The market comes to education in Sweden: an evaluation of Sweden's surprising school reforms, New York: Russell Sage Foundation

Crossley, Michael & Watson, Keith (2009), Comparative and international education: policy transfer, context sensitivity and professional development, Oxford Review of Education, vol.35, no.5, October, pp.633-649

Darling-Hammond, L. (2010), The flat world and education: how America's commitment to equity will determine ourfuture, New York: Teachers College, Columbia University

Esping-Andersen, Gøsta (1992), The making of a social democratic state, in Misgeld et al. (eds.), Creating social democracy: A century of the social democratic labor party in

Sweden, University Park: The Pennsylvania State University Press

Esping-Andersen, Gøsta (1998), The three worlds of welfare capitalism, Princeton: Princeton University Press

Forsberg, Eva & Lundgren, Ulf P. (2004), Restructuring the educational system: School reform policies in Sweden during the end of the 20th century and the beginning of the 21st century, in I.C. Rotberg, Change and tradition in global education reform, Lanham, Maryland: Scarecrow Education, pp.187-207

Halpin, D., Dickson, M., Power, S., Whitty, J. & Gewirtz, S. (2004), Curriculum innovation within an evaluative state: issues of risk and regulation, The Curriculum Journal, vol.15, no.3, pp.197-206

Helgøy, I. & Homme, A. (2006), Policy tools and institutional change comparing edcuation policies in Norway, Sweden and England, Journal of Pulic Policy, vol.26, no.2, pp.141-165

Henkel, Mary (1991), The new 'evaluative state', Public Administration, vol.69, Spring, pp.121-136

Lindensjö, Bo (1992), From liberal common school to state primary school: A main line in social democratic educational policy, in Klaus Misgeld et al. (eds.), Creating social democracy: A century of the social democratic labor party in Sweden, University Park: The Pennsylvania State University Press, 1992

Lundahl, Christian & Waldow, Florian (2009), Standardisation and 'quick languages': the shape-shifting of standardised measurement of pupil achievement in Sweden and Germany, Comparative Education, vol.45, no.3, August, pp.365-385

Lysne, Anders (2006), Assessment theory and practice of students' outcomes in the Nordic countries, Scandinavian Journal of Educational Research, vol.50 no.3, July, pp.353-354

Matti, Tomas (ed.) (2009), Northern lights on PISA: Differences and similarities in the Nordic countries, Copenhagen: Nordic Council of Ministers

Miron, Gary (1993), Choice and the use of market forces in schooling: Swedish education reforms for the 1990s, Doctoral dissertation, Institute of International Education (IIE), Stockholm University, Sweden

Miron, Gary (1996), Free choice and vouchers transform schools, Educational Leadership, vol.54, no.2, Oct., pp.77-80

Miron, Gary (1998), Restructuring education in Sweden, in Tjeldvoll, Arild (ed.), Education and the Scandinavian welfare state in the year 2000: equality, policy and reform, New York: Garland (pp.151-172)

Misgeld, K. et al. (eds.) (1992), Creating social democracy: A century of the social democratic labor party in Sweden, University Park: The Pennsylvania State University Press

Neave, Guy (1998), The evaluative state reconsidered, European Journal of Education, vol.33, no.3, pp.265-284

Papadopoulos, George (1993), Radical reform for Swedish education, The OECD OBSERVER, no.181, April/May

Phillips, David (2006), Investigating policy attraction in education, Oxford Review of Education, vol.32, no.5, November, pp.551-559

Ramstedt, Kristian (2009), The Nordic countries, in Tomas Matti (ed.) Northern lights on PISA: Differences and similarities in the Nordic countries, Copenhagen: Nordic Council of Ministers (pp.9-30)

Sandström, F. Mikael & Bergström, Fredrik (2005), School vouchers in practice: competition will not hurt you, Journal of Public Economics, vol.89, pp.351-380

Skolverket (2005), National assessment and grading in the Swedish school system,

Stockholm: Skolverket

Skolverket (2009), Ämnesproven I grundskolans årskurs 3: En redovisning av utprövningsomgången 〈종합학교 3학년 국가시험 과목별 평가 결과 보고서〉, Stockholm: Skolverket

Steinmo, Sven (1988), Social democracy vs. socialism: goal adaptation in social democratic Sweden, Politics & Society, vol.16, pp.403–446

Waldo, Staffan (2007), Efficiency in Swedish public education: competition and voter monitoring, Education Economics, vol.25, no.2, June

www. skolverket.se/sb/d/2852 (스웨덴 국가교육청, 2010.6.6 열람)

skolinspektionen.se/sv/Tillsyn/Vanliga-brister/(스웨덴 학교평가청, 2010.6.6 열람)

www.socialdemokraterna.se(스웨덴 사회민주당, 2010.6.6 열람)

www.moderat.se/web/Var_Politik.aspx(스웨덴 보수당, 2010.6.6 열람)

www.mp.se.(스웨덴 환경당, 2010.6.6 열람)

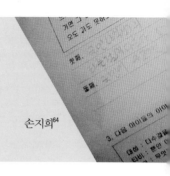

10장
한국 교육평가의 새로운 패러다임

손지희[64]

교육평가 : 학습자의 행동 변화 및 학습 과정에 관한 정보를 수집, 이용하여 교육적 의사 결정을 내리는 데 도움을 주거나 의사 결정을 하는 과정. 첫째, 인간의 현실성보다 가능성에 더 비중을 둔다. 가능성을 부인하고 현실성에 집착할 때 인간을 심판·판단 · 범주화시키는 인간 규정의 의식이 대두되며, 가능성에 더 의미를 부여할 때 인간 이해의 평가 개념이 성립된다. 교육평가의 목적은 행동 증거를 수집하여 얻은 결과에 의해 현재 상황을 진단하고, 다음 단계의 목표를 설정하기 위한 자료를 제공하는 데 있다. 둘째, 평가 자료와 대상과 시간은 무한하다. 학생이 남겨놓은 낙서 한 줄, 그림 한 장, 일기장 한 토막, 대화 한 마디가 모두 인간 이해의 자료가 될 수 있다. 교사는 교과 전문가이기 이전에 인간 이해자여야 한다. 셋째, 계속적이고 종합적인 과정이다. 종합성 comprehensiveness이란 평가의 과정이 한 학생의 전체에 걸쳐 폭넓게 이루어져야 한다는 뜻이다. 넷째, 인간이 갖고 있는 여러 가지 특성의 변산variability을 다룬다. 이것은 그 특성을 정확하게 측정·규명·변별해주는 것보다는 그것이 왜 발생하고 무엇이 그것을 발생시키는가를 분석함으로써 그것을 통제해 변산을 극대화하거나 극소화하거나 또는 0으로 떨어뜨릴 수 있는 방법을 찾는 데 목적이 있다.

　　　　　　　　　　　　　　　　　　　　　　　-《브리태니커 백과사전》 중에서

64　상신중학교에서 수학을 가르치고 있으며 진보교육연구소 연구원이다.

1. 한국의 교육평가, 무엇이 문제인가

한국에서 보통 평가란 점수 매기기를 의미하고 실제로 대부분의 학생 평가는 계량화가 빠지지 않으며 '시험'이 계량화의 주요 도구로 사용되어왔다. 즉 교수-학습의 결과를 측정하는 것이 학생 평가의 주요 방식으로 자리 잡고 있다. 측정measurement이라 함은 "어떤 규칙에 따라 속성을 나타내고자 하는 대상에 수치를 부여하는 것으로서 회계적인 개념으로는 자산, 부채 등 재무제표의 기본 요소에 대해 그 화폐 금액을 결정하는 것을 말한다."[65] 즉, 가치를 일정 기준에 따라 수치화하는 인간의 행위가 측정이다.

하지만 교육평가는 측정보다 훨씬 넓은 의미로서 점수 매기기, 시험, 성적을 넘어서는 교육적 행위들을 포괄한다. 교육평가는 인간 이해를 바탕으로 교육 상황을 개선하는 것을 지향해야 하며, 이를 위해 행하는 지속적이고 종합적인 교육 실천의 한 부분이 바로 교육평가이다. 교육평가에는 다양한 방식이 있으며, 그중 측정에 의한 점수 산출은 비교와 서열화를 위해 사용되는 하나의 방편일 뿐이다.

학교교육에서 측정을 평가로 혼동하는 순간 오류는 필연적으로 발생한다. 학습의 결과는 인간 정신 기능의 발달, 즉 질적 개념인 반면에 측정은 '잣대를 들이대어 수치화하는' 계량적 행위이기 때문이다. 이를 측정 이론에서는 '오차'라고 부른다. 다시 말해 재야 할 것을 제대로 재지 못하는 상황, 즉 측정의 타당성 문제는 항상 피할 수 없게 되어버린다.

역설적으로 측정의 이론과 실제에서 '오차의 최소화'는 매우 중요하게 취급되지만 실제 '학교교육에서의 측정', 즉 학업 성취도를 계량화할 때 오차는 거의 무시된다. 반면 편차는 절대시하고 또 학생 평가 결과가 갖추어야 할 필수 요소로 간주한다. 성취도 검사 도구나 학교 내 정기 고사, 수능 시

---

65 http://enc.daum.net/dic100/contents.do?query1=11XXX15324

험지가 갖춰야 할 최고의 덕목으로 강조되는 것은 "변별력"이다. 학습자 간의 차이를 드러내야 좋은 검사지로 여긴다.

하지만 두 가지를 혼동해서는 곤란하다. "측정은 시험 점수 그 자체이지만 평가는 이를 근거로 가치판단에 이르는 과정"[66]으로서 교육적 판단이 우선이다. 나아가 오차 무시, 편차 중시의 풍토에서 측정의 결과는 학습자의 미래에 결정적인 요소이기 때문에 심각한 교육적, 사회적 문제가 발생해왔음은 주지의 사실이다. 문제는 이렇게 개인의 문제, 단위 학교의 문제로 환원해서는 안 되는 복잡한 사회적 환경을 간과하도록 유도함으로써 교육에 대한 사회적, 국가적 책임과 오류를 은폐시키는 부가적 기능을 평가(특히 국가 수준 일제고사)를 통해 수행한다는 점이다.

측정관에 매몰된 평가 시스템에서는 교육의 본질과는 무관한 비본질적 교육 행위가 증대한다. 예컨대, 교수-학습 과정 그 자체보다는 검사 도구 개발과 교사의 전문성 가운데 평가 전문성을 우위에 놓고 정작 가르치는 행위보다 평가에 훨씬 많은 시간과 노력을 들이게 만든다. 또한 평가주의의 함정에 빠지게 된다. 그 기저에는 '시험 성적의 결과는 교수-학습을 개선하고 학생의 학습에 도움을 준다'는 강력한 믿음이 존재한다.

측정관에 몰입된 교육평가는 지속적으로 비판의 대상이었다.[67] 무지의 소

---

66 전성영 외 역(2008),《학교교육의 측정과 평가》, 서울 : 원미사, 27쪽

67 Stufflebeam과 Shinkfield는 미국 교육에서 역사적으로 중요한 사건을 계기로 교육평가의 기본 방향이 변화되었다고 보고 이를 5단계로 구분했는데, Tyler가 처음으로 Educational Evaluation 용어를 사용하기 이전의 시대를 Tyler 이전 시기로 통칭하고 Tyler가 교육평가를 목적 달성 여부를 결정하는 것이라고 정의한 시기를 2단계, 2차 세계대전 종료 후 진보주의 교육관이 현장에 적용되었고 사회, 정치, 경제, 문화적으로 여유 있는 시기, 집단보다는 개인이 중심이 되는 교육철학이 전개되던 시기를 3단계로 구분했다. 4단계는 1958년부터 1972년에 이르는 시기로 소련의 Sputnik 발사에 대한 충격으로 교육의 책무성 문제를 제기하며 연방 정부가 교육에 개입해 학교교육을 평가하기 시작한 시기이다. 이 시기에 국가 수준의 표준화 검사가 개발되었고, 교육 종사자의 업적을 평가해 학교와 학군의 교육 결과를 상대적으로 비교하는 작업을 실시했고, 연방 정부에서 선발한 전문가 집단이 수시 혹은 정기적으로 학교를 평가했다. 이 시기에는 규준참조평가(즉 상대비교평가)가 널리 이용되어 1957년 이후 수년간 학력 비교, 서열화 등의 목적으로 학업 성취도를 비롯한 교육 결과를 평가했으나 1963년 이후에는 상대비교평가에 대한 비판이 제기되었다. Cronbach는 규준참조평가에 의하여 상호 비교가 유행하고 있는 현상을 보며, 교육평가는 '어떤 말이 일등으로 들어왔느냐'에 관심을 두는 승마 경기가 아니라고 비판했다. 그리고 1971년에 조직된 National Study Committe도 교육평가

산이 아니라 알면서도 이러고만 있는 것이 한국의 교육평가가 빠져 있는 현실이다. '시험'으로 대변되는 평가 제도가 유발하는 비교육적 성격과 그 역기능은 지속적으로 지적받고 있으며, 교육학자, 관료, 정치인, 일반 대중 등 다양한 많은 사람들이 한국의 시험 위주 교육에 대해 비판한다. 이렇듯 대부분의 사람들이 입시 위주의 교육을 비판하면서도 '측정'이 마치 교육평가 그 자체인양 오인되는 것은 한국의 학력에 대한 관점과 깊은 연관이 있다.

〈교육학에서 교육평가론〉

◎ 개념

교육평가는 '교육 행위'이자 교육적 판단을 위한 과정과 활동으로서 윤리적이고 인간적으로 이루어져야 하며 인간 이해를 위한 것이지 인간 규정을 위한 것이 아니다. 교육평가는 교육적 의사 결정을 위한 행위와 과정으로서 현실성보다는 가능성에 비중을 두는데, 그 이유는 인간을 심판, 판단, 범주화시키는 인간 규정 의식을 교육에서는 특별히 더 경계해야 하기 때문이다.

◎ 기본 전제

교육평가는 평가 대상에게 윤리적으로 피해가 가서는 안 되며 교육과 관련된 평가인 만큼 교육평가는 '윤리적이고 인간적'으로 이루어져야 한다.

◎ 목적 : 교육을 도와주는 역할

이론적 차원에서는 "교육평가는 교육을 도와주는 기능이지 구속하는 기능이 아님"을 강조한다. 교육평가는 철저히 '교육적 목적'을 위해 이루어져야 하며 교육 프로그램에 대한 의사 결정을 하기 위해 정보를 사용하거나 수집하는 과정이다.

◎ 기능

○ 중심적 기능 : 교육과정, 프로그램, 교구, 교재 등을 개선하고 발전시키는 기능
○ 부차적 기능 : 선발 혹은 자격증 부여 / 책무성 평가 / 행위 동기 부여 / 상벌 등 평가를 통한 권한 행사(평가 대상에게 윤리적으로 피해가 가서는 안 됨)

◎ 대상 : 인간 그 자체는 교육평가의 직접적 대상에서 제외

인간 그 자체는 교육평가의 직접적 대상으로 삼으면 안 되며 교육과정, 교수─학습 이론, 학업 성취도가 교육평가의 주요 대상이다.

◎ 평가의 순기능과 역기능

▷ 평가의 순기능 : 아래와 같은 평가의 기능이 현실 속에서 제대로 발휘될 경우
– 진단적 기능 : 평가 대상에 대한 상태 혹은 실태를 파악하는 기능
– 형성적 기능 : 어떤 활동이 진행되고 있는 과정에서 중간 점검을 하여 그 활동을 개선하고 수정 · 보완하거나 대안을 탐색하는 것

가 병들고 있다고 지적했다.

- 총괄적 기능 : 어떤 활동이 종료된 후 그 활동에 대한 최종 결론을 도출하는 기능
- 전략적 기능 : 평가를 특정 목적을 달성하기 위한 수단으로 활용하는 기능. 이는 평가의 본질적 기능이라기보다는 파생적 기능. 예컨대 학습 동기 유발이나 특정 내용 홍보 목적으로 평가를 시행하는 경우(교육기관 평가, 왕권 강화를 위해 과거제 시행 등)

▷ **평가의 역기능**
- 진단적 기능 : 진단에서 드러난 대상 간의 '차이'가 차별의 근거로 이용되는 경우.
- 형성적 기능 : 특정 활동이나 프로그램에 대한 지나친 간섭이나 통제 기능 발휘(특히 외부 평가)
- 총괄적 기능 : 평가 대상들 간의 지나친 배타적 경쟁 유발로 긴장감과 불안감 조성, 삶의 여유 박탈, 동료들 간의 공동체 의식 붕괴, 아울러 피평가자들을 합격자/불합격자, 성공자/실패자, 능력자/무능력자로 구분해 낙인을 찍어 낙오자 취급을 받게 함.
- 전략적 기능 : 평가의 본질적 측면이 소홀히 되고 전략적 기능만 지나치게 강조. 시·도 교육청 평가에서 '시·도 교육청에 대한 교육부의 통제', '교육부의 시책이나 규정에 따른 업무 계획 및 집행' 등만 지나치게 강조되는 것 등.

계량주의적 학력관

학력學力의 사전적 의미는 "교육을 통하여 얻은 지식이나 기술 따위의 능력, 교과 내용을 이해하고 그것을 응용하여 새로운 것을 창조하는 능력"이다. 학력의 연관어로는 학력 증진, 학력 향상, 학력 검사, 학력 저하 등이 있는데, 이는 계량화하기 불가능한 '능력'이라는 질적 개념을 양적 개념으로 왜곡하는 현 실태를 보여준다. 2000년대 들어 지속적으로 제기되어온 학력 저하, 학력 격차 논란에서 근거는 시험 점수이다.

현재 한국 사회의 학력관은 일제의 잔재 중 하나이다. 총독부는 석차(상대평가)를 근간으로 학력의 서열화를 도모하여 이를 식민 지배 전략으로 활용했다. 일제강점기의 '학력에 따른 민족 분할 정책'은 식민지 지배의 전형적인 전략의 하나로 학력에 따라 민족의 분할을 도모해, 높은 학력을 가진 자가 낮은 학력을 가진 자를 대리 통치케 함으로써 식민 지배를 용이하게 하기 위한 것이었다. 전통 교육이나 개화기의 학교교육에서는 학생들의 품행에 대해 별도로 평가해 기록하지 않았다. 일제강점기부터 학적부의 학업 성적란에

조행이라는 항목을 첨가해 갑·을·병·정, 혹은 우·량·가·부로 구별해 평가했다. 또 성행란을 두어 성격, 재간, 악벽, 장애, 이상, 취미, 기호, 언어, 동작, 용모 등에 대해 서술식으로 기록(규율을 어기지 않도록 유도하는 소극적 통제 전략)했다. 학적부의 기록은 졸업 후 상급 학교 진학이나 취업할 때 교장이 작성하는 '소견서'(내신서라고도 함)의 근거가 되었다. 당시 학생들을 대상으로 시행한 초·중등학교에서의 평가는 학생들의 전 과목 평균 점수에 따라 석차를 매기는 상대평가제를 도입해 그 석차를 진급, 진학, 취학 등에 활용(능동적 통제 전략)하고, 동시에 학생들의 품행 평가, 즉 조행이나 성행을 평가해 그 결과를 진급, 진학, 취업 등에 활용했다. 특정 집단에서의 상대적인 서열을 말해주는 석차를 제시하는 일은 개항 이전의 전통 교육과 일제강점기 이전 개화기 교육에서는 찾아볼 수 없다. 석차 도입은 '학력에 따른 민족 분할 정책'에 따라 학교의 '교육적 기능'보다 '사회적 선발 기능'을 더욱 강화하고, 학생들의 경쟁 혹은 투쟁 대상이 곧 함께 지내는 동료 학생들이 되게 함으로써 반일, 항일 운동에 대한 관심을 약화시키기 위한 것이었다. 또한 초·중등 교육기관에 상대평가에 의한 석차를 도입한 또 다른 의도는 초·중등교육기관을 일종의 종결 교육기관으로 인식하도록 유도하기 위해서였다. 상대평가에 의한 석차는 '직업인 양성 및 차별적 채용'이 강조되는 상황에서 주로 활용되는 것으로, 종결 교육기관이라 할 수 있는 직업인 양성소나 직업 연수원 등에서 흔히 활용하는 평가 방식이다. 이를 초·중등 교육기관에서 활용한다는 것은 결국 초·중등 교육기관을 종결 교육기관으로 인식하도록 함과 동시에 그 결과를 차별적 채용이나 선발에 활용함으로써 '간이', '실용'을 강조한 식민지 교육정책에 부응하도록 유도한 증거이다.

해방 후 21세기에 이른 지금 한국 자본주의 사회에서는 일제의 잔재인 계량주의적 학력관이 인적 자본론과 결합되어 있다. '글로벌 창의인'을 강조하는 '미래형 교육과정'은 이명박 정부 버전의 인적 자본론을 근간으로 한 교육과정이다. '미래형 교육과정'은 학생들을 자신들이 설정한 '미래 사회'의 '인재'(노동력)로 규정하고 '자존적 자기 이해, 의사소통, 상상력·창의력, 문화적 감수성, 문제 해결력, 논리력, 공동체 시민 정신, 지도성'을 글로벌 창의인이 갖추어야 할 핵심 역량으로 규정했다. 이는 개인의 교육의 권리 주체가 아니라 특정한 사회 형태에 적합한 부품으로 조형 대상화하는 관점으로서 공교육을 이에 복무하게끔 강제한다는 의미를 내포한다.[68] 인적 자본론과 계량주의적 학력관의 결합은 '엄정한 성취 기준 설정'[69]으로 준거지향평가(절대평가)를 표방하면서도 학업 성취 기준 중심의 학력 진단의 주기적 실시(다시 말해, 표준화와 집단 간 상대 비교 기능을 하는 평가)를 교육과정 실효화 전략의 하나로서 제시[70]한 대목에서 드러난다.[71]

---

68 "특별히 건재할 수 있는 국가 공동체와 개인의 안위는 불가분의 관계가 있고 전자가 후자에 우선하는 조건이라고 생각합니다."(곽병선, 2009)

69 교육평가는 평가 방식에 따라 규준지향평가와 준거지향평가로 구분할 수 있다. 규준지향평가는 학생의 학업 성취를 그가 속해 있거나 또는 속해 있지 않더라도 비교가 되는 집단의 규준에 비추어 상대적으로 가늠하는 평가이다. E. L. 손다이크는 《교육성과 측정의 본질·목적·일반적 방법》에서 학생의 성취·숙달 성적이 무엇을 의미하기 위해서는 공인된 어떤 표준에 비추어본 측정이어야 하며, 이러한 측정은 물리 측정과 같은 절대성이 있어야 한다고 주장했다. 그러나 표준화 검사에 대한 신랄한 비판이 대두되어 학교 성적의 점수 체제에 대한 혐오감이 생기고, 교수공학의 발달로 준거지향평가의 의의가 높이 평가되고 학업 성취에서의 실패는 그들의 선천적 능력에 제약이 있는 것이 아니라 교수 방법이 실패했기 때문이라는 반성이 일어나면서 준거지향평가에 대한 관심이 널리 확산되었다. 준거지향평가 개념의 정립은 G.글래서의 〈교수공학과 학습 결과의 평가〉라는 논문에서 비롯되었다. 그것은 규준지향평가에서 벗어나 의도했던 교육 목표의 달성 여부에 비추어 학생의 학업 성취 정도를 가늠하는 평가이다. (출처 : 브리태니커)

70 '성취 기준의 설정'으로만 보면 '준거지향평가'의 형태를 띠는 것으로 보이지만 사실상 비교 목적으로 활용하는 일제고사를 준거지향평가라고 할 수 없다. 획일적으로 표준화된 검사지로 치러 집단 간 비교를 하는 것이 '일제고사'이기 때문이다. '수능 성적 공개'도 이와 유사한 맥락으로 집단 간 상대적 비교에 이미 활용된 바 있다. '고교등급제'를 고교 내신의 '문제점'을 보완한다는 명목으로 제기한다는 것도 마찬가지이다. 이는 비교를 목적으로 한 상대평가의 문제점을 회피하는 것에 불과하다.

71 스웨덴의 경우, 평가는 국가 교육과정상의 성취 기준에 도달하는 것을 기본 목적으로 교사에 의한 평가에 신뢰성과 공정성을 부여하기 위해 지원되며, 개인들 간의 경쟁이 목적이 아니다. 우파 정권의 집권으로 변화가 시도되고는 있지만 환경당, 사회당 등 영향력 있는 정치 세력들은 평가를 교육에서 배제해야 한다는 입장을 취할 정도로 교육의 목적은 평가가 아니라는 철학을 고수하고 있다. 이러한 평가관은 국가 수준 교육과정에서 다면적 발달을 중시하는 홀리스틱한 관점(인지, 수공, 정서, 심미성, 신체기능, 사회성 포괄), 즉 다면적 학력관과 결합되어 있다. 이러한 관점에서 스웨덴에서는 연대의 정신을 중시하는 다면적 학력관에 터하여 절대평가와 덜 세분화된 간단한 척도를 사용함으로써 제도에 비해 느린 학습자들을 낙인화하지 않는 장점을 지닌다. (이윤미(2010) "스웨덴의 교육평가", 〈진보교육〉 4월호)

평가가 교육의 실제를 심각하게 왜곡하다

교육평가가 교육 실제에 영향을 미치는 것을 평가의 교육 조형 기능이라고 한다. 한국 교육의 경우 평가에 의한 조형 기능이 비정상적일 정도로 과잉 상태이며 평가가 갖는 온갖 역기능이 포화 상태를 넘어선 지경이다. 앞서 살핀 특정의 평가관, 학력관, 인간관은 관념에 머물지 않고 있다. 평가 제도로 강제됨으로써 한국 교육의 실제를 주도하고 있다.

한국에서 평가의 교육 조형 기능은 교육평가의 '부차적 기능의 절대화' 현상으로 규정할 수 있다. 평가의 중심 기능은 인간 발달을 위한 실천으로서의 교육을 돕는 것으로서 교육과정, 프로그램, 교구, 교재 등을 개선하고 발전시키는 기능인데도 책무성 추궁, 경쟁 유발, 상벌 부여 근거 활용 등 외재적 동기 유발이 중심 기능을 압도하는 현실이다.

일제고사

측정관에 매몰된 평가관, 인적 자본론에 터한 인간관, 계량주의적 학력관, 평가적 국가[72]관이 응축된 '잘못된 평가'의 대표적 사례가 일제고사이다. 일제고사는 모든 교육 주체 간 경쟁과 반목을 부추기는 고부담 책무성 평가로서 국가 수준의 학력 검사가 '교육과정 평가'를 주요 목적으로 실시되고 정당화된다는 본질로부터 벗어나 있다. 최근 성취도 평가는 폭력적 형태의 강제적 일제고사로 '책무성 모형'과 평가적 국가관에 의한 것이어서 국가 교육정책에 대한 평가 자료 수집이 용도가 아니라 학생의 성취도를 표준화된 검사지를 통해 전수조사해서 계량화된 결과를 공개하고 그에 대해 벌칙을 부과하는 방식이다. 학생의 점수가 학교와 교사에 부담이 되어 돌아오는 시

---

72 평가적 국가(evaluation state)의 강화는 1980년대 이후 미국과 영국을 위시로 하여 나타난 국제적 추세로서 기존의 중앙집권적인 관료적 효율성을 극대화하는 시스템이 자율과 분권을 강화하고 질 관리에 주력하는 방향으로 전환하는 시도이다. 요컨대 국가 교육과정에 대한 기획과 과정의 통제로부터 결과에 대한 평가적 기능을 강화함으로써 과정까지 통할하려는 '평가 중심의 통제'이다.

스템으로 구조화되어 있어 그 모든 부담이 다시 학생에게 돌아간다.

누누이 경고했던 파행이 올해부터 본격적으로 현실화되고 있다. 정규 학사 일정에서 시험일이 끼어드는 것에만 국한되지 않고 있는데, 학사 일정 전반은 물론 정상적 교육과정 운영에 심각한 장애 요소로 작용할 뿐 아니라 '학교의 성과'를 위해 학생들을 강제로 보충수업과 자습에 동원하는 학교가 일제고사 시행 전보다 압도적으로 늘어났다. 최근 서울 지역의 학교교육 실태를 조사해서 분석한 결과[73]를 보자.

▷ 입시 위주 교육 등 학사 파행 증대. 0교시, 보충수업, 야간 학습. 고등학교는 강화, 초중학교로까지 확대, 휴업일 강제 등교.

▷ 정상적 교육 활동 침해. 성적 향상 압박이 심해지면서 문제 풀이식 수업 강요, 부진아 대상의 보충수업 등 성적 위주의 교육 활동 강제. 하지만 학력 향상은 의문시. '마지못해 시늉'하는 현실

▷ 학생 인권 상황 악화. 특히 학교선택제의 압력에 놓인 고등학교의 경우, 학칙의 무리한 적용으로 강제 전학을 시키는 등 일제고사 성적에 도움이 되지 않는 학생들을 솎아내려는 시도가 증가. 보충, 자율학습 역시 학생의 의사는 무시된 채 강제.

가장 심각한 것은 '성적에 의한 차별'이라는 비교육적 행태가 일제고사로 인해 학교 현장에서 노골적이고도 버젓이 일어나고 있다는 점이다.

---

73 전교조 서울지부(2010). 서울 지역 학교교육 실태 조사 분석 결과 – 일제고사, 학교선택제 이후 학교 현장을 중심으로. 미간행 유인물.

〈학업성취도평가〉[74]

◎ 시행 근거

▷ 초·중등교육법 제9조 제1항 : 교육과학기술부장관은 학교에 재학 중인 학생의 학업 성취도를 측정하기 위한 평가를 실시할 수 있다.

▷ 초·중등교육법 시행령 제10조(학생의 평가) : 초·중등교육법 제9조 제1항의 규정에 의한 학생의 학업 성취도 평가에 대하여 필요한 사항은 교육과학기술부장관이 정한다.

▷ 제7차 교육과정 : 교육과정의 질 관리를 위해 국가 수준에서는 주기적으로 학생의 학력평가, 교육기관 평가, 교육과정 편성·운영에 관한 평가를 실시한다.

◎ 목적

▷ 초·중·고등학교 학생의 학업 성취도를 체계적이고 과학적으로 진단하여 학업 성취도의 변화 추이 파악

▷ 교과 교육과정에서 규정하고 있는 교육 목표에 비추어 학생이 목표를 어느 정도 도달하였는지 분석하고, 교육과정의 문제점과 정착 정도를 파악하여 교육과정 개선에 기초가 되는 참고 자료 제공

▷ 문항 분석, 성취도와 배경 변인과의 관련성 분석을 통해 교수·학습 방법 개선 및 장학 정책 수립을 위한 기초 자료 산출

▷ 참신하고 타당한 평가 도구를 개발·활용함으로써 일선 학교의 평가 방법 선도

▷ 변화 추이 설계와 기법, 성취 수준 설정 방법, 배경 변인과의 심층 분석 방법 등과 같이 학업 성취도 평가 연구의 기본적인 목표를 달성하기 위하여 도입한 새로운 연구 설계와 방법을 탐색하여 확산시킴

◎ 내용과 방법

▷ 국가 수준 교육과정에서 규정하고 있는 교과 목표와 내용을 제대로 학습하였는가를 평가 : 초등 6학년, 중학교 3학년, 고등학교 1학년 대상으로 국어, 사회, 수학, 과학, 영어 교과 평가

▷ 평가 문항은 선택형과 서답형 및 수행평가로 구성함

▷ 학생·교사·학교장 설문지를 통한 교육 성취도의 배경 변인 조사 병행

▷ 준거지향평가로 성취 수준을 보고 : 우수학력, 보통학력, 기초학력, 기초학력 미달

◎ 분석 결과 보고 및 활용 계획

▷ 표집평가에 참여한 학생의 개인별 평가 지표를 제공, 학생들에 대한 학습 지도 및 진로 지도 지원

▷ 평가 결과는 보고서 형태로 제출하고, 시사점을 분석하여 국가 및 시·도 교육청에서의 교육정책 수립, 단위 학교에서의 교수·학습 방법 개선, 진로 지도 등의 자료로 활용

---

74 한국교육과정평가원 홈페이지 http://www.kice.re.kr/ko/board/view.do?menu_id=10168

학교에서 일상적인 학생 평가

○ **방식**
   표준화된 검사지에 의한 상대평가(석차), 양적평가(계량화, 원점수)
○ **기능**
   진단과 형성 기능은 매우 미미하고 총괄 평가, 전략적 평가의 역기능이 절대적

　교내 일제고사식의 정기 고사(표준화된 시험)를 중심으로 이루어져온 학생 평가 역시 문제는 크게 다르지 않다. 한국 학교에서의 일상적 평가는 "인간의 현실성보다 가능성에 더 비중을 둔다"는 교육평가의 대전제를 거스르고 있다. "평가는 교육에 도움을 주는 보조 수단"이라는 원칙이 전혀 지켜지지 않은 채 평가에 교육 활동이 종속되어 있고 학교에서의 평가는 곧 '시험'이고 점수화된 결과가 미래의 가능성을 예단하고 폐쇄하는 역할을 하고 있다.

　많은 학생들은 시험을 치른 후 시험지를 거들떠보지도 않으려 한다. 결과는 괴롭지만 괴로운 만큼 이후 학습의 안내 역할을 구체적으로 해주지 못한다. 교사나 학부모는 점수화된 결과를 보고 '다음에는 몇 점 이상', '더 열심히', '몇 등 목표'라는 하나마나한 주문 외에는 학생에게 의미 있는 피드백을 줄 만한 자료적 효용성이 없다. 더욱이 계량화로 인해 학급의 평균, 학교의 평균을 비교하게 됨으로써 교사 간에 쓸데없는 경쟁의식을 부추기기도 한다. 이러한 방식의 평가는 학습 실패를 경험하는 학생들을 양산하며 이는 학습 포기자의 양산으로 이어지는 비극을 초래한다.

　또한 평가 방법 개선의 취지로 수행평가 및 서·논술형 문항을 도입해도 현실은 달라지지 않고 있다. 독서 이력철 등을 도입해도 소용이 없다. 현재 점수 산출(계량화)과 생활기록부 기록 중심의 학생 평가는 교사의 교육적 판단이 개입할 여지가 없는 '업무'의 일종일 뿐이다. 학생 개개인을 '점수'와 '쫑

알쫑알'(행동발달특성), '각종 활동에 대한 누가 기록'으로 처리하는 것은 교사들에게 그다지 유쾌하지 않은 업무다. 교사의 판단을 중시하는 경우는 없기 때문이다. 교사는 최대한 자신의 판단을 배제하라는 '객관주의'의 허상에 시달린다. 학생의 미래에 혹시라도 마이너스가 될지 모른다는 책임감이 따르기 때문이다. 이러한 현실의 압력은 교사들의 인간 이해자로서의 전문성 발달을 촉발할 아무런 동기를 주지 않는다.

점수를 주고받는 관계는 교육적일 수가 없다. 발달에 도움을 주지 못하는 '전략적 수단'으로 탈바꿈되는 게 한국의 '점수'를 위주로 한 평가 시스템이다. '점수 깎는다'는 협박을 통해 통제 수단으로 오용함으로써 교육적 권위와 학생과의 신뢰 관계가 저해된다.

학교에서 만연한 학생 평가는 성장기 아동, 청소년에게 정서적 손상을 유발하고 공동체 의식보다는 경쟁과 개인주의적 가치관을 강화한다. 학생에게는 시험이 미래를 결정하는 기능을 하기 때문에 시험 그 자체가 커다란 스트레스다. 아울러 공부에 대한 흥미와 배움의 의미를 박탈해버린다. '공부=시험 준비', '공부를 잘하는 것=높은 등수'로 규정된 현실로 인해 배움이 인간으로서 누려야 할 권리라고 생각할 겨를 없이 배움을 멀리하는 것을 정당화하게 된다. 엄청난 역기능이 아닐 수 없다. 점수로 규정당하는 것이 싫으면서도 학생들 스스로 친구 관계를 성적으로 규정한다. 이는 나아가 인간에 대한 왜곡된 판단 기준과 관점(학력, 학벌로 사람의 가치 판단)을 심어주어 재생산하는 효과를 내포한다.

새로운 평가 패러다임이 필요하다

한국의 학생 평가는 세계에서 비슷한 사례조차 찾기 어려운 비정상적 형태이다. 점수 측정 위주, 발달 단계에 따른 명료한 기준의 부재, 가르치는 주체에게 평가권이 없다는 점, 평가가 교육과정을 도리어 좌지우지한다는 점

등이 그러하다. 이 모든 문제의 핵심은 학생 평가가 수행하는 중심 기능이 '비교'에 있기 때문이다. 이는 곧 상대평가가 갖는 문제로 나타나며 '계량화'에 이은 '서열화' 과정을 거칠 수밖에 없다. 역으로 계량화된 결과는 서열화와 비교로 필연적으로 연결된다.

〈상대평가의 문제점〉[75]

○상대평가의 기준점은 그 집단 내부에서만 통하기 때문에 타 집단 간의 비교가 불가능하다.
○상대평가는 개인의 상대적인 지위를 알려주지만 그 개인의 교육목표를 어느 정도 달성했는지는 제시해주지 못한다. 따라서 그 학생이 무엇을 할 수 있고 할 수 없는지는 알 수 없으며, 학습의 결과 무엇을 할 수 있되 얼마만큼 잘할 수 있는지도 알 수 없다.
○상대평가는 개인 간의 과열된 경쟁의식을 조장할 수 있다.
○상대평가는 경쟁의식을 통해서 학습자들에게 외재적인 동기를 유발하고 있다. 그러나 현대 학습 이론에서는 외재적인 동기 유발이 아니라 내재적인 동기 유발을 권장하고 있다. 왜냐하면 외재적인 동기 유발, 즉 경쟁의식을 통해서 각 개인에게 안이한 성취감이나 가혹한 패배감을 강요함으로써 학습에 대한 강화 체제를 흐리게 할 우려가 있기 때문이다.

실제 조사에서도 상대평가(규준지향평가), 즉 성적에 의한 서열화를 시행할 경우가 절대평가(준거지향평가)를 시행할 경우보다 '낙오자'를 만들어내는 평가의 역기능이 훨씬 빈번한 것으로 나타났다. 한 조사에 따르면, 서열화를 직접 경험하지 않은 국가보다 훨씬 높은 비율로 한국의 중학생 319명 가운데 66.5%의 학생들이 학생의 성적을 서열화하는 것에 반대(박정희, 2003)하는 것으로 나타났다.

기존의 평가에 대한 비판을 통해 수행평가, 참평가 등 '새로운 평가 이론'이 구체화되었고, 평가 방식을 다양화해야 한다는 주장이 제기되고 정책화되어 학교 현장에서 시행되었음에도 문제는 계속 심각해지고 있다. 따라서 현재 목도되는 평가의 역기능들은 현재의 평가 패러다임의 자체를 바꾸어야만 올바른 방향으로 선회할 수 있다는 결론에 도달하게 된다. 다시 말해, 몇

---

75 출처 : http://amablie.tistory.com/8?srchid=BR1http%3A%2F%2Famablie.tistory.com%2F8

가지 평가 방식을 추가한다고 해서 바뀔 문제가 아니라 '관점을 통째로' 바꾸지 않으면 안 되는 상태이다.

시장주의자들이 방패막이로 내세우곤 하는 '학부모의 요구와 권리'는 과연 격렬한 경쟁을 유발하는 계량화 중심의 상대평가를 지지할까? 달리 말해 학부모라는 존재가 원래 자기 자녀의 등수, 서열적 위치를 그렇게 알고 싶어 하는가? 그렇지 않다. 학생 평가에 대한 학부모의 인식[76]을 조사한 연구에 따르면, 학부모들 역시 '바람직한 평가의 상'을 가지고 있으며 현재의 학생 평가는 이와 부합하지 않는다고 여긴다.

학생 평가에 대한 일반적인 생각	바람직한 평가에 대한 생각
– 수,우,미,양,가 – 석차 – 서열 – 시험 – 시험 성적	– 학생 자신의 성장, 발달을 격려하는 것 – 관심 분야, 능력을 파악하고 진로에 대한 근거를 마련하는 것 – 장점을 살리고 적성을 찾는 것 – 잠재력을 파악하여 그것을 기준 삼아 학생의 능력을 파악하는 것 – 수치보다 잠재력, 품성에 더 관심을 갖는 것 – 학생, 학부모, 교사가 함께 평가하여 학생의 미래 계획을 도출하는 데 도움을 주는 것 – 학습 수행 능력, 사고력, 글쓰기, 말하기, 교우 관계 등을 평가하는 것 – 미래를 준비하고 격려하는 것

2. 외국 및 대안학교의 학생 평가

교육의 고통은 잘못된 평가에서 비롯된다는 통찰은 국민적 상식이라고 할 수 있다. 변화가 불가능하다고 생각할 이유가 없다. 식민지 통치의 한 수단이었던 평가 패러다임을 고수하는 '독립 국가'는 지구상에 한국이 유일하다.

---

76   서지혜, 〈중등 대안학교 학생 평가 분석〉, (2006, 한국교원대학교 석사학위 논문)

외국의 학생 평가[77]

외국의 학생 평가 현황을 살펴본 결과, 중심 방식과 평가의 주체에서 다음과 같은 공통점이 나타난다. 이를 통해 세계적 조류와 무관하게 한국의 학생 평가가 지극히 예외적인 형태로 이루어져왔음을 알 수 있다.

○ **중심 방식** : 절대평가이자 질적 평가 방식이 일반적이며 학생 상호 간 경쟁을 철저히 배제한다. 교사가 평소 관찰 등을 종합해 서술식으로 통지하고 이를 학부모 상담의 주요 자료로 활용한다. 중등학교에서도 절대 기준에 따른 평점 부여 방식을 취한다. 원 점수와 석차를 기재하는 사례는 찾아보기 어렵다.

○ **평가권** : 평가의 중심 주체는 외부 기관이 아니라 직접 가르친 교사이다. 국가 수준 학업성취도평가를 시행하는 경우 역시 이를 그대로 통지하지 않고 평소 교사의 평가와 종합해 결과를 통지한다.

미국

1980년대까지는 선발, 배치 용도의 점수 매기기, 등수 정하기 등 양적 측정에 치중된 평가가 주를 이루었다. 그러다가 1980년대 후반 문장 기술식, 수행평가 등의 질적 평가를 도입하는 등 평가를 개선하기 위한 노력을 기울였다. 평가의 목적을 교수-학습 과정 개선과 학생의 교육적 성장을 돕고, 전인 교육을 강조하는 한편, 결과와 과정 모두 중시하는 것을 개선의 주안점으로 두었다.

통지표는 지역별 혹은 학교별로 특성화된 양식으로 다양하며 석차를 기재하지 않고 성취 수준(절대) 평가 원칙에 따라 3내지 4단계로 평어를 기재하고 학년이 올라갈수록 서술식 평가보다 간단한 평어를 사용한다. 통지표의 주 용도는 교수-학습 과정에서 교육적 처방을 돕기 위한 교수-학습 보조

---

77 미국, 일본, 영국, 프랑스, 독일의 학생 평가 현황은 허경철 외 『국가 교육평가 정책 수립 방안 연구 -외국의 교육 평가 현황 분석을 중심으로』(1997, 한국교육개발원)의 내용을 요약, 정리한 것임.

장부로 활용한다. 상급 학교에서 학생을 선발할 때도 상대적 석차를 요구하는 경우는 없으며 이수 여부 및 이수 성취 수준을 파악하기 위한 자료만 요구한다.

일본

학교 내 평가와 상급 학교 입시가 이분화되어 있다. 경쟁을 기본으로 하는 상급 학교 입학시험과 학교에서의 학습 달성도를 판정하는 것과 별개로 취급한다. 입학시험은 경쟁 강화 방향으로, 학교교육에서의 평가는 경쟁을 지양하는 방향으로 진행되고 있다.

학교 내 평가에서는 서술식 평가가 일반적이어서 상대평가의 폐해, 교육 과정의 파행적 운영, 학교 운영 문제 등이 노출되지 않는다. 아울러 성취 기준 평가로 학생의 발달 단계를 고려하고 개인의 장점이나 개성을 파악하는 데 적합한 방식으로 개정했다.

영국

일상적 학교 수업에서 이루어지는 학생 평가의 경우 일제 시험이 없고, 학생의 진도차에 따른 개별화된 시험을 본다. 형성 평가적 기능을 강조하며, 문항은 거의 서술형이고 수행 과제 위주로 평가가 진행된다. 주요 과목 외에는 평소 교사의 면밀한 관찰 기록으로 시험을 대신한다.

초등의 경우 대부분 틀에 박히지 않은 교육을 실시하고, 개별화된 완전 학습이 목표이다. 이에 따라 학생 중심의 비형식적인 절대평가 방식을 취한다. 학급 단위의 받아쓰기, 암산 능력 시험(이것도 성적 기록 목적이 아님) 외에는 쪽지 시험의 형태로라도 일제히 시험을 보는 일은 없다. 형성 평가 형태는 자주 실시되지만 이 역시 개별화 형태이다. 개인 간 학습 진도 차이를 당연한 것으로 여기기 때문에 이것이 가능하다. 평가지와 학습지는 서술형 문제 비중이 매우 크며, 평소 과제에 대한 평가가 큰 비중을 차지한다. 국어와 수학 외에는 개별화된 시험조차도 보지 않는다. 평소의 학습 태도와 학습 결과에 대한 교사의 관찰 결과 기록으로 충분히 이를 대신한다. 시험공부 할 일도, 시험날도 없고 동급생과의 비교도 없는 것이 특징이라고 볼 수 있다.

통지표는 모두 서술식(국가 수준에서 개발된 성취 기준에 따라 교사들이 성취 정도 평가)이다. 1993년도부터 서술식 통지표를 작성했다. 매학기 이틀 가량 수업을 하지 않고 학부모와 상담을 실시한다. 20분 가량씩 개별 면담이 진행되는데, 이때 통지표가 상담의 중요한 자료로 활용된다.

국가 수준의 평가는 절대기준 평가 원리에 따라 실시한다. 목표를 상세화해서 목표의 성격에 적절한 방식으로 다양하게 실시한다. 결과 통보는 총점, 평균, 석차를 표기하지 않고 과목별로 설정된 하위 영역에 대한 학생의 도달 정도를 통지(수업에 대한 열성, 흥미, 과제 수행 정도도 통보)하며 표준화 검사 결과와 더불어 직접 가르친 교사의 평정 점수를 최종 성적 결정에 포함한다.

프랑스

학교에서의 학생 평가는 고등 정신 기능의 발달이라는 교육 본연의 목적과 부합하며 교육의 정상화를 촉진하는 방향으로 이루어지고 있는데, 평소 학교 수업에 열심히 임해야만 한다. 인문학 중시 풍토 속에서 논리적 사고력과 표현력을 바탕으로 한 지식의 습득과 탐구 능력 함양이 강조되며 국어와 철학, 수학 등을 전 교육과정을 통해 중시한다. 이런 풍토는 평가 과정에도 철저히 반영되는데, 객관성 확보보다는 학교교육이 본래 취지에 맞게 이루어지는지 학생들이 충실하게 지적 능력을 신장시키고 있는지에 관심을 둔다.

학교 내 평가는 절대평가 방식을 취하는데, 학생 간 상호 비교 평가가 아니라 교사의 교과 전문가적 입상에서 설정된 기준에 비추어 성취 여부를 판단한다. 평가는 주로 과제물과 시험으로 이루어지며 논술형 필기시험, 구두 시험, 과제물 평가, 활동에 참여하는 학생들에 대한 관찰 평가 위주로 이루어진다. 학교 단위 평가가 유급, 진로 선택, 변경 등 진로 결정 제도와 관련되어 사회적으로 중시되는데, 학교 성적이 지속적으로 이루어지는 진로 지도에서 가장 결정적인 판단 근거로 작용한다. 여기에 각종 심리 검사 결과, 학생의 개인사, 성격 발달, 학생의 환경, 학교 여건 등도 고려된다. 입학시험과 같은 선발 장치의 영향력은 상대적으로 미약한 편이다.

교사가 교육 방법을 자유로이 선택할 수 있는 권한과 함께 평가권 역시 거의 전적으로 인정된다. 지적 엘리트주의 교육 전통 속에서 지식의 소유자와 전달자로서 사회적 지위가 확고히 인정되고 있다. 정기적인 일제고사는 없고, 교사가 자율적으로 수시로 실시하며 채점도 교사 자율이다. 채점 방식에 대한 체계화된 규정 없이 교사의 전문적인 판단에 따라 평가한다. 3개월마다 통지되는 성적표에 일련의 점수로 기록된다. 한 학년을 한두 명 이상의 교사가 가르치는 경우가 거의 없어서 학교 내 비교 가능성을 보장하기 위해 동료 교사들과 상의할 필요가 없는 구조이다.

교사는 평가에서도 신뢰를 받고 있으며, 교육 당국도 교사의 전문성을 보장하기 위해 노력하며 평가의 신뢰도, 공정성, 중립성 확보를 위해 '학년위원회'의 조정으로 보완한다. 학교장, 해당 학년 교사들, 학생대표 2명, 학부모대표 2명, 경우에 따라 진로 상담가, 학교 의사 등이 회의에 참여한다. 주요 기능은 학생들의 성취 수준을 평가하고, 저조한 이유를 밝히고 대책을 마련하는 것이다.

독일

학생 간 상호 우열을 가리는 상대평가 방식이 아니라 교수 목표 달성 정도를 평가하는 절대평가 방식을 채택하고 있다. 또한 평가는 학생들의 우열을 측정하는 도구가 아닌 평범한 교육 활동의 일부로 간주된다. 따라서 평가는 교사와 교장의 절대적인 교육권으로 간주되어 모든 평가 결과들은 학생, 교사, 학부모 모두에게 신뢰받고 있다. 국가나 주 차원의 표준화된 시험은 공식적으로 존재하지 않으며 이런 형태의 시험은 교사들이 거부하고 있다.

교육부령인 '일반학교규정'을 참조해 1~6등급으로 성취에 대한 평점을 부여하는 방식을 취한다. 필기시험을 비롯한 모든 평가에 이를 사용한다. 단, 등급 부여 기준은 교사의 전문성에 의존해 결정한다. 신뢰도와 타당도를 제고하기 위해 (상급 학교로 올라갈수록 많이) '제2의 평가검사교사제도'라는 것을 활용한다. 이 제도는 학교장이 지명한 교사가 출제 및 채점, 기록 과정을 검토하도록 하는 것이다. 기초학교[78] 1~2학년에서는 6단계 평가 제도 대신 서술식 평정 방식을 사용한다. 서술을 할 때는 되도록 부정적인 평가는 피하고 긍정적 측면을 강조하도록 한다.

기초학교 단계에서는 시험의 의미가 아닌 클라센아르바이트("학급일")로 지칭되는 평가 방법을 사용하는데, 어린이들의 특성을 파악하기 위해 학급 내에서 교사가 수시로 실시하는 시험을 의미한다. 이를 통해 교사들은 학업 성취 정도를 알게 되어 학생들을 도울 수 있다. 국어, 수학, 주제 탐구 학습 내용에 대해서만 형식을 갖춘 지필 평가를 실시하며 공식적인 지필 검사는 실시 2~3일 전에 통보해야 한다. 평가에 따른 심리적 부담을 줄여주기 위해 채점된 시험지는 바로 돌려주어야 하며, 아동들의 평가 결과를 이해할 수 있도록 해야 하며, 또한 불필요한 경쟁심을 조장해서는 안 되고 모든 아동들이 성취감을 경험할 수 있도록 학생 개개인의 학습 능력을 평가할 때 신중히 고려한다.

1,2학년은 사회성 발달이나 학습 범위 등에 대한 기술된 통지서를 학년말에 받으며, 3학년부터 매 학기말에 6등급 평가 제도에 의해 작성된 통지표를

---

78 우리나라의 초등 1~4학년에 해당.

받는다. 지필 검사뿐 아니라 평소 관찰한 능력 점수를 반영해 평점을 부여한다. 평소 점수 비중은 2분의 1 가량이다. 가장 중시되는 것은 언어를 통한 수업 참여 정도이며 이는 배우는 즐거움을 강조하는 토론 중심의 수업을 강조하는 분위기와 관련이 있다. 학부모회의의 결정에 따라 서술식 평정 적용 학교가 생겨나고 있기도 하다.

스웨덴[79]

비교, 분류, 경쟁시키는 것이 목적이 아니라 개인이 학습 목표에 맞는 성취를 할 수 있도록 성취 수준을 제시하고 도달한 정도를 확인해서 지원하는 과정이라는 평가 철학을 가진 나라이다. 국가 교육과정 목표 안에서 학교가 교육과정을 편성하고 교사가 자율적으로 교육적 판단을 하는 구조를 갖추고 있다.

학교에서의 교육평가는 절대평가이자 목표 지향적, 언어적 척도를 사용하는 질적 평가라는 점이 특징이며, 3단계(통과, 우수, 매우 우수)의 간단한 척도를 사용한 평정 방식을 사용한다. 여기에 교사의 서술형 의견도 함께 제시된다. 최하와 최우수 학생 간의 차이를 줄이고 '느린 학습자'가 낙인감을 갖지 않고 계속 자기 발달을 할 수 있도록 하는 교육적 배려를 기반으로 한 것이다. 3단계의 간단한 척도는 1970년대 논쟁을 거쳐서 도입되었다. 간단한 척도만으로도 학업에 대한 정보 제공과 동기 부여에 충분하며 세분화된 상대평가 척도에 비해 느린 학습자들의 압박감을 해소하는 효과가 주장되었다.

공식적인 성적 통지표는 8학년부터 학기당 한 번씩 과목별 성적표와 전체 성적표를 작성해 배부한다. 과목별 개인 성적만 있고 석차는 없다. 담임교사는 전체를 수합해 학기말 이전에 삼자 회의에서 이를 협의하고 회의 이후 학생은 자기 평가서를 직접 작성해서 제출해야 한다. 평가 기준과 성적은 학교

---

79 이윤미(2010) "스웨덴의 교육평가", 〈진보교육〉 37호.

단위에서 협의되고 성적 부여는 담당교사의 자율적 권한이다.

국내 대안학교의 사례[80]

서울 지역 중등 대안학교인 S학교에서 학생 평가는 프로젝트 수업은 물론 기초 교과도 주로 발표와 과제로 진행된다. 한 학기 동안 진행한 교육 활동은 학기말에 '쇼하자'라는 행사를 통해 발표한다. 교사의 지원을 받으며 학생들은 콘셉트 구상부터 준비, 발표까지 스스로 해내는 '쇼하자' 프로그램을 한편으로는 부담스러워 하지만 평가에 대한 생각을 바꾸게 되었다. 자신이 한 것에 대해 스스로 평가해보기도 하고 타인들을 통한 피드백 과정에서 성장하고 있다고 느끼기도 하며, 과정의 소중함을 느끼기도 한다. 또 소통의 방법을 배우게 된다. 이 학교의 평가 방법의 특징은 다음과 같다.

첫째, 평가 방법이 다양하다. 지필 평가뿐 아니라 발표, 과제 수행, 다른 학생과의 소통, 쇼하자(공개 프리젠테이션) 등의 다양한 형태로 평가한다. '쇼하자'는 준비 과정부터 결과물을 만들기 위한 다양한 시도까지 평가의 대상이다. 공개적으로 행해진다는 면에서 학생들 서로 간에 평가한 결과와 학부모에 의한 평가 결과도 포함된다. 집단적 활동 중심의 협동적 평가와 부합된다고 볼 수 있겠다.

둘째, 서술형 통지표를 작성, 배부한다. 각 기초 교과, 프로젝트 담당 교사, 담임교사가 개별 학생에 대한 의견을 장문의 서술형으로 제시한다. 매우 구체적이고 상세하게 기록하는데, 장점과 단점을 포함해 변화한 모습을 모두 기술하며 다음 학기에 중점을 두었으면 하는 내용도 제시한다. 이는 '수치'로 표현하는 것보다 학생에 대한 정보를 더 풍부하고 깊게 나타내준다는 장점이 있다. 따라서 숫자로 개별 학생을 '심판'하거나 학생에 대한 지표로 숫자를 사용하는 수준에서 더 나아가 학생과 교사의 관계를 새롭게 해주는

---

80   서지혜(2006), 〈중등 대안학교 학생 평가 분석〉, 한국교원대학교 석사학위 논문.

데 기여한다. 또한 숫자로 된 성적표보다 훨씬 피드백 효과가 크다.

셋째, 소통을 위한 평가이다. 소통하는 방식의 평가는 그 자체로 학습의 과정이 된다. 그래서 S학교에서의 평가는 일정한 수준에 도달했는가를 점검하는 활동에 머무르지 않고 경쟁이 아닌 협동, 소유가 아닌 공유, 단절이 아닌 소통의 매개 구실을 한다.

넷째, 잠재력을 중시하는 발전을 위한 평가다. S학교 학생과 학부모들은 학생 평가는 아이의 관심과 능력, 필요에 의거한 아이 자신의 성장과 발달을 격려하고 지원하는 방편이다. 따라서 장차 어떤 일을 하며 살아갈지에 대한 근거가 되는 것이 바람직하며 수치적 평가보다는 잠재력과 품성에 더 많은 의미를 두어야 한다고 즉, '평가는 발전을 위한 것'이어야 한다고 여긴다.

3. 현대 교육평가 논의의 흐름

"(학생 평가) 변화의 움직임을 몇 가지 지적해보면, 객관식 선택형 검사를 통한 평가로부터 논술형 검사를 통한 평가로, 규준 지향 평가에서 준거 지향 평가로, 양적 평가에서 질적 평가로, 지필 검사 형태의 심리 측정적 평가로부터 수행평가, 포트폴리오 평가, 참평가로의 변화…… 새로운 패러다임의 특징을 살펴보면, 학습 결과에 대한 평가(성취 검사)보다는 학습 과정에 대한 평가(학습 평가)를 강조하며, 학습자를 분류, 선발하는 목적으로 평가를 이용하기보다는 교수-학습을 개선시키려는 목적으로 평가를 이용할 것을 제기한다."

- 한순미, 《비고츠키와 교육》 중에서

학생 평가에 새로운 바람이 불다

교육평가 이론에서의 변화도 상당하다. 측정 위주의 전통적 이론에서 탈피해 '질적 평가로 변화', '성취 검사보다는 학습 평가로 변화', '분류, 선발보다는 교수-학습의 개선 목적', '상호작용 중시의 역동적 평가' 등 전통적 평가 패러다임을 대치하는 방향성을 지닌 이론들이 주도하고 있다. 이러한 패러다임은 PISA 등에도 영향을 주었다. 한국에서도 교육 현실에 비해 이론 영역에서는 상당한 변화들이 진행되어왔다.

구성주의적 평가관

교육 평가에서 구성주의적 접근 역시 기존의 평가 패러다임을 바꾸는 흐름에 동승하고 있다. 수행평가 도입을 주도한 참평가 논의는 구성주의자들이 기여한 바가 크다. 구성주의적 평가관은 양적 접근에서 질적 접근으로, 심리 측정적 패러다임에서 맥락적 패러다임으로, 객관주의에서 주관주의로, 행동적 관점에서 인지적 관점으로, 결과보다는 과정 강조, 수동적 반응보다는 능동적 구성을 평가, 탈교과적이고 통합적인 평가로, 지필평가에서 참평가로, 단일 경우의 평가에서 오랜 기간 동안의 표집 행동의 평가로, 단일 속성의 평가에서 다면적 평가로, 개별적인 학생의 평가에서 집단의 평가로 전환해 활동 중심으로 협동적 평가를 했다.

한편, 허숙은 "인간 교육을 위한 교육 평가의 원리"로 다섯 가지를 제시했다.

첫째, 발달적 평가이다. 학생들을 갈라내기보다는 모든 학생들의 발달을 위해 이루어져야 한다. 둘째, 전인적 평가이다. 교과 지식만이 아니라 학생의 행동 특성을 총체적으로 판단해야 한다. 학생을 통합적, 총체적 관점에서 이해하고 노력하며, 학생의 전인적 성장을 돕기 위해 교육 평가가 무엇을 해야 할 것인지가 초점이어야 한다. 셋째, 종합적 평가이다. 지나친 분과주의를 지양하고 종합적인 방향으로 전환해야 한다. 넷째, 언어적 평가이다. 교육평가는 숫자의 굴레를 벗고 언어를 매체로 정보가 전달되어야 한다. 교육평가란 성적으로 학생들을 심판하는 일이 아니라, 교사의 교육 활동에 도움을 줄 수 있도록 학생에 관한 정보와 자료를 얻는 활동이어야 한다. 어떤 과목 점수가 0점이라고 해서 과목 능력이 0이라고 말할 수 없는 것과 같은 이치다. 다섯째, 교육적 평가이다. 교육 평가는 교육을 위해 교육적으로 이루어져야 한다. '교육을 위한 평가'가 아니라 '평가를 위한 교육'으로 가치가 전도된 '입시 준비 교육'의 병폐를 극복해야 한다.

그러나 구성주의적 평가관은 기존의 평가를 반대했을 뿐 '발달적 관점'이 충분하지 못했고 인적 자본론의 근본적인 부정으로 나아가지 못했다. '실증주의, 계량주의 말고 좀 다른 방식'으로 하자는 정도일 뿐이다. 지나친 주관주의와 입시라는 구조적 현실에 대한 근본적인 인식이 없어 한계에 봉착해 있다. 7차 교육과정을 주도한 것은 구성주의자들이었다. 동일한 학자들이 '미래형 교육과정' 논의에도 참여하고 있는 실정이며, 학업성취도평가를 보완할 문제로 볼 뿐 폐지해야 할 대상으로 인식하지 못한다. 왜냐하면 이들이 출발점으로 삼고 있는 것은 '인간 발달'이 아니라 '평가'이기 때문이다. 그렇기 때문에 평가 중심주의로 빠질 위험을 안고 있다. '평가가 문제다'라고 하는 주장은 지극히 옳지만, 평가 방식만 '개선'한다고 해결될 문제가 아니라는 것은 이미 경험한 바다.

비고츠키 이론에 근거한 '역동적 평가'

'역동적 평가' 이론은 비고츠키 이론을 토대로 한 평가론이다. 비고츠키 이론은 '인간적 발달'이라는 교육의 기본 지향에 충실한 교육 이론이다. 비고 츠키 교육학은 평가의 목적을 인간 발달을 촉진하기 위한 가능성의 형성과 교수-학습 과정의 개선에 둔다. 이로부터 출발하는 비고츠키 교육학의 평가 패러다임은 '인간적 역능(발달 기능) 중심의 질적 평가', '잠재력과 가능성 중심의 미래 지향 평가', '관찰과 상호작용 중심의 지속적, 역동적 평가' 그리고 '소통 중심의 협력적 평가'를 지향하는 특징이 있다.

한순미는 '정적 평가'에서 비고츠키의 근접발달영역 개념과 상호작용 개념에 영향을 받은 역동적 평가로 변화하고 있다고 지적하면서, 교사-학습자의 상호작용을 중시하는 역동적 평가는 "아동의 문제 해결과 사고 과정을 탐구하면서 아동의 문제 해결 전략이 변화, 향상되는 방식을 조사하기 때문에 교수에 대해 유용한 정보를 제공"할 것이라고 주장한다.

핀란드의 학생 평가

핀란드 교육에서는 기본적으로 학생 평가에서 절대평가와 질적 평가를 중시하며, 교수-학습 과정을 개선하기 위한 '장학'이 활성화되어 있다. 핀란드는 교수-학습 과정과 평가가 유기적으로 결합한 좋은 예이다.

핀란드는 초·중·고등학교와 대학에 이르기까지 누구도 성적 등수표를 받아 볼 수 없다. 전 학년에 이르는 성적표는 Kiitetävä(아주 잘함), Hyvä(잘함), Tyydyttävä(보통), Vättävä(노력 바람), Heikko(낙제) 등 다섯 가지로 분류된다. Kiitetäväsms는 10점 만점을 받은 점수, Vättävä는 5점으로 과목 통과 점수, Heikko는 4점으로 낙제를 의미한다. 대부분의 학생들은 전 과목에서 Tyydyttävä이상의 점수를 받고 있으며, 5%에 이르는 소수의 학생들만이 Heikko를 받는데, 그 과목에 전혀 흥미가 없거나 아주 싫어하지 않는 이상 Heikko를 받는 일은 없다. 교사들도 학생들이 Heikko를 받기 전에 많은 충고와 도움을 주어 사전에 문제를 예방한다.

활동 기능 중심의 발달 단계 설정과 관찰을 통한 정확한 진단과 평가를 중시하는데 이것이 핀란드에서 구체화되고 있는 교사의 평가 전문성이다. 또한 외부적인 상벌에 의해서가 아닌 자발적인 주의 집중을 중시한다. 점수가 몇 점이냐, 얼마나 빠르게 과제를 해결하느냐로 아동을 독려하는 것을 배제하고 과제에 대한 집중력을 기르기 위해 학교와 가정이 협력한다.

핀란드 초등교육 2학년 〈국어〉의 학업 성취 기준

– 상호작용 기능 발달
◇ 말로 자신을 표현하는 데 익숙하며, 듣는 사람이 설명을 따라갈 수 있도록 자신의 관찰과 경험을 소그룹에게 이야기하는 방법을 안다.
◇ 일상적인 말하기 상황에서 적절히 행동할 수 있다. 교사와 다른 학생의 말과 토론을 이해하고, 말하거나 토의할 때 상호작용하려고 노력하며 생각과 의문을 가지고 들은 내용에 반응할 수 있다.
◇ 표현 연습에 집중하며 참가한다.

– 읽기와 쓰기 능력 개발
◇ 초기 읽기 단계에서 기본 기술이 강화된 단계로 발전한다. 연령 그룹에 맞는 텍스트를 읽을 수 있을 만큼 독서가 풍부해진다.
◇ 읽는 동안 자신이 읽는 내용을 이해할 수 있는지 관찰하기 시작한다. 자신이 읽고 있는 것의 결론을 도출할 수 있다.
◇ 글로 자신을 표현할 수 있고, 일상생활에서 글쓰기 상황에 대처할 수 있다. 글쓰기에 자신의 상상력을 활용할 수 있다.
◇ 손으로 쓸 때 글자를 연결할 수 있으며, 컴퓨터에서 원문을 만들 수 있다.
◇ 단순하고 익숙한 어휘를 정확하게 쓸 수 있으며, 문장부호를 이용하기 시작하고, 문장을 대문자로 시작할 수 있다.

– 문학과 언어의 관계를 구체화
◇ 적절하고 흥미로운 읽을거리를 찾을 수 있으며, 즐거움과 정보 양쪽 모두를 위해 읽기 기능을 활용할 수 있다.
◇ 자신의 읽기 능력에 알맞은 (최소한 몇 권의) 어린이용 책을 읽을 수 있다. 미디어 활용 능력은 연령층에 맞는 프로그램을 따라갈 만큼 충분해진다.
◇ 언어에 관한 연령 그룹의 특성에 맞는 관찰을 할 수 있다. 단어의 음성학적 구조와 음절 구조를 분석하는 데 흥미를 가지며, 알파벳순으로 글자를 나열하고 알파벳순으로 활용할 수 있다.
◇ 언어와 텍스트에 대해 이야기할 때 배운 개념을 활용하는 데 익숙해진다.

4. 새로운 평가 패러다임의 방향과 의의

새로운 평가 패러다임은 '발달의 관점'이 출발점이며, 학습의 일부로서 평가가 자연스럽게 결합되느냐가 관건이라 할 수 있다. 그래서 가르치는 자가 평가하는 것이 발달의 관점에 부합한다는 점을 전제하고자 한다. 발달의 관점에서 본다면 '서열을 매기는 일'은 매우 우스운 일이다. 발달 단계가 다를 경우, 비교한다는 것 자체가 성립하기 어렵고 발달 단계가 같다면 불필요한 일이 되기 때문이다. 또한 협력의 차원에서 본다면 점수 경쟁은 적대적이기까지 하다. 협력 그 자체가 가장 효과적인 학습 과정인데 점수 측정을 통해 서열을 매기고 비교하는 것은 협력 자체를 파괴하는 일이 되기 때문이다. 핀란드의 교육 관계자들이 누누이 강조하는 "경쟁은 교육과 반대되는 것이다"라는 말의 의미는 바로 이것이다.

새로운 평가 패러다임의 방향은 다섯 가지로 요약할 수 있다.

첫째, 발달 중심의 질적 평가다. 교육에서 가장 근본적인 의제는 '발달'의 문제다. 교육은 인간 발달을 지향하는 것이며 인간적 발달은 사회적 '협력'을 통해서 이루어진다. 발달은 지식의 양적 누적이 아니라 '고등 정신 기능'이라는 인간적 역능의 인지적, 정서적, 실천적 발달을 의미한다. 교육의 목적을 인간적 발달에 두면서 고등 정신 기능의 질적 변화 과정에 주목할 때 교육 평가에 대한 관점은 완전히 새로워진다. 즉, 지식의 양적 측정과 서열화가 아니라 고등 정신 기능의 발달 상황과 과정을 진단하는 데 초점을 두게 되는 것이다. 그것은 어떤 기능의 구체적 발달 상황을 서술하는 질적 평가 방식으로 나타난다.

질적 평가가 곧 주관적 평가는 아니다. 발달의 관점에서 체계적인 평가의 방향과 기준을 제시할 때 질적 평가는 발달의 의미로운 과정이 될 수 있다. 예컨대 비고츠키 교육학은 인간 발달 과정을 네 개의 발달노선(자연적, 사회

문화적, 개체발생적, 미소발생적)의 연관된 결합 과정으로, 발달 단계에 따른 고등 정신 기능의 양적 성숙과 질적 비약의 과정으로, 정신 기능을 인지적·정서적·실천적 측면의 결합으로, 소통과 협력을 통한 상호작용 과정으로 보면서 총체적이고 전면적인 발달로 본다. 이 같은 논의를 기반으로 해서 발달 단계에 걸맞은 정신 기능을 설정하고, 그 기능의 출현·성숙·내면화의 국면과 인지적·정서적·실천적 측면을 바라보면서 그러한 기능들이 협력을 통한 상호작용 과정에서 어떻게 실현되어 나가는가를 관찰하고 평가할 수 있다. 발달 기능 중심의 진단과 개선 방향의 제시라는 질적 평가가 체계화될 수 있는 것이다.

둘째, 발달의 가능성을 중시하는 미래지향적 평가다. 잠재적 발달 가능성을 과학적으로 개념화한 것이 비고츠키의 근접발달영역[81] 개념이다. 근접발달영역은 교사나 동료와의 관계 속에서 출현, 발전할 수 있는 잠재적 발달 가능성을 의미한다. 인간의 발달 가능성을 현재의 인지 능력만으로 판단하고 고정화해서는 안 되며, 교육은 근접발달영역의 창출을 통해 미래의 꽃을 피워 나가는 것이라고 보아야 한다. 비고츠키가 근접발달영역이라는 개념을 통해 분명히 하고자 했던 것은 교육이 현재 상황보다는 앞으로의 발달 가능성과 잠재력을 중시해야 한다는 것이었다. 이 같은 문제의식은 '현재 수준 측정'에만 골몰하는 기존의 평가관에 새로운 지평을 열어준다. 미래의 발전 가능성에 대한 진단이야말로 평가의 주요 영역이 되어야 함을 의미하는 것이다.

---

81 비고츠키가 개념화한 것이다. 근접발달영역은 아동이 독립적으로 문제를 해결할 수 있는 실제적 발달 수준과 아동보다 좀 더 성인이나 또래의 도움을 받아 성취할 수 있는 잠재적 발달 수준 사이의 거리를 뜻한다. 개인 혹은 집단이 '지금 당장은 수행할 수 없지만 누군가의 도움을 받아 수행하면서 이후에는 스스로 수행할 수 있게 되는 발달영역'으로 규정된다. 여기서 발달영역은 새로운 질적 변화의 영역이며 따라서 한두 번의 수업이나 활동으로 이루어지는 것이 아닌 중장기적 영역이다. 그리고 홀로 수행하는 것이 아니라 교사나 어른, 또래 집단과 함께 수행하는 집단적 과정이다. 근접발달영역 개념은 공교육의 의의, 집단적 협력 학습의 의미를 중시하는 것으로 나아간다. (비고츠키, 《사회 속의 정신》, 천보선(2009) "비고츠키 교육학과 참교육의 재정립", 《진보교육》 12월 ; 이종승, 정연희(2001) "비고츠키의 ZPD 평가 방법에 관한 연구")

근접발달영역이라는 개념은 이미 많은 교사들의 실천에서 매우 당연하고 상식적인 것이기도 하다. 왜냐하면 교육 실천은 기본적으로 발전 가능성에 입각해서 행해지는 일이기 때문이다. 교육은 이미 알거나 잘하는 것을 가르치는 것이 아니라, 아직 모르거나 못하는 것을 상황과 단계를 고려해 익힐 수 있는 방식으로 진행하는 것이어야 한다. 모든 형태의 교육은 가능성 속에서 행해지는 것이다. 교육의 본질에서 본다면 가능성과 잠재력에 대한 진단이야말로 교육 실천과 직결되는 평가 영역인 것이다.

ZPD(근접발달영역) 진단 기법[82]도 실제로 이미 개발되어 사용되고 있다. 그렇지만 근접발달영역도 IQ 진단처럼 수치화되는 어떤 개인의 고정된 능력으로 오해되고 있기도 하다. 근접발달영역은 새로운 가능성을 발견하고 창출하는 문제이며 발달 과정을 지속적으로 관찰해야 파악과 진단이 가능하다.

셋째, 개별 학습자만이 아니라 집단적 관계와 과정을 평가한다. 새로운 패러다임에서 평가의 주요 대상은 개별 학습자의 발달 상황만이 아니라 동료 간에 형성된 관계와 상호작용 과정 그리고 교사-학생 집단과의 상호작용 과정도 중요한 평가 대상이어야 한다. 왜냐하면 가장 주요하고 효과적인 학습과 실천이 집단의 협력을 통해서 이루어진다고 보기 때문이다.

타인과의 상호작용을 어떻게 하는가는 개별 학습자에 대한 평가 지점이 될 수 있지만(핀란드 교육에서는 각 교과에서 타인과의 상호작용 자체가 주요한 평가 지표가 되고 있다) 집단 전체의 관계 형성과 협력 과정, 교사와의 상호작용 과정을 평가하는 것은 교수-학습 과정을 개선하는 데 큰 도움이 되며 필수적이다.

넷째, 관찰과 대면 중심의 지속적(역동적)인 평가다. 발달 상황과 가능성에 대한 진단의 주요한 방법론은 '지속적 관찰'과 '상호작용을 통한 역동적 파

---

82 이종승과 정연희는 "비고츠키의 ZPD 이론은 '교수'와 '평가'가 엄격하게 구분되지 않고 한 가지 과정으로 통합되는 새로운 평가의 가능성을 열어준다"고 보고 지능을 측정하는 K-WSIC 지능검사와 상호작용 방법 및 점진적 단서 제공 방법에 의한 ZPD 검사에 대한 실험을 실시하여 평가의 과정에서 교사가 감독자가 아닌 적극적 도움을 주어야만 가능한 평가라는 점에서 기존의 평가와의 차이점을 가진다고 보았다. (이종승, 정연희(2001), "비고츠키의 ZPD 평가방법에 관한 연구")

악'이 다. 발달 과정과 가능성을 한두 번의 시험으로 파악할 수는 없다. 학습 과정과 과제 수행과 협력 과정을 지속적으로 관찰하고 구체적으로 대면(이야기하기, 질문하기 등)하는 것이 필요하다. 물론 관찰과 대면 외에도 필요한 경우 쪽지 시험, 보고서 등 다양한 방법이 결합될 수 있다.

발달 상황은 한 지점에 머물러 있는 것이 아니라 상호작용을 통해 역동적으로 변화되기 때문에 관찰과 평가 지점 역시 역동적으로 변화해야 한다. 상호작용 과정에서 역동적 평가는 중간에 한 번쯤 쪽지 시험을 보는 기존의 '형성 평가' 개념과는 전혀 차원이 다르다. 지속적인 관찰, 대면, 대화와 결합하면서 끊임없이 변화하는 과정이다. 이를 통해 발달 상황과 가능성에 대한 구체적이고 종합적인 질적 평가가 비로소 이루어질 수 있다.

다섯째, 소통을 통한 협력적 평가다. 평가의 방법론과 관련해 관찰, 대면 외에 제기되는 것이 협력적 평가이다. 교사가 일방적으로 하는 것이 아니라 설정된 목표, 진행 과정 등에 입각해 학습자와 소통하면서 함께 평가하는 것이다. 협력적 평가는 진단 내용에 대한 구체성과 동의의 수준을 높일 수 있으며, 앞으로 수행해야 할 과제와 방향에 대한 주체적인 목표 의식을 훨씬 강화할 수 있다. 일부 북유럽 국가에서 개별 학습자별로 교육과정을 설정하고 평가하는 과정을 '협력적 평가' 방식의 사례로 볼 수 있다.

협력적 평가의 대상에는 개별 학습자의 발달 상황만이 아니라 '교수-학습 프로그램'도 포함되며, 어떤 주제 학습이나 협력 학습 등에 어떤 점이 좋은지, 어떤 문제가 있었는지 소통을 하면서 개선하고 발전할 수 있다.

마지막으로 새로운 교육 평가 패러다임의 의의에 대해 살펴보자. 먼저 새로운 교육 평가 패러다임은 학습자에 대한 구체적이고 분명한 진단과 교육적 처방을 가능하게 한다. 발달 기능이라는 분명한 지표를 기준으로 관찰과 대면을 통해 지속적으로 진단해 나간다면 더 구체적이고 명확한 교육 평가가 이루어질 수 있음은 자명하다. 더욱이 협력적 과정을 통해 동의의 수준을 높인다면 이후의 학습 실천을 개선하는 교육적 효과 역시 더욱 분명할 것이다.

또한 교육 실천의 전문성이 강화될 수 있다. '발달 단계에 입각한 고등 정신 기능'이라는 분명한 지표를 가지고 지속적인 관찰, 대면, 소통을 해나간다면 교육 노동의 전문성 역시 크게 함양될 수 있다. 지금처럼 막연한 관찰을 통해 '00는 심성이 착하며 머리가 좋다' 식의 이해가 아닌 '00는 현재 소그룹 상호작용이 발달할 단계인데, 1대 1 대화는 잘하지만 여러 사람에게 자신의 생각을 표현하는 데는 아직 미숙하다'는 관찰 결과는 훨씬 구체적이며 학습자와 학부모에게도 실질적인 도움이 된다. 분명한 기준을 가지고 관찰 등을 진단할 경우 학습자의 발달 상황에 대한 이해는 훨씬 구체화, 체계화, 전문화되며 지속적인 실천은 숙련도를 높일 수 있다.

교수-학습 과정이 지속적으로 변화하고 발전할 수 있다. 기존의 교육 평가는 개별 학습자만을 대상으로 하기 때문에 교수-학습의 상호작용 과정에 대한 논의와 따로 분리되어 있었다. 그러나 비고츠키 교육학의 평가 패러다임에서는 협력 학습 과정에 대한 개별 학습자의 상호작용은 물론이고 집단적 과정 자체가 진단, 평가의 대상이 됨으로써 교수-학습 과정에 대한 지속적인 변화와 발전을 추구할 수 있다.

또한 교육적 본질을 추구할 수 있다. '인간 발달의 지향', '가능성과 잠재력 중시', '협력적 과정' 등의 핵심적 평가 지표들은 매우 본질적인 교육적 가치와 지향과 일치한다.

교수-학습 과정과 평가를 통일할 수 있다. 관찰, 대면, 소통 등의 평가 방법은 교수-학습 과정과 일상적으로 결합되는 것이다. 그것은 발달 과정이 상호작용 속에서 끊임없이 변화하고 발전하기 때문이다. 진단과 평가가 일상적으로 교수-학습 과정과 결합된다고 해서 시도 때도 없이 시험을 보거나 직접적인 평가를 남발하는 것은 아니다. 일상적인 관찰과 소통을 통해 개별 학습자와 학습 집단의 상황을 진단하면서 능동적으로 교수-학습 과정에 반영하는 데 그 의미가 있다. 평가 지상주의와는 명확히 대립되며, 평가는 교육적 실천과 교수-학습을 개선하는 과정의 일부일 뿐이다.

교육적 인간관의 변화이다. 비고츠키 교육학에 따르면 인간은 강제가 아니라 스스로 발전을 지향하는 본질과 자신과 집단에 닥친 위기와 모순을 협력을 통해 해결하려는 본질을 가진다. 해결해야 할 새로운 과제의 등장은 아동, 학생들에게는 새로운 위기이자 모순이며 인간은 이 같은 상황을 극복하고자 하는 본질적 지향을 가지고 있다. 그리고 새로이 등장한 과제에 대해 아동과 학생들은 같이 고민하고 노력하면서 해결해 나간다. 협력은 새로운 위기와 모순을 해결할 수 있는 가장 확실한 방법이며 발전의 경로이다. 학습자를 인간 자본으로 바라보며 대상화하고 상호 경쟁으로 파편화시키는 경쟁적이고 정태적 인간관을 '협력하는 인간', '발전 지향의 인간'이라는 관점이 대신하게 된다.

11장

초등교육: 새로운 성적 표기 양식

홍순희[83]

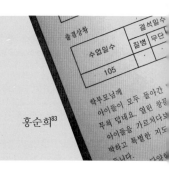

초등학교는 그동안 지역사회 여건과 학생 발달 정도를 고려해 다양한 수업을 해왔다. 그리고 교사가 수행평가를 통해 학생들의 수업 과정을 평가해왔다. 또 평가한 결과를 통지표 양식으로 학부모에게 보내왔다. 그러나 3년 전부터 국가 수준 학업성취도평가로 인해 지역사회 여건을 고려한 다양한 수업은 획일화되어가고 있다. 그동안 토론, 토의, 조사, 체험 등과 같은 수업은 사라지고 문제 풀이식 수업과 시험에 나올 만한 것을 밑줄 치고 요약하는 것으로 전락되었다. 음악, 미술, 체육, 실과, 도덕 같은 교과는 일제고사를 보는 국어, 수학, 사회, 과학, 영어 교과에 밀려났다. 또 학교자율화로 교과 수업을 20% 증감할 수 있도록 해서 영어와 수학 집중 교육과정으로 되어가고 있다.

그럼에도 불구하고 초등학교 현장에서는 수업을 살리려고 노력하며 학부모와 소통을 통해 일제고사를 극복하려는 노력을 하고 있다. 이제 일제고사를 극복하고 수행평가와 통지표를 의미 있게 실천해 나가는 방법을 알아보자.

83 서울 수서초등학교 교사.

1. 학교 현장에서 하는 평가

교육과정에 학교에서 실시하는 평가를 규정하고 있다. 평가는 직접 가르친 교사가 제작한 평가지를 활용해 선다형 일변도의 지필 검사에서 서술형 주관식 평가로 전환되어야 한다. 이와 같은 일은, 이제까지 학교 교육과정에서 선다형 객관식의 지필 검사 중심으로 이루어지는 평가의 역기능 현상을 줄이고, 평가의 적극적 기능을 살리기 위한 방향 제시라고 할 수 있다. 특히 초등학교에서는 '학생 스스로 자신의 지식이나 기능을 나타낼 수 있도록 산출물을 만들거나 행동으로 나타내거나, 답안을 작성하고 구성하도록 요구하는 평가 방식', 즉 수행평가를 유용하게 활용할 수 있을 것이다. 이러한 방식으로 서술형 또는 주관식 검사, 논술형 검사, 구술 시험, 찬반 토론법, 실기 시험, 실험·실습법, 면접법, 관찰법, 자기 평가 보고서, 연구 보고서, 포토폴리오 등 다양한 기법들을 활용해 창의성이나 문제 해결력 등을 파악하도록 '교육과정'에 제시되어 있다.[84]

2007년 개정 교육과정에서는 과정 평가의 중요성은 그대로 제시하면서 교육과정 총론에 교육과정의 질 관리의 하나로, 교육과정에 따른 학생들의 국가 수준 학업성취도평가를 할 수 있도록 제시했다.[85] 평가 방법은 선다형 일변도의 지필 검사를 지양하고, 서술형 주관식 평가와 표현 및 태도의 관찰 평가가 조화를 이루도록 권고한다. 초등학교 평가는 학생의 활동 상황과 특징, 진보의 정도 등을 파악해 그 결과를 서술적으로 기록하는 것을 원칙으로 한다. 교육과정에 제시한 평가 방법과 국가 수준 일제고사는 방식에서 논리적 모순이 발생한다. 전국 단위 일제고사의 문제는 단답형과 선택형 문제만 있기 때문이다. 국가 수준 일제고사와 별개로 학교 현장에서 하고 있

---

84 초등학교 교육과정 해설(1) 총론, 재량활동, 179
85 초등학교 교육과정 해설(1) 총론, 재량활동, 175

는 일상적인 평가는 어떤 것이 있는지 알아보고자 한다.

학습 활동을 하면서 이루어지는 평가

교사와 학생은 수업시간에 수없이 많은 상호작용을 한다. 또 학생들끼리 상호작용을 하며 수업을 이끌어간다. 수업은 교사-학생, 학생-학생 간의 상호작용을 통해 만들어간다. 수업하는 매 순간이 평가인 것이다. 학생들이 학습에 도달해가는 과정이 부족하면 보충하고 쉬운 과정은 빨리 진행한다. 수업은 이런 모습들이다. 그리고 그 속에는 교사들의 전문적인 평가의 안목이 발휘된다. 이런 수업의 흐름은 무계획적이며 비의도적이나 학생들에게 적절한 평가를 반영하기 때문에 수업이 질적으로 다르다.

1학년 수학 시간에 '7+5=12'와 같이 받아 올림이 있는 덧셈을 해보는 수업을 예로 들어보자. 이 수업은 교과서에 목표 도달을 위해 2시간으로 제시되어 있다. 교과서에서는 구체물 조작을 한두 번 하는 과정으로 제시되어 있다. 그리고 바로 덧셈 문제를 해결할 수 있도록 제시되어 있다. 받아 올림이 있는 덧셈을 할 때 교과서에 있는 시간 수로는 학생들이 도저히 이해하고 연산을 연습할 시간이 되지 않는다. 이럴 경우 교사는 받아 올림이 있는 덧셈을 학생들이 습득할 수 있도록 구체물 조작 시간을 충분히 주고 받아 올림이 있는 덧셈을 활용한 수학 놀이 시간도 배치한다. 이런 수업을 계획하고 실행하는 것은 학생들이 수업에 참여하는 모습을 관찰하고 평가했기 때문이다.

또 5학년의 '조상들의 의생활'에서는 여러 가지 의생활과 관련된 용어들이 나온다. 대부분의 학생들은 수업 시간에 이 용어들을 모두 외우지 못한다. 이럴 때 '골든벨'이나 '스피드 퀴즈' 형식으로 수업을 하면 흥미를 갖고 참여하면서 어려운 용어도 쉽게 외울 수 있다.

이렇게 수업 시간은 평가의 연속이다. 교사가 단순히 교과서에 제시되어 있는 대로 수행하면서 학생들의 반응을 반영하지 못하면 수업이 제대로 이루어질 수 없다. 수업을 하면서 학생들의 수업 참여도를 반영한 것이 평가이며, 그 평가 속에 진행하는 수업은 학생과 교사가 함께 만들어 교사와 학생이 함께 성장할 수 있다.

수행평가를 통한 학습 과정 평가

교사들은 학기 초에 교수·학습 계획을 기초로 평가 계획을 수립한다. 평가는 개개인의 활동을 중심으로 하되 평가 영역, 평가 시기, 평가 방법, 결과 처리 방법 등의 내용을 포함해 다른 학습자들과 함께하는 학습 과정에서의 능력과 태도를 평가한다. 수행평가는 각 교과별 특성을 살려 토의, 토론, 글쓰기, 실험, 작품 만들기, 시연하기 등과 같은 것이다. 이러한 수행평가는 동학년 협의를 통해 계획하고, 수행평가는 각 교실에서 담임과 학생이 주체가 되어 진행된다. 수업을 진행한 교사와 학생이 수업 속에서 수행평가를 하기 때문에 학생 모두가 소외되지 않는다.

아래는 7차 교육과정으로 운영된 6학년 1학기 사회 교과의 수행평가이다. 교과서에 제시되어 있는 고려의 대외 관계사와 전쟁사에 관한 내용이 성글게 제시되어 있다. 그러나 고려의 대외 관계 속에서 고려의 전쟁을 재조명하고자 교육과정을 재구성해서 수업했다. 학생들과 고려가 대외 관계를 맺었던 나라와 고려와 어떤 관계였는지 개별 과제 학습을 했다. 그리고 개별 과제는 모둠 활동을 하면서 고려가 거란, 여진, 송나라와 어떤 대외 관계를 맺었는지 함께 협력해서 알아보는 자료로 활용했다. 모둠 학습을 하는 동안 과제를 해오지 않은 학생은 친구들의 도움을 받아 고려의 대외 관계를 이해할 수 있었다. 조사를 많이 해온 학생들은 모둠에 친구들에게 설명하면서 자기가 조사한 것을 좀 더 명확하게 하는 시간이 되었다. 이런 시간 이후에 본격적인 토론 학습으로 이어졌다. 먼저 고려가 거란, 여진과 관계를 멀리하고 문화적으로 우수하다고 판단한 송나라하고만 대외 관계를 맺은 것이 옳은지 그른지에 대해 모둠 토의를 했다. 그 속에서 고려의 대외 관계 맺기 모습이 옳지 않다고 생각하는 학생들과 옳다고 생각하는 학생들로 입장이 나눠졌다. 모둠 토의를 통해 각자의 입장이 정해졌고 학급 전체 토론으로 이어졌다. 학생들의 자리를 자기 입장에 따라서 고려의 대외 관계 맺기 모습이 옳다고 생각하는 학생끼리 모여 앉고, 옳지 않다고 생각하는 학생끼리 모여 앉아 마주보고 전체 토론을 진행했다. 학생들은 자기 입장에서 고려를 평가하며 토론에 참여했다. 토론이 무르익을 무렵 교사는 '이제 고려와 여진, 거란, 송나라를 친구라고 생각했을 때 고려가 취한 관계성 맺기는 어떤가'라는 질문을 던졌다. 학생들이 순간 멍한 표정을 지으며 혼란스러워했다. 이 순간 교사로서 쾌감을 느낀다. 사회 수업 시간을 학생들의 삶과 연결 지으려 계획한 것이다. 학생들은 고려의 대외 관계 맺기를 친구 관계 맺기로 연결시키는 것에 흥미를 갖고 토론에 참여했다.

　그러나 지필평가에서는 단순히 고려의 전쟁을 누가 막았고, 어떤 전쟁이 있었으며, 전쟁의 원인이 무엇인지 단순 암기 수준으로 평가하고 만다. 학생들이 다음에 제시한 일제고사 문제를 해결하거나 해결하지 못하는 것이 학생들에게 어떤 영향을 줄 것인가?

학생들과 토론하면서 외교 담판과 귀주대첩을 공부하긴 하나 그 용어는 중요하지 않다. 학생들은 수업을 하면서 수행평가 과정에서 조사해서 발표하는 방법과 자기 입장을 정리해 토론에 참여하는 것을 학습했다. 이 수업을 통해 학생들이 보여준 반응을 보면 '고려는 문화적으로 뛰어난 송나라와 관계를 맺어 우리나라 발전에 기여하려고 했다. 그래서 지금 우리나라가 있다고 생각한다. 그러나 친구를 사귈 때 고루 사귀는 것이 좋다. 친구를 사귈 때는 그 친구가 무엇을 잘하는지와 관계가 없기 때문이다', '고려가 문화가 뛰어난 송나라와 대외 관계를 맺은 것은 잘못했다고 생각한다. 문화 교류에서 따돌림당한 거란이 세 번이나 침략하게 만들었기 때문이다. 거란과 외교적으로 관계를 맺었다면 거란이 전쟁을 일으키지는 않았을 것이다. 전쟁이 세 번이나 일어나서 많은 사람이 죽었고 미리 전쟁을 막을 수도 있었다고 생각한다. 나는 친구를 사귈 때는 고려처럼 하고 싶지 않다. 많은 친구와 고루 사귀는 것이 좋다고 생각한다. 6학년은 초등학교 마지막 학년이다. 친구들과 초등학교에서 좋은 추억을 만들고 싶다.' 학생들은 이 수업을 통해 자기 삶을 되돌아보고 고려의 관계사를 확실하게 이해하게 되었다.

학생들은 고려의 대외 관계 맺기 수업을 통해 조사 학습 방법, 모둠 토의 참여, 전체 토의, 또 내 삶과 역사 연결 짓기 등을 공부했다. 이런 일련의 수업과 수행평가를 통해 다양한 기능과 태도가 길러졌을 것이다. 또, 이후에 진행된 '병자호란, 임진왜란, 일제강점기, 한국전쟁 등'을 수업할 때 주변국의 정세와 나라 내부의 정세를 종합적으로 살펴야 됨을 알게 되어 이후의 수업 시간이 쉽고 재미있었다. 이렇게 평가는 이후의 학습을 계획하고 실행하는 밑거름이 될 수 있어야 한다.

그러나 일제평가에 중심을 둔 평가는 교과서 내용을 계속 암기해야 되기 때문에 힘들고 자기 생활과도 관련이 없어 결국 사회 교과를 싫어하게 만든다.

수행평가 계획서

	(6) 학년 (1)학기 (사회)과 수행평가 과제[86]		
영역	인간과 공간2	관련 단원	1. 우리 민족과 국가의 성립
목표	고려와 거란, 여진, 몽고와의 관계를 역할극으로 해 보고 각 나라의 입장을 말할 수 있다.		
과제	1. 고려, 거란, 여진의 침략 전쟁 과정 조사 2. 고려, 거란, 여진, 송나라와의 대외 관계 조사 2. 고려, 거란, 여진, 송나라 입장에서 원하는 관계 토의하기		
평가 유형	조사 학습, 토의 활동		
평가 시기	6주(4월)		
평가 내용 및 평가 관점	1. 각 나라의 입장에서 원하는 국가 관계를 잘 표현하였는가? 2. 각 나라의 입장에 맞는 근거를 들어 토론에 참여하는가? 3. 진지하게 토의 활동에 참여하였나? 4. 토의 활동 후에 고려의 입장을 잘 이해하게 되었는가? 5. 이 문제를 친구 간의 문제로 본다면 어떤 입장을 선택할 것인가? 6. 친구 관계의 입장에서 근거 이유를 잘 표현했는가? 7. 역사를 통해 내 생활 모습을 반성하고 나의 친구 관계를 개선하려는 생각을 하는가?		

86 2010년 7차 교육과정 6학년 사회교과 수행평가 계획서

수행평가 중 학생 스스로 해보는 자기 평가

교사들은 학생들에게 다양한 방식으로 자기 평가를 받고 있다. 먼저 자기 주도적인 학습 태도를 기르기 위해 일주일에 한 번씩 진행하는 방법이 있다. 이때 자기 평가서가 학생들에게 부담이 되지 않을 정도로 기록하게 하며 실제 학습에 도움을 주도록 해야 한다. 항상 교사는 학생들에게 자기 평가서가 도움이 되는지 부담이 되는지를 살펴야 한다.

또한 교사만 학생들을 평가하는 것이 아니라 학생들도 스스로 자기 자신을 평가해보면서 자기 자신을 되돌아보게 한다. 이런 시간을 통해 학생들은 평가에서 주체로 설 수 있고 교사가 혹시 놓칠 수 있는 부분을 평가에 반영할 수 있다. 학생들은 자기 평가를 통해 스스로 다음 학습에 집중해야 할 것을 찾을 수 있게 된다.

이번 주 생활[87]			
요일	공부할 내용(교과별로)	복습	읽은 책
월			
화			
수			
목			
금			
토			
일			

* 가장 재미있었던 내용 :
* 힘들었던 내용 :
* 더 알아보고 싶은 것 :

---

87 비봉초등학교 신은희(교육과정연구) 교사가 5학년 학생들과 함께하고 있는 활동. 매주 자기 학습 계획과 복습을 기록하고 읽은 책을 기록하여 자기 주도적 학습에 도움을 주려는 자료.

나를 진단한다 〈학기 말 자기 평가서〉[88] 이름: ○○○

국어 : 말하기와 쓰기는 부족하다. 하지만 듣기는 잘 들을 자신 있다. 그리고 난 교과서 읽기는
　　　좋아한다. 하지만 책읽기는 귀찮고 싫다.
수학 : 덧셈과 뺄셈과 분수, 약수, 배수 등 많은 것이 자신 있다. 하지만 통분, 무늬 만들기 등
　　　은 너무 어려워서 잘할 자신이 별로 없다.
사회 : 문화재와 역사 등에 흥미를 갖기 시작했다. 옛날에 조상들은 무엇을 하고 살았는지도
　　　잘 알고 싶다.
과학 : 거울과 렌즈는 헷갈리기 쉬워 잘 이해하기가 어렵다. 하지만 식물, 동물, 용액, 용해를
　　　알아보는 건 자신이 있다.
체육 : 체육은 좋아하지만 뛰기, 달리기 이런 것은 정말 자신이 없'다. 하지만 공으로 배우는
　　　체육은 정말 재미있다. 그래서 공으로 배우는 것은 내가 정말 좋아한다.
음악 : 노래하기와 음악 동영상을 정말정말 좋아한다. 그중에서도 노래를 좋아한다(단체로).
미술 : 아직 명도와 채도가 구별이 잘 안 된다. 그리고 붓으로 색칠하는 것을 좋아한다.
도덕 : 도덕은 지키기가 어렵다. 쓰레기를 버리지 말자고 다짐을 해도 잘 안 된다.
영어 : 난 영어를 좋아한다. 영어를 읽는 것도 좋아하고, 쓰는 것도 좋아한다. 듣는 것도 좋아
　　　한다. 그리고 아직 동사, be—동사 등이 어려워 구별을 잘 못하고 있다.
친구관계 : 친구는 여러 명이 있다. 그중에서도 5반, 6반 우리 4반에도 친구가 많다.
건강 : 건강하고 좋은 음식들을 골고루 먹는다.
나의 생활 : 난 지금 고학년이기 때문에 생활이 점점 어른스러워져야 한다. 하지만 아직 저학
　　　　　　년처럼 어린 행동을 한다.
나의 건강 : 요즘 모든 걸 골고루 먹는다. 하지만 콩은 아직도 싫어한다. 하지만 건강하다.
나의 친구관계 : 예전보다 친구들이 더 많아졌다.
나의 성격 : 활발하다.

　　　교과별 자기 평가서를 활용하는 방법도 있다. 학습 활동 참여도와 흥미
있었던 것을 스스로 평가해보면서 학생들이 수업에 흥미가 있었는지 없었는
지를 알아볼 수 있다. 또한 교사는 어떤 부분에서 지도가 소홀했는지 평가
를 할 수 있어 다음 학기 수업 계획을 하는 데 도움을 받을 수 있다. 특히 고
학년 학생들의 자기 평가는 아주 솔직해서 교사들이 놓칠 수 있는 부분을
찾을 수 있어 도움이 된다. 또한 토론 학습, 모둠 학습을 할 때 모둠에서 상
호 평가 방식도 많이 활용되고 있으며 교사가 관찰한 것과 자기 평가와 상
호 평가를 종합해서 수행평가로 기술하면 좋다.

88　비봉초등학교 신은희 교사가 5학년 1학기에 학생에게 받은 자기 평가서 예시 자료

6학년 1학기 자기 평가서[89]　　　　이름:

1. 사회 수업을 통해 역사에 관심이 생겼나요?
　① 예　② 아니오　③ 기타 (2,3번 일 경우 이유:　　　　)

2. 토론 수업을 할 때 내 모습은 어떤가요?
　① 토론에 적극적으로 참여해서 재미있다.
　② 토론에 적극적이진 않았지만 친구들 이야기를 듣는 것이 재미있다.
　③ 토론 내용을 잘 이해하지 못해서 토론에 참여할 수가 없다.
　④ 기타(　　　　　　　　　　)

3. 사회 시간에 수업 내용을 이해하는 데 가장 도움이 되는 것은 무엇인가요?
　① 사회 숙제로 사회책, 사회과 탐구 읽어온 것
　② 역사와 관련된 책을 읽은 것
　③ 선생님의 설명
　④ 친구들 발표
　⑤ 기타(　　　　　　　　　　)

4. 칠판에 선생님이 제시한 문제를 해결하는 정도는 어느 정도 입니까?
　① 혼자 답을 찾아 쓸 수 있다.
　② 주로 친구의 도움을 받아 해결한다.
　③ 어떻게 찾아야 될지 잘 모르겠다.
　④ 기타(　　　　　　　　　)

5. 역사 수업을 통해 새롭게 알게 되거나 느낀 점은 무엇인가요?
　(　　　　　　　　　　)

6. 2학기에 '우리나라 민주 정치'와 '세계 여러 나라'에 대해 공부합니다.
　선생님에게 하고 싶은 이야기나 제안하고 싶은 것을 써 주세요.

일제고사로 하는 지필 평가

　수업은 학생과 교사가 만들어간다. 그런데 학년에서 통일된 문제로 여러 반이 한꺼번에 보는 일제고사 형태로 학업성취도평가가 있다. 가끔씩 학급 별 평가를 하고 있는 경우도 있으나 대부분 학년에서 통일된 시험지로 같은 날 보는 시험이 있다. 그 시험지로 수행평가를 대신할 수 없다. 평상시에 체

89　7차 교육과정 6학년 사회 교과 수업을 하면서 진행한 자기 평가서.

험, 토론, 토의, 실험, 실습, 수행, 실기, 자기 평가, 상호 평가 등으로 수행평가를 마쳤는데도 학교 단위 일제고사를 보고 있다.

학교 단위 일제고사 시험지를 출제하는 과정을 보면 각 학년에서 한 명씩 교과를 선정해서 문제를 출제한다. 문제를 출제할 때 교육과정의 목표를 분석해 학생들을 객관적으로 공정하게 평가하기 위해서 문항 출제에 신경을 많이 쓴다. 각 반에서 수업한 방법이 다르고 중점적으로 다룬 내용이 다르기 때문에 출제된 문제를 두고 동학년 교사 사이에 신경전이 벌어지기도 한다. 또 수행평가에서 제시한 의미 있는 수업을 풀어내는 방식으로 서술형으로 문제를 출제할 경우 채점의 공정성과 객관성에 문제가 제기되기 때문에 가급적 단답형이나 선택형 문항으로 출제하게 된다. 출제된 시험지로 시험을 보고 채점을 할 때도 공정성과 객관성을 중시해 출제자가 해당 학년의 시험지를 모두 채점한다. 결국 국어 시험지를 출제한 교사는 1반부터 끝 반까지의 국어 시험지만 채점을 하고, 수학을 출제한 교사는 1반부터 끝 반까지 수학만 채점한다. 결국 국어를 출제한 담임은 국어 시험지에서 의미 있는 정보를 얻을 수 있다고 하더라도 다른 교과 시험지는 채점된 것을 받기 때문에 학생들의 점수가 중요할 뿐 교사들의 수업과 학생 지도의 피드백 기능의 정보를 받을 수 없다.

수행평가 보고서와 평가서로 평가를 하면 학생들의 이해 정도를 담임이 파악할 수 있어 학생들에게 즉각적인 도움을 줄 수 있는 반면, 일제고사는 그런 정보도 줄 수 없다. 학교 단위 일제고사는 학생을 제대로 평가하지 못하며 수행평가에 반영하기도 애매한 상태다. 그래서 학교 단위 일제고사는 학생과 교사에게 그렇게 큰 영향을 주지 않으면서 단지 학생을 서열화시켜 많은 학생들의 학습 의욕만 떨어뜨린다.

더 심각한 것은 국가 수준 학업성취도평가다. 특히 6학년은 4학년에서 6학년까지 배운 내용으로 시험 범위가 방대해서 학생들이 받는 스트레스가 너무나 크다. 그리고 그 시험 결과 부진아로 판명되면 방과 후에 보충 수업을 들어야 한다. 그래서 수업을 파행적으로 하더라도 많은 교사들이 문제 풀이식 수업을 진행하게 된다. 학생들도 체험, 토론, 참여 등과 같은 수업보다는 정답을 알 수 있는 수업을 요구하게 되었다. 게다가 각 지역 교육청은 교육청별 등수, 학교장은 지역에서의 등수로 학교 평가에 반영된다는 소문이 있어 위로부터 조이고 조여서 학생들만 힘들어지는 일이 반복되는 것이다.

2. 소통으로 일제고사를 극복하자

일제고사의 병폐가 심각해지고 있지만 그래도 한편에서는 교사, 학생, 학부모가 함께 노력하고 있다. 시험 점수로 학생들을 달달 볶는 것이 아니라 학생과 학부모에게 도움이 되고 교사에게도 가르치면서 행복할 수 있는 방법이 있다.

학생 전체와 소통하는 방법

알림장을 통해 소통하기

대부분의 초등학교에 교사들이 알림장을 학생들에게 숙제를 안내하는 것으로 활용한다. 어떤 교사들은 단순히 숙제를 적는 용도를 넘어 학부모와 소통하는 고리로 활용하기도 한다. 초등학교 1학년 1학기에 글씨도 잘 모르는 학생들에게 글씨를 쓰라고 하는 것은 폭력에 가깝다. 그래서 현장에서는 많은 교사들이 알림장을 프린트해서 공책에 붙여준다. 알림장에는 수업에 대한 안내와 복습, 학생을 바라보는 교사의 교육철학, 학부모 협력 사항, 학교 소식 등에 대한 내용들이 있다. 알림장을 통해 이러한 내용으로 소통하게 되면 학급에서 소소하게 발생할 수 있는 학부모와 교사 간의 오해도 많이 줄어들 수 있다.

〈알림장〉[90]

6/20 토

1. 몸 씻기( )
2. 책 읽기(제목:)
3. 일본뇌염 예방접종 확인서 가져오기-주사 맞은 사람

@ 이제 우리 아이들이 학교에 입학한 지 넉 달 가까이 됩니다. 이제 학교 오는 것이 어느 정도 습관이 된 듯합니다. 이제 우리 아이가 스스로 학교에 등교하고 하교 할 수 있도록 도와주세요. 아이에게 스스로 할 수 있는 일을 하나하나 늘려가서 자립적인 아이가 될 수 있도록 하면 좋겠어요.

〈가정과 학교에서 협조해서 함께할 일〉
1. 학교 혼자 오기(복도까지 부모님 오지 않았으면 합니다.)
2. 알림장 보고 숙제 스스로 챙기기
3. 집안 일 중 할 일 하나 하기(신발장 정리 같은 것)

---

90   2009년 1학년 담임하면서 1학기 동안 컴퓨터로 알림장을 써서 공책에 붙여 보낸 자료

소식지나 편지로 소통하기

소식지는 학급에서 생기는 여러 가지 일들이 담겨 있다. 학생의 글쓰기 모음, 학급 소식, 학부모-교사 소통 양식 등 다양한 방법이 있다. 아래는 학부모 총회 때 학부모에게 '한해살이'에 대한 안내를 한 자료이다. 총회 때 참석하지 못한 학부모를 위해 학생 편에 소식지를 챙겨 보내는 것도 좋은 방법이다.

소식지의 형태는 교사에 따라 다르다. 주간 학습을 안내하는 형태나 학급 신문, 학급 문집, 학부모 편지 등이 있다. 학생들의 글모음을 통해 학교에서 수업하는 것을 알리기도 하고 학급 소식을 기사문의 형식으로 알리기도 한다. 또한 학부모를 위한 강좌나 좋은 책을 소개하기도 한다. 방법은 다양하나 학생들을 좀 더 잘 교육하려는 목적은 같을 것이다. 이런 소통 방식을 취하는 학급에서는 학부모들의 교사 만족도가 높은 편이다.

〈소식지 1〉[91]

〈급훈〉 몸으로 즐겁게 배우는 어린이	1학년 3반 학부모 소식지	발행일:2009.12.11.금 담 임: 홍순희 선생님

✚ 12월 학부모 모임 안내

11월 신종플루 때문에 정신없이 시간이 갔습니다. 11월에 '비폭력대화 방법'을 강의해줄 강사를 요청하려고 강사에게 여러 번 연락을 하였습니다. 안타깝게도 강사가 내년 2월까지 강의가 꽉 차 있어 강사 섭외에 실패하였습니다. 꼭 학부모님과 함께 듣고 싶었는데 안타깝습니다.
대안으로 학부모님과 12월에 편안하게 학부모 역할과 북유럽 교육에 대한 이야기 나누고자 합니다. 시간 되시는 분 참석 바랍니다. 학교 일정 조정하다 보니 시간을 교사가 일방적으로 정했습니다. 양해 바라며 시간 되시는 분만 오세요.

– 때: 2009. 12. 17. 목요일 오후 1시 30분–3시 30분   – 곳: 1–3 교실

✚ 학습 마무리 잔치

12월에 '황소 아저씨' 연극 공부하는 것을 발표하려고 합니다. 시간 되시는 분 참석 바랍니다.
감기 증상이 있으신 분은 참석을 자제해 주시기 바랍니다.

– 때 : 2009. 12. 19. 토요일 10시   – 곳 : 1–3 교실
– 준비물 : 사진 찍기 바라는 분 사진기
– 미리 준비해서 낼 것 : 쌀 1봉지(12.17–12. 18까지)

---

91 2009년 1학년 담임하면서 학급 행사나 학부모에게 중요한 소식을 전할 때 안내하는 글.

<소식지 2>[92]

<급훈> 몸으로 즐겁게 배우는 어린이	1학년 3반 학부모 총회 소식지	발행일: 2009. 3. 18. 수 담 임: 홍순희 선생님

▶ 담임 선생님은......

– 학생에게 –

1. 학생의 마음을 이해하는 교사
2. 공평한 교사
3. 사랑으로 지도하는 교사
4. 항상 연구하고 배울 준비가 되어 있는 교사
5. 체험활동을 중시하는 교사

–학부모에게–

1. 학교생활을 안내하는 교사
2. 항상 대화할 수 있는 교사
3. 부담감을 주지 않는 친근한 교사

–교사 자신에게–

1. 옳은 일을 실천하며 살아가는 교사
2. 항상 연구하고 누구에게나 배울 준비가 되어 있는 교사

▶ 학습 안내

1. 우리들은 1학년에서 문자 공부를 체계적으로 지도하고 있습니다. 그날 배운 닿소리가 들어가는 낱말을 찾는 활동을 집에서도 해주시면 훨씬 효과적으로 한글을 익힐 수 있을 것입니다.
2. 2007년 개정 교육과정으로 공부가 진행됩니다.

– 국어 : 듣기 · 말하기 / 읽기 / 쓰기

– 수학, 수학익힘책 : 1–100까지 수와 간단한 덧셈과 뺄셈 / 입체도형 / 한 가지 기준으로 사물을 분류하기/'ㅁ'을 사용하는 식

– 즐거운 생활 / 바른 생활–생활의 길잡이 : 통합 교육과정으로 운영

✚ 개정 교육과정이 다소 어려워지고 산만한 부분이 있어 재구성하여 지도할 예정입니다. 아이들이 어렵다고 하는 부분이 있으면 바로 알림장에 써서 보내주세요.

▶ 부모님께 부탁 드리고 싶은 말

1. 담임선생님을 훌륭하다고 보아주고 아이들 앞에서 선생님의 험담을 하지 않는 것이 어린이의 교육에 도움이 됩니다.
2. 체험학습 신청은 2일 전에 신청하고 다녀와서 결과를 쓰면 결석이 되지 않습니다.
3. 학생에게 문제가 있으면 항상 학교 담임과 의논해주세요.(문자, 전화, 메일로 가능함)
4. 급식은 4월부터 시작됩니다. (급식통은 어깨에 둘러지고 물통과 수저통이 함께 들어 갈 수 있는 것으로 준비해주세요.)
5. 아이들 학용품에서 필통은 소리 나지 않고 게임기가 없는 것으로 준비해주세요.
6. 어린이들의 다양함을 특징으로 보시고 비교하지 마세요. 자녀 교육에 좋지 않습니다.
7. 학습 자료는 학교 학습준비물실에 있습니다. 학습 활동 한 것은 공책과 알림장을 참고하세요.
8. 매일 책읽기 숙제가 나갑니다. 습관이 되도록 지도해주세요.

▶ 아이들 먹거리

–인스턴트식품, 음료수는 보내지 말아주세요.

▶ 학부모 권장 도서 목록

–아이의 사생활 / 지식채널

: 아이들을 다양한 각도에서 이해하는 방법

–아이들은 놀기 위해 세상에 온다/ 편해문/소나무

:놀이가 어린이에게 미치는 영향

–아이는 기다려주지 않는다/효한 크리스토프 아놀드/양철북: 이 시대 흔들림 없이 아이를 키우는 방법

–물은 답을 알고 있다/에모토 마사루/나무 심는 사람

: 언어 사용의 중요성을 실험을 통해 증명한 것

✚ 학교 도서관, 담임선생님께 빌려 읽으셔도 됩니다.

학급 누리집으로 소통하기

학급 누리집을 통해 학급 활동을 알리고 학부모와 소통하는 반이 많이 있다. 누리집에 단순히 학습 장면을 찍은 사진을 올리는 수준을 넘어서 교사의 교단 일기, 자녀 교육에 도움이 되는 학부모 연수, 책, 각종 학습을 위한 자료를 소개하면 학부모가 학급 운영을 함께하고 있음을 느낄 수 있게 해준다. 학급 누리집은 직접 학교를 방문하지 않아도 어떤 수업을 했는지 학부모가 집에서 확인할 수 있어 좋다. 학부가 학급 활동에 관한 것을 알게 되는 것만으로도 학부모들은 학교에 대한 신뢰가 생길 수 있다.

〈학급 누리집〉[93]

93 서울 중곡초등학교 최혜영 교사의 1학년 학급 누리집 운영 사례

개별 학생과 소통하기

학생 상담

학생들과 소통하는 가장 흔한 방법이 개인 상담이다. 교사는 학생들에게 수시로 생활 지도와 학습 지도를 하고 있다. 학생과 상담을 해서 해결할 수 있는 문제는 학부모와 상담하지 않고 학교에서 해결하는 것이 좋다. 또 수업 시간에 해결하지 못한 과제는 가정학습이나 쉬는 시간에 보충 지도를 해서 학습에서 뒤처지지 않도록 하고 있다.

학생 스스로 학습 방법이나 생활태도를 돌아볼 수 있는 시간을 자주 주고 문제가 되는 행동은 교사와 학생이 함께 해결한다. 학생과 교사 간 신뢰가 쌓이면 학생들의 솔직한 마음을 알 수 있어 학습 지도뿐만 아니라 생활 지도에도 도움이 된다. 이런 시간을 통해 교사는 학생들을 좀 더 깊이 있게 이해할 수 있게 된다. 학생도 교사의 입장을 이해하게 되어 좋은 학급 분위기가 되도록 서로 노력하게 된다.

학부모 상담

보통 학부모 상담은 문제 학생의 부모가 학교에 불려오는 것으로 인식하는 경우가 많다. 그러나 학부모 상담 시간에 학생들의 학습 준비와 학습 목표 정하기를 학부모와 교사가 함께하면 좋다. 물론 학기 말에 학부모가 상담을 원하는 경우 하는 것도 좋다. 요즘 학교에서 강제적으로 학부모 상담 기간을 정해 두고 하는 방식보다는 필요할 때 하는 것이 더 효과적이다. 학생에게 문제가 생겼을 때만이 아니라 교육의 주체로 설 수 있는 학부모 모임이 있으면 더 좋다.

그러나 학급 안에서 학생 상담을 통해 해결하지 못하는 문제나, 가정 문제가 있는 경우는 개별 학부모 상담이 필요하다. 상담하는 내용은 극히 개인적인 것으로 학부모와 학생에게 도움이 되어야 한다. 학부모 상담 시간에 학생의 문제를 학부모에 알려주어 문제를 학부모 혼자서 해결하도록 하는 상담이 되어서는 안 된다. 교사가 학부모와 함께 학생을 도와줄 수 있는 방법을 찾자고 제안을 한다. 그러면 학부모도 적극적으로 협력하게 되고 문제 행동을 한 학생도 자신의 행동을 개선하려 노력하게 된다. 그렇게 되면 학부모와 학생은 교사를 신뢰하게 된다.

3. 새로운 평가로 나아가자

교육청이 해야 할 일

첫째, 학급당 학생 수를 줄여야 한다. 학급당 학생 수를 대폭 줄여 학생과 교사가 수업에 전념할 수 있도록 해주어야 한다. 학생 한 명 한 명을 관찰해서 평가하기에는 현재 한 학급당 학생 수가 너무 많다.

둘째, 교사가 수업에 집중할 수 있는 여건이 조성되어야 한다. 교사가 학생을 가르치는 본연의 일을 할 수 있도록 공문 처리와 같은 행정 업무를 축소해야 한다.

셋째, 학생 평가에 대한 교사 연수를 해야 한다. 수행평가의 중요성을 교사에게 알리고 일제식 시험으로 인한 서열화보다 학생들의 장점을 살리는 평가가 되도록 노력하는 것이 필요하다. 수행평가가 단순히 과제를 제출하고 실기 시험을 보는 정도로 되어서는 안 된다. 수업 과정에서 학생 상호 간의 협력과 소통을 통해 학생들이 발달하고 있는 정도를 평가하기 위해서 교사 연수가 필요하다. 평가 연수는 학생들을 관찰하는 방법과 학생들의 발달 단계를 고려한 수업을 재구성하는 방법으로 구성되어야 한다. 일제고사로 인해 평가에 대한 잘못된 인식을 갖고 있고 서열화하는 것에 익숙한 교사와 학부모의 관점을 변화시키기 위한 연수가 반드시 필요하다.

넷째, 교육청은 학생의 발달 단계를 연구해 각 학교에 제공해야 한다. 시·도 교육청은 각 학교에서 연구한 학생 발달 단계에 대한 자료를 수집하고, 교육과정을 개선하는 자료를 제공해준다. 또한 교육과정 개편을 위한 자료로 활용할 수 있도록 교육청에서 자료 수집을 해서 교육과학기술부에 자료를 제공해야 한다. 이런 과정을 통해 국가 교육과정이 실제 학생들의 발달 단계를 고려해서 좀 더 발전적이 될 수 있도록 한다.

학교가 해야 할 일

첫째, 해당 학교 학생들의 발달 단계를 연구해야 한다. 교육청에서 제공한 자료로 지역 여건과 학교 여건에 맞는 발달 단계를 연구해 학습에 활용할 수 있도록 한다. 학교 안에서 연구한 학생 발달 단계에 따른 학습 자료를 다시 교육청에 보내서 교육과정 개선에 도움이 되도록 한다.

둘째, 교사가 학습 활동과 학생 관찰에 몰두할 수 있는 시간을 확보할 수 있어야 한다. 교사가 학생 개개인을 관찰하고 수업을 연구하려면 많은 시간이 필요하다. 지금처럼 교사가 업무에 집중하느라 시간 있을 때 학생을 가르친다는 말은 더 이상 나오지 않도록 해야 한다. 교사의 본연의 임무인 수업을 통해서 전문가로서의 자부심을 느낄 수 있도록 수업 연구 시간을 확보해주어야 한다.

셋째, 교사와 학부모 사이에 다양한 소통 방법을 마련하기 위한 분위기가 조성되어야 한다. 학급에서 다양하게 이루어지는 소통 문화를 활성화하는 것이 중요하다. 학부모와 소통하는 방식을 획일적으로 몰아가서는 안 되며 교사 개개인의 특성을 살려 다양한 방법으로 운영할 수 있도록 한다.

교사의 노력

첫째, 교재 연구를 충분히 해야 한다. 교사는 교재를 연구해서 수업의 질을 향상시키고 학생들의 특성과 교과의 특성에 맞는 다양한 수업을 해야 한다. 이런 수업을 준비하기 위해서 교사에게 교재를 연구할 시간이 필요하다. 교사는 수업에서 전문가가 되도록 끊임없이 노력해야 한다.

둘째, 학생들을 지속적으로 관찰한 것을 토대로 학습을 안내해야 한다. 교육의 주체가 교사-학생-학부모라는 생각을 갖고 학생들의 학습 지도를 위해 노력하며, 학습한 것을 학부모와 여러 가지 방법으로 소통한다. 교사는 학부모와 소통한 내용을 수업 시간에 반영해 수업의 질을 높이도록 한다. 이런 과정을 통해 교사는 전문가로 바로 설 수 있게 될 것이다.

셋째, 학부모 상담과 학부모와 교사와의 주기적인 소통의 장을 만들어야 한다. 교육은 교사-학생-학부모가 주체이다. 학습 내용을 학부모와 함께한다는 마음으로 공유하면 학급 운영이 잘될 수 있다. 교사가 학부모와 소통하기 위해서는 학생을 관찰해야 한다. 교사들이 학생을 좀 더 전문적으로 관찰해서 학부모에게 교육적인 정보를 줄 수 있으면 좋다. 교사는 학생과 학부모가 함께 교육적으로 성장할 수 있도록 이끌어야 한다.

4. 대안학교에서는 어떻게 평가하는가

대안학교에서는 교과 평가를 할 때 학습 목표와 학습 내용을 동학년 협의를 거쳐 정한다. 학기 초 동학년 협의회에서 평가 계획을 세워 교과별 학습 목표를 정하고 수행평가 항목도 함께 정한다. 평가 계획 속에 교과별 학습 목표와 학습 내용이 있어 교사들은 평가하는 데 크게 어렵지 않을 것이다.

한 학기 동한 수업하면서 수행평가한 것, 교사가 관찰한 것, 자기 평가서와 상호 평가를 종합한 것 중에서 그 교과에서 발달한 주요 기능이나 특기 사항을 중심으로 기술한다. 또 종합란에 전체적인 평가를 서술한다. 〈예시 1〉에서는 사회 교과의 학습 목표와 학습 내용을 전체 학생에게 제시하고, 해당 학생에 대한 평가는 아래에 서술하는 방식이 있다. 〈예시 2〉에서는 사회 교과의 학습 목표와 학습 내용은 전체 학생에게 똑같이 제시하고, 해당 학생에 대한 평가는 단계형으로 표시해준다. 평가 방법은 학교의 특성과 학생 수를 고려해 진행되어야 하며, 교사들에게 무리한 업무가 될 때는 평가 방법을 개선할 필요가 잇다.

아래의 〈예시 1〉과 〈예시 2〉는 교과별 평가를 하는 방식을 제안한 것이다.

〈예시 1〉[94]

6학년 1반 이름: ○ ○ ○

〈학습 목표 및 학습 내용〉
우리 계례의 삶의 터전에서 선사시대부터 대한민국의 역사를 알아본다. 우리나라 조상들이 살아온 역사 속 인물을 비판적으로 바라보고 내 삶의 변화를 두려는 마음을 갖도록 한다.
역사 공부를 통해 나라의 소중함을 알고 나라의 발전을 위해 노력하는 자세를 갖도록 한다.

〈평가〉 **는 역사의 흐름을 이해하는 능력이 우수하며 역사적 사건으로 토론과 토의 활동을 할 때 자기 입장과 근거를 들어 토론에 적극적으로 참여합니다. 사회책을 읽고 교사가 제시한 문제의 답을 스스로 찾아 정리할 수 있습니다.
또 역사 관련 책을 가끔씩 읽고 있는데, 방학에 좀 더 역사책을 읽으면 역사를 더 좋아하게 될 것입니다.

〈예시 2〉[95]

6학년 1반 이름: *

〈학습 목표 및 학습 내용〉
우리 계례의 삶의 터전에서 선사시대부터 대한민국의 역사를 알아본다. 우리나라 조상들이 살아온 역사 속 인물을 비판적으로 바라보고 내 삶의 변화를 두려는 마음을 갖도록 한다.
역사 공부를 통해 나라의 소중함을 알고 나라의 발전을 위해 노력하는 자세를 갖도록 한다.

---

94 서울 수서초등학교 홍순희 교사가 6학년 사회 교과하면서 기록한 것.
95 서울 수서 초등학교 2010년 6학년 사회 교과하면서 기록한 것

평가 영역	평가 내용	성취 수준
인간과 시간1	선사시대부터 대한민국까지의 역사를 통해 우리 겨레의 삶의 터전을 알 수 있다.	매우 잘함
인간과 시간2	고려와 거란, 여진, 몽고와의 관계를 조사하고 각 나라의 입장을 생각하여 토론에 참여할 수 있다.	잘함
인간과 공간	8.15 해방과 한국전쟁의 역사를 통해 우리나라의 소중함을 알 수 있다.	잘함

일반 학교에서 가능한 평가 예시안[96]

현재 '교무 업무 시스템'을 활용한 대안 평가 방법이 있다. 교과는 단계형으로 표시하고, 개인 발달 사항은 종합 의견을 기술할 때 교과와 학생 생활을 통합해서 기술한다. 평가에서 안내할 내용은 결과적인 서술이나 단정적인 서술보다 앞으로 어떤 것을 하면 좋을지에 대한 내용과 학생 수준에 맞는 성장을 고려한 다양한 평가 방법을 기술한다. 교과 학업 성취 수준도 4단계, 3단계, P/F 형식 등 어떤 것이 그 학교 특성에 맞는지 교사들이 진지하게 고민해서 결정해야 한다. 또 학생 종합 의견은 학생에 대해 무조건 길게 기술한 것이 아니라 학습 준비성, 상호 협력성, 참여도, 자발성, 과제 해결력, 이해력, 표현력, 종합력이란 기준을 정해 두고 한 학기 동안 관찰한 것 중에서 의미 있는 것으로 기술해야 한다.

완벽한 평가 양식은 없다. 학생들의 전면적인 발달의 모습을 담아낼 수 있는 방법을 끊임없이 연구해야 한다. 남한산초등학교에서는 학업 성취 기준과 학생의 생활 모습을 단계형으로 안내해왔는데, 2010년 2학기부터 학생들의 발달 정도를 온전히 담아낼 수 있는 방법에 대해 교사들이 논의 중이

---

96 서울형 혁신학교 평가의 혁신 발제문 중

라고 한다.

또, 2011년부터 서울형 혁신학교에서는 학교 단위 일제고사를 폐지하고 수행평가를 내실 있게 운영하려고 한다. 혁신학교로 지정된 학교에서 평가 양식의 형태에 대해 활발하게 논의하고 있다.

평가에서 놓쳐서는 안 될 것은 학생들의 전면적 발달을 보는 관점에서 기술하는 것을 원칙으로 한 다양한 방식을 연구해야 한다는 것이다. 새로운 평가 양식에서 평가 통지 횟수를 늘리고 평가한 문장이 길다고 해서 도움이 되는 것은 아니다. 학부모와 학교가 소통하는 문화가 자리 잡게 되면 평가 안내문과 횟수는 크게 중요하지 않다. 학생들이 어떻게 학교생활을 하고 있는지 학부모와 계속 소통하면 평가 양식은 점점 간결하고 비주기적인 형태로 변하게 될 것이다. 이렇게 학생들의 전면적 발달을 담아낼 수 있도록 평가 양식은 계속 변화할 것이다.

평가 예시안

〈예시 1〉[97]

	관찰의 척도를 보고 학생 생활 기술 (2학년 학생)
준비성 상호 협력성 참여도 자발성 과제 해결력 이해력 표현력 종합력	**는 학습 준비를 며칠 전부터 준비하는 어린이로 주변의 친구들이 어려움을 겪고 있을 때 상냥하게 도와줍니다. 동·식물을 키우고 자라는 과정을 관찰하여 관찰일기를 쓸 수 있습니다. '나는 나는 ○○박사' 활동에서 친구들에게 질문을 만들 때 기뻐하며 활동하는 모습이 사랑스럽습니다. 하고 싶은 말을 친구에게 할 때와는 달리 여러 사람 앞에서 말할 때 가끔 고개를 숙이며 부끄러워하기도 합니다. 그런데 모둠활동에서 의견이 다를 때 자신의 욕심을 줄이고 의견을 맞추려는 상호작용 능력이 뛰어납니다. **가 자연을 벗 삼아 호연지기를 키울 수 있도록 산책이나 등산 등을 함께하시면 좋겠습니다.

---

97 서울 공덕초등학교 김해경 교사가 2010년 1학기 말 통지표 중 종합란에 기록한 내용. 교무 업무 시스템에 학생 생활 종합란에 의미 있는 정보를 담아 기술한 것.

〈예시2〉

	관찰의 척도를 보고 학생 생활 기술 (2학년 학생)
준비성	**는 학교에 오면서부터 자신의 호기심을 맘껏 발휘하여 오감이 열려 있는 친구입니다. 친구 관계, 수업 준비, 학습 활동, 재량활동 등에 자신의 재미있고 기발한 생각을 적극적으로 표현하려고 합니다. 때로는 생각하고 준비하는 시간이 너무 길어서 활동 결과가 미흡하게 나오기도 합니다. 프로젝트나 과제를 수행할 때 정해진 시간과 생각해야 하는 규모 등에 대한 정보를 미리 주어 어린이가 자신의 다양한 생각을 적절히 나타낼 수 있도록 안내해 줍니다. 주어진 과제를 정해진 시간 안에 해결하는 것은 연습하면서 되는 일이거든요. 비가 오는 운동장을 맨발로 걷고 나서 그 느낌을 시로 나타내보기로 하였지만 **이는 발가락의 자극이 너무나 재미있어 내내 웃느라 몇 줄 못 쓰고 말았습니다. 알림장을 스스로 확인하고 챙기는 습관이 필요하여 표시하면서 챙기는 확인을 함께하여 주시기 바랍니다. 하루 동안에 있었던 일 중 기억에 남는 일을 자신의 느낌을 살려 씩씩하게 이야기하는 모습을 보면 학교에서 매우 자존감 있는 생활을 하고 있다고 생각이 됩니다. 여름방학 때는 계절에 따른 다양한 놀이를 하겠다고 기대하고 있습니다. 부모님들 오감이 충만한 **이와 즐거운 여름을 보내세요.
상호 협력성	
참여도	
자발성	
과제 해결력	
이해력	
표현력	
종합력	

학년별 학생 발달 관찰 영역 예시[98]

〈1학년〉

관찰 영역	발달 관찰 기준
몸	– 자기 몸의 감각을 살려 내 몸을 조절할 수 있는 능력 정도 – 가위 종이를 오리는 정도 – 수업 시간에 집중하는 정도 – 손 근육 조절 능력 – 몸의 균형을 잡고 좌우 조절 능력 – 때와 장소와 인원수에 맞게 목소리 조절하는 능력 – 친구들과 어울려 활동할 수 있는 능력 – 모둠 활동에 함께 어울려 참여할 수 있는 능력 – 연필이나 크레파스를 잡는 방법 – 글씨 쓰는 자세 – 그림에서 사람의 형체 분화 정도 – 흥겹게 노래하고 율동에 참여하는 정도 – 역할극 놀이에서 필요한 말을 넣어 놀이에 참여하는 정도 – 놀이의 절차와 차례를 지켜 참여하는 정도 – 수업 준비를 하는 정도 – 생활 규칙을 알고 실천하는 정도 – 줄넘기를 하는 정도 – 곡선 거리를 중심을 잡고 뛰는 정도 – 이동 중에 몸의 중심을 잡을 수 있는 정도 – 색종이를 따라 접는 능력 – 음식을 먹는 모습
언어	– 책을 소리 내어 읽는 능력 – 겹받침이 있는 글자 읽는 정도 – 선생님의 질문을 듣고 적절한 반응을 보이는 정도 – 제시된 글 속에서 선생님이 불러주는 낱말을 찾아 쓸 수 있는가? – 필요한 것을 글로 표현하는 정도 (맞춤법과 띄어쓰기는 1학기에는 완성되지 않음) – 선생님이 이야기를 들려주거나 읽어줄 때 집중하는 정도 – 책을 읽을 때, 시선이 같이 따라가며 놓치지 않고 읽을 수 있는가? – 입 안에서 웅얼대지 않고, 정확한 발음으로 말하는 정도 – 기본적인 문장부호를 사용하는 능력 (온점, 반점, 느낌표, 물음표)

---

98 초등교육과정연구팀에서 제안된 관찰 영역으로 현재까지 1~4학년까지만 정리되었다. 이 자료는 절대적인 자료는 아니며 계속 연구하여 수정, 보완해야 한다.

수	− 10진수 개념을 알고 100까지의 수를 셀 수 있는 능력 − 10진수 개념을 알고 100까지의 수를 쓰는 정도 − 10까지의 수를 구체물을 사용하여 가르고 모으는 정도 − 구체물과 손가락을 사용하는 능력 − 간단한 덧셈과 뺄셈을 계산하는 정도 (구체물, 수식으로 계산, 계산의 능숙도) − 간단한 규칙을 이해하는 정도 − 두 수의 크기를 비교하는 능력 − 시각을 읽는 정도(발달 단계와 밀접한 관련이 있음) − 주어진 기준에 따라 분류하는 정도

〈2학년〉

관찰 영역	발달 관찰 기준
몸	* 몸에 대한 관찰 영역은 1학년과 크게 변동 없이 동일 − 주변의 소리에 민감하게 반응하는 정도 − 동물과 식물에 관심을 갖는 정도 − 낮과 밤의 차이를 인식하는 정도
언어	− 수업 시간에 집중해서 듣고 참여하는 정도 − 혼자서 그림 동화를 읽을 수 있는 능력 − 소리 나는 글자와 쓰는 글자를 구분할 수 있는 능력 − 자신의 생각을 이유를 들어 말할 수 있는 능력 − 경험한 것을 글로 표현할 수 있는 능력 − 흉내 내는 말의 느낌을 몸으로 표현하는 능력 − 육하원칙에 맞게 자신의 경험을 쓸 수 있나? − 자연의 소리, 친구의 말에 관심이 많고 듣는(?) 감각이 살아있나? − 그림을 보며 이야기를 상상하여 말하는 정도 − 책을 읽거나 듣고 이야기의 흐름을 알 수 있는 정도 − 자신의 생각을 일기글로 쓰는 정도
수	− 세 자리 덧셈과 뺄셈을 구체물을 사용할 수 있는 능력 − 세 자리 덧셈과 뺄셈을 계산하는 능력 − 간단한 규칙을 알고 규칙에 따라 뒤에 올 물건을 찾을 수 있는가? − 수의 특징을 알고 띄어 세기를 할 수 있는 능력 − 두 수의 크기를 비교하는 능력 − 쌓여진 나무를 보고 쌓기 나무로 똑같이 할 수 있는 능력 − 곱셈의 원리를 알고 곱셈을 할 수 있는 능력 − 사각형, 삼각형, 원의 모양의 특징을 알고 있는 능력 − 길이를 어림하는 능력 − 자를 사용하고 cm로 길이를 읽는 능력 − 시각을 1분과 5분 단위로 읽을 수 있는 능력

관찰 영역	발달 관찰 기준
자기 이해 · 몸 · 언어 · 수 · 과학 · 예술성	− 생활 계획을 자신의 생활 모습에 맞게 짜기 − 자신이 세운 생활 계획과 약속을 실천하기 − 사물과 새로운 현상에 대하여 호기심과 탐구심을 가지는 정도 − 학습에 대한 관심, 준비, 향상 정도 − 자신에 대한 자존감 정도 − 화제가 되고 있는 것에 관심 정도(사회, 학급) − 생각의 차이를 이해하는 정도 − 협력적이고 공동체적인 활동과 사고 정도 − 친구들과 어울려 놀이를 하기(짝 찾기, 서로 협응하기 등) − 놀이의 활동을 이끄는 정도(규칙, 지속력, 분쟁 해결 등) − 자신의 물건을 잃어버리거나 빠뜨리지 않고 정리하기 − 좋아하는 운동을 꾸준히 하는 정도 − 달리기, 줄넘기, 공놀이에 대한 반응(관심, 재빠르기, 균형감 등) − 발달하는 자신의 몸에 대한 민감성(성, 옷차림 등) − 학급 일이나 친구들에 대한 관심 정도 − 독서하는 정도(읽는 양, 관심 분야, 수준, 독후활동 등) − 정확한 발음으로 글을 읽기 − 문장을 자연스럽게 읽기 − 어떤 상황(문제)이나 제안에 자신의 입장 정하기 − 자신의 의견을 설득력 있게 전달하기 − 유머나 재치 있는 말을 사용하는 정도 − 글을 구성하는 정도(짜임, 내용, 어휘 등) − 글의 여러 가지 형식 (시, 편지글, 설명글, 제안하는 글 , 이야기 등) − 맥락을 찾는 정도(자연스러운 대화, 글 내용 파악 등) − 낱말의 이해와 관심 정도(사전 이용, 새로운 낱말에 대한 반응, 대화 등) − 시간의 흐름에 대한 생활 개념(공부 시간, 쉬는 시간, 날짜, 오전, 오후 등) − 큰 수의 이해와 흥미 정도(생활 속에 쓰임, 대화에 사용하는 정도) − 큰 수 읽는 능력 − 도형과 사물과의 관계 (생활 물건에서 각과 형태 연결, 특징 등) − 자, 각도기, 컴퍼스의 사용 기능 − 혼합 계산의 순서를 알고 정확하게 푸는가? − 여러 가지 수의 형태 알기 (자연수(큰수), 분수, 소수) − 수학 개념을 잘 이해하는 정도 − 동물과 식물에 대한 감수성 정도 − 생명을 기르고 관찰 탐구하는 모습 − 물질의 세 가지 상태를 알고 생활 속에서 찾기 − 생활 속에서 무게를 이용할 줄 알며 무게를 측정하는 도구 사용하기 − 환경 보전을 위한 작은 실천의 모습

12장

두 교사의 대화

김석규[99], 김종식[100]

일제고사에 반대하는 투쟁을 하면서 다시 한 번 "평가"의 교육적 의미를 묻게 되었습니다. 이미 오랜 동안 중간고사와 기말고사라는 이름으로 학교별로 시험을 치러왔고 시험 결과인 성적을 가지고 아이들을 줄 세우는 것은 학교 교육의 중요한 임무였습니다. 때문에 일제고사를 전국 단위에서 실시하고 학교별 순위를 공개하는 것이 이미 교육 불평등을 겪고 있는 학생들에 대한 폭력이며 자존심을 짓밟는 확인 사살 행위라고 인정하면서도, '평가'를 포함한 학교교육에 대한 본질적인 고민을 하는 계기가 되지는 못했다고 봅니다. 일제고사 대신 체험학습을 신청하는 학생의 출결을 인정하는 문제, 그리고 이에 대한 정보를 제공한 교사들에 대한 과도한 징계에 언론은 초점을 맞추었을 뿐인 거죠. 학력과 학벌에 의한 차별을 당연시하고 이미 학벌 취득 경쟁에서 앞서가고 있는 기득권층에게 정면으로 도전하지는 못했습니다. 학교교육의 선발 기능에 집중하는 학벌주의와 학력주의 지지자들은 평가의 내용보다 공정성과 객관성만을 중시했고 진정한 배움에는 관심조차 기울이지 않았습니다. 일제고사 거부의 대안으로 제시한 일회성 체험학습 프로그램으로 학교교육에 대한 본질적인 문제 제기를 하는 것은 무리였습니다. 결국 우리 사회와 시대에 의미가 있는 지식이란 무엇인지와 배움이란

---

99   충북 청원군 내수중학교에서 사회를 가르치고 있다.

100   대화와 실천을 위한 교육사랑방에서 우리교육의 희망을 위한 공교육의 혁신과 변화를 위하여 공부하고 있다.

어떻게 이루어져야 하는지에 대한 사회적 합의를 만들어내지 못한 아쉬움이 남습니다.

이번 장에서는 학교교육에서 객관식 시험으로 대표되는 평가 행위 일반에 대해 성찰하고 그 대안을 제시하고자 합니다. 그 방법으로써 학교교육에 종사하는 교사의 처지에서 생애를 돌아다보는 자서전적인 글을 정리하고자 합니다. 자서전적인 글은 이론적인 글보다 생생하고 구체적인 성찰의 계기를 제공하면서도 본질적인 문제를 제기할 수 있으리라고 믿기 때문입니다. 즉 2009년과 2010년에 걸쳐 전개된 일제고사 반대 투쟁에 대한 감회만을 쓰기보다는 교사의 경험을 성찰함으로써 교육관과 평가관을 드러내고자 합니다. 두 교사의 이야기로 전체 교사의 생각과 느낌을 대변할 수는 없습니다. 하지만 자신의 경험을 반추하며 이 이야기를 읽는다면 깊이 성찰하는 계기가 될 것입니다. 저는 뒤늦게야 교직에 몸담아 아직 10년이 못된 중년의 교사로서, 올 해 봄 정년퇴직을 하신 선배 교사와 대담하는 형식으로 현장 교사들의 문제의식을 드러내고자 합니다. 대담 형식은 지극히 개인적인 이야기를 통해 본질적인 문제 제기를 해나갈 수 있다는 장점이 있습니다. 이론적으로 일반화하기에는 무리가 있지만 교사들이 고민하고 있는 지점을 잘 드러낼 것이라고 믿습니다. 올바른 교사 또는 진정성 있는 교육 노동자로서 자신의 정체성을 정립해 나가려는 선생님들에게 조금이나마 힘이 될 수 있기를 기대해 봅니다.

1. 나 어릴 적에

김석규

제가 학교 다닐 당시에는 수업을 마치고 나면 운동장에서 뛰어놀거나 주산(속셈) 학원에 가거나 도서관에서 책을 읽는 것이 일과였습니다. 물론 초등학교 시절에는 도서관도 이용 못했지만 제가 다니던 중학교는 고등학교와 함께 있는 곳이어서 제법 큰 도서관이 있었어요. 저는 이곳에서 도서 정리와 대출을 해주는 봉사활동을 하면서 시간을 보냈어요. 집에 일찍 가봐야 부모님이 하시는 힘든 일을 도와드려야 했기 때문에 부모님께 도서관에서 공부하고 가겠다고 말씀드려서 저녁 먹을 때가 되어서야 버스를 타고 집에 돌아갔습니다. 도서관에서 김찬삼 교수가 쓴《세계여행기》라는 열 권짜리 전집을 보게 되었는데, 컬러사진을 곁들여서 세계의 각 지역을 소개한 것이 너무 좋았어요. 이 때문인지 저도 세계 곳곳을 여행하는 꿈을 꾸곤 했어요. 초등학교에 들어가기 전에 시골에서 자랐고 초등학교 다닐 때도 주말이면 할머니 댁에 간다고 삼십 리 길을 걸어 다녔기에(버스 멀미가 심했어요) 아프리카나 히말라야 같은 오지를 걸어보고 싶어했죠. 이런 경험 때문에 나중에 대학 진학을 지리교육과로 가게 되었어요. 물론 아버님은 초등학교 때부터 저에게 법대를 가라고 성화였지만 고등학교에서의 독서 경험은 (노장 철학이나 불교 서적을 좋아함) 권력을 멀리하고 자연을 가까이 하며 살거나 여가 시간이 많은 전문 직업인이 되고 싶다는 생각을 갖게 했어요.

시험에 대해서는 그렇게 큰 압박감을 느끼지 못하고 중간고사나 기말고사 일주일 전부터 벼락치기 공부를 하는 것이 전부였습니다. 그래도 학교 도서관이나 자습 교실에서 숙제를 하거나 운동장에서 농구를 하는 것이 일상의 여가 활동이었어요. 물론 집에 가서는 텔레비전 연속극을 열심히 봤던 것으로 기억합니다. 부모님의 기대에 특별히 어긋나지 않게 공부하고 상위권 성적을 유지하려는 정도의 생활이었어요. 때때로 시험 성적이 좋지 않으면 부모님께 종아리를 맞거나 담임선생님이 걸레 자루로 때렸기 때문에 '매에 대한 공포'가 학습 동기였다고 봐야 할 것 같아요. 지금 생각해보면 60명 정도 되는 학급 단위로 벌을 서거나 한 명씩 칠판 앞에 나와서 맞는 게 학교생활의 중요한 부분이었어요. 그래도 그 때문에 학교 나오기 싫을 정도로 스트레스를 느끼지는 않았어요.

그러다가 고등학교 3학년이 되자 학교 전체가 대학입학시험(당시 학력고사)을 준비하느라 긴장이 넘치는 것을 느낄 수 있었습니다. 이미 고등학교 1, 2

학년 때부터 경쟁하는 분위기에 질식할 것 같아 반항을 하기도 했지만 고3 이 되자 일탈할 여지가 전혀 보이지 않았어요. 달마다 모의고사를 봐서 성적을 복도에 게시하는 바람에 더욱 경쟁 분위기에 휩쓸리게 되었어요. 저는 "4 당 5락"(4시간 자면 합격이고 5시간 자면 불합격)이란 표어를 붙여놓고 자기 자신과의 싸움에 더 몰두했어요. 친구들이 경쟁자로 보여서 힘들었다기보다는, 친구들과의 모든 여가 활동이 중지되고 의자에 엉덩이를 붙이고 앉아서 공부만 해야 한다는 것이 답답했어요. 나 자신의 가치가 점수로 결정된다는 데 대한 반발심과 자존감 상실이 더 문제였던 것 같아요. 불행하게도 이런 시간을 재수하면서 1년 더 보내야 했던 경험 때문에 대학에 가서 파울로 프레이리의 민중교육론을 자연스럽게 가까이 하게 되었던 것 같아요. 실천을 통해 배워야 한다거나 지식보다 감성을 키우는 것이 먼저라는 인식을 갖게 된 것은 대학의 학생운동 현장에서였고 지금도 중요한 원칙으로 간직하고 있습니다.

김종식

김 선생님, 안녕하세요? 지난 2월 퇴임 후 만난 자리에서 선생님께서 말씀 하셨지요. "선생님이 부러워요. 최악의 상황에서 마지막으로 잘 빠져나가셨어요." 물론 진반농반眞半弄半으로 들었지만, 만신창이가 된 오늘의 우리 교육 현실과 그 속에서 고민하고 갈등하고 좌절하고 자조하는 젊은 교사의 모습을 보는 듯해서 한편 미안하고 한편 가슴 아프고 안타까웠습니다. 우리 교육이 왜 이렇게 되었을까요? 우리 국가와 사회가 왜 이렇게 천박해졌을까요?

새삼 예를 들고 굳이 언급하기조차 싫은 우리 교육 현실을 강수돌 교수는 "깡통 계좌"라고 하더군요. 두세 살부터 전 국민이 미친 듯이 경쟁적으로 교육을 위해 모든 걸 희생하면서 투자를 했는데 스무 살에 열어 보니 빈 깡통이더라는 얘기지요. 그냥 비었으면 돈이나 날리고 말지만 돌이킬 수 없이 다 망가진 깡통인 것이죠. 그런데 왜 이런 절체절명의 교육 위기, 아니 국가적 위기 상황에 대해 말하는 사람이 없나요. 정치인이나 상공인은 그렇다 치고 그 많은 교육학자들, 박사들, 그래도 아직은 사회적인 명망이나 존경을 받는 원로나 지식인들은 다 어디에 있는 걸까요. 그런 분들이 열심히 고뇌하고 꾸준히 문제를 지적하면 국민적 각성이 생기고 변화가 오리라 보는데요. 정말 무식하고 깨달음이 부족해서 안 되는 걸까요? 힘없는 교사들이나 목이 터져라 허공에 대고 메아리도 없는 주먹질하다 해직당하고…….

저의 짧은 생각은 결론적으로 방법을 바꾸어야 된다는 것입니다. 왜냐하면 선생님도 지적하셨듯이 '일제고사'나 '평가'의 문제는 궁극적으로 교육의 본질이나 진정한 배움에 대한 가치나 철학에서부터 파생된 작은 가지에 불과하기 때문이지요. 일제고사로 인한 학교교육 현장의 파행적 모습이나 당치 않은 상황은 입에 담기조차 창피하고 역겨울 지경입니다. 진보 교육감이 있는 지역에서는 일제고사를 일시적으로 중지 또는 폐지할 수는 있겠지요. 그러나 불행하게도 우리 국민들의 의식 속에 뿌리 깊게 박힌, 그리고 누군가에 의해 끊임없이 조작 또는 조장되고 있는 학벌주의, 출세주의 교육관의 허구를 깨뜨리지 않는 한 그것은 임시 미봉책에 불과할 뿐이지요. 이 이야기는 나중에 다시 하기로 하지요.

김 선생님, 저 개인의 학창 시절이 오늘의 주제에 얼마나 도움이 되는지 잘 모르지만, 선생님의 경험을 들으면서 '별 내용이 없네'라고 생각했어요. 학창 시절에 별로 한 것, 경험하고 공부한 것이 안 보인다는 것이지요. 개인마다 조금씩 차이는 있겠지만 이 나라에서 학교교육을 받은 사람이라면 경험이 거의가 대동소이하겠지요. 이것이 평생을 교사로 지낸 저를 포함해서 우리 모두가 부끄러워해야 할 일이고 우리 교육의 현주소이며 불행이 아닐까요? 교육원리에 '교육은 인간 행동의 의도적인 변화' 어쩌구 했지만 어느 학교가 우리를 한 사람 한 사람 알뜰하고 소중하게 보살피고 가꾸고 길러 주었습니까? 회초리로 때리고 기합 주고 시험으로 억압하고 상품처럼 줄 세우고……. 문제는 이런 비문화적이고 야만적인 현상이 오늘의 선진 대한민국에서 갈수록 개선되기는커녕 더욱 악화되고 있다는 것이지요. 좀 생뚱맞은 말 같지만 학교에서 평가만 없어진다면 우리 교육은 상상을 초월하는 획기적인 변화와 발전을 할 거라고 생각해요. 이런 발상이 요즘 유행하는 창의적인 상상력이 아닐까요. 문제 풀이는 경우에 따라 할 수 있겠지만 줄 세우기는 안 한다는 거죠. 평가 없는 학교를 우리가 대안으로 실천하여 보여주고 이 증거를 가지고 국민들을 꾸준히 설득해야 한다고 생각합니다.

저는 지방 소도시에서 한 학년이 네 반 정도 되는 크지도 작지도 않은 사립 중·고등학교를 다녔습니다. 물론 그때도 평가가 학교나 학생들에게 중요한 비중을 차지하긴 했지만, 학교 시험이나 입시까지도 학생들에게 요즘처럼 그렇게 큰 압박이 되진 않았던 것 같아요. 부모들이 먹고살기 바빠서 자녀 교육에 신경 쓸 여유가 없었고, 학교도 진학 성적에 목매달고 그러진 않았어요. 지금 생각해보니 얼마나 다행한 일이었는지 몰라요. 그 대신 제가 다닌 학교는 학교 운영이 민주적이었고 문화, 예술, 학술, 체육 등 학생 자치 활동이 아주 활발했고, 학생 자치 활동 예산은 학생회가 전적으로 편성하고 결산 심의도 했어요. 각 동아리 담당 선생님들이 자기 동아리 예산을 삭감하지 말고 늘려 달라고 학생회 임원들에게 로비를 하러 다닐 정도였으니까요.

한 학년이 240명이었는데 학생 중 거의 절반이 운동선수였어요. 축구, 야구, 농구, 배구, 탁구, 핸드볼, 테니스, 그리고 육상의 전 종목 선수들을 육성했으니까요. 체육 학교가 아니고 지역에서는 그래도 최고의 명문이라 불리는 인문계 학교였어요. 이 선수들이 연중 운동과 훈련을 하고 도내 각종 경기에 학교 대표로 출전을 했지요. 그러나 단 한 명의 선수도 다른 학교에서 스카웃 해오지 않고 입학생 가운데서 선발했어요. 특히 봄, 가을에는 학교 운동장에서 사흘 동안 5개 시·군에 있는 학교가 모여 이틀은 전 종목 구기 대회가 열리고, 셋째 날에는 하루 종일 육상 경기가 열립니다. 선수뿐만 아니라 전교생이 악대와 응원단에 맞춰 소리 높여 응원하고 노래하고 춤추고 정말 축제처럼 즐겼어요. 그 외에도 문예반, 합창반, 밴드반, 향토연구반, 독서반, 마술반, 서예반, 신문반, 과학반 등 수많은 학생 자치 활동들이 실질적인 성과들을 내면서 활발하게 이루어졌습니다. 저도 중·고등학교 6년 동안 농구와 핸드볼 선수를 했고, 고2 때 친구 세 명이 시, 수필, 소설 등을 모아 작품집을 내기도 했습니다.

제가 여기서 오늘의 주제인 '평가'와는 별 무관한 얘기를 장황하게 늘어놓은 이유는 오늘의 우리 학교가 평가나 입시 외에는 할 줄 아는 것이 아무 것도 없는 것 같다는 생각이 들기 때문입니다. 교육력이 부족한 게 아니라 아예 없는 거지요. 지금부터 50년 전 제가 중·고등학교 다닐 때의 이야기입니다. 강산이 몇 번 변했는데, 지식과 정보가 폭발적으로 증가하고 세상이 얼마나 무서운 속도로 바뀌었는데, 유독 교육만 오히려 한없이 퇴보하고 추락하고 있음을 저는 너무나 분명하게 느끼고 있습니다, 물론 우리 교사들은 저를 포함해서 누구도 그 책임의 일부분에서라도 자유로울 수 없겠지요. 우리 교육 현실에 대한 본질적 인식의 공감대와 엄중한 반성 위에서 평가나 일제고사 문제를 다루어야 하지 않을까요?

2. 교사로 산다는 것

김석규

오랫동안 미발령 상태로 지내며 캐나다 토론토 대학 교육대학원에서 공부를 하고 있었습니다. 그러다가 2003년 9월에 구로구의 한 중학교로 발령을 받았을 때 한국의 학교교육 환경이 많이 변화한 것에 놀랐습니다. 평가라는 측면에서만 보자면 수행평가를 꼭 실시하게 되어 있었고 주관식 논술평가를 중간고사와 기말고사 문제로 출제할 수 있어서 새로웠습니다. 대학원에서 이미 구성주의 교육철학을 공부했고 진보적인 의미를 충분히 이해하고 있었기 때문에 학생들의 활동을 중시하는 교육과정이 마음에 들었어요. 주입식 교육의 한계를 넘어서 학생을 학습의 주체로 인정하는 시각이 반가웠어요. 물론, 교사들의 업무가 과다해서 시도해보지는 못했지만, 학생 개인별로 학업 성취도와 장단점을 기록하는 유럽식 평가 시스템을 받아들일 수도 있겠다는 생각을 했어요. 하지만 안타깝게도 처음에 받았던 이런 좋은 인상은 얼마 가지 않아서 깨졌어요. 외국어고등학교에 입학하기 위해 밤 12시까지 학원에 다니는 학생이 있는 한편, 교과서에 나오는 어려운 개념을 전혀 이해 못하는 학생들도 너무 많았거든요. 우리나라의 교육과정이 자존감을 가지고 더불어 소통하며 살 수 있는 학생을 길러내는 데 관심이 없다는 생각을 자주 하게 되었습니다. 그래서 수행평가조차 학문적 지식이나 개념을 잘 이해하고 암기하고 있는지를 측정하는 것이 되고 마는 한계점을 인식하게 된 것이지요.

오래 지나지 않아서 대학입시와 학력주의와 학벌주의라는 괴물이 얼마나 끈질기게 버티고 있으며, 교사인 나 자신과 어린 학생들을 짓누르고 있는지 인정할 수밖에 없었어요. 여론조사를 해봐도 출신 대학에 따라 취직과 승진이 좌우된다는 믿음을 대다수의 국민들이 갖고 있는데, 구성주의 철학에 따른 평가 정책이 새로 도입된다한들 학생 서열 정하기에 이용될 뿐이라고 생각했어요. 이런 상황에서 유럽식으로 교사의 평가권을 인정해준다고 해도 공정성과 객관성 시비에 매번 휘말릴 것이고, 그런 줄 세우기는 그치지 않을 것 같았어요. 예를 들어서 2004년도에 중학교 1학년 학생들에게 진단평가를 실시하라는 서울시교육청의 지시가 내려왔을 때 학부모와 관리자들은 필요성을 강변했어요. 전교조 측에서는 교사가 수업을 하기 위해서 학생들의 수준을 알아야 하기 때문에 진단평가를 도입한다면 교사가 직접 문제를 출제하겠다고 주장했지요. 교사의 수업 방식에 따라 진단평가를 할 문항도 다르므로 모든 학교가 똑같은 객관식 문항으로 진단평가를 한날 한시에 볼 이유는 없다고 반발했지요. 우리 학교 전교조 선생님들은 독자적으로 문제를 출제해서 진단평가를 치르는 것으로 이에 저항했어요. 학부모들이 자녀들의 현재 서열을 알고 싶어한다는 것을 모르는 바는 아니지만 그런 시험이 학교교육을 왜곡시키는 것을 막고자 한 것이지요.

2005년에 새로 발표된 대학입시 개선안이 수능시험-내신성적-본고사를 모두 포함하고 있어 학생들을 자살할 지경으로 만드는 것임을 비판하는 "죽음의 트라이앵글"이라는 영상물을 보았습니다. 전교조 교사들은 학원으로 몰리는 학생들을 막고자 내신 성적을 입시에 포함시키는 기득권 집단으로 묘사되고 있었습니다. 학력주의와 학벌주의에 반대해 끝까지 원칙을 지키면서 싸우지 못하고 타협한 결과였기에 무력감을 느꼈습니다. 서울대 폐지안이나 국립대학교 통합 전형안이 여론의 주목을 받지 못했던 것도 무력감을 더욱 크게 했지요. 아마도 강남 아줌마의 힘이 전교조 교사들보다 큰 것 같다고 동료 조합원에게 한탄한 적이 있어요. 당시 방송국 기자들이 인터뷰한 강남의 한 학부모는 자신이 자녀의 유치원 시절부터 투자한 돈과 노력을 생각하면 외국어고 폐지나 국립대 평준화 같은 정책은 도저히 인정할 수 없다고 절규했어요. 이 광경을 보니 그런 학부모들이 고려대가 고교등급제를 실시하도록 부추기고, 이에 대한 고소 사건에 검찰이 무혐의 결정을 내리도록 영향력을 끼쳤을 거라고 추측할 수 있었습니다. 이런 거대한 세력이 버티고 있는 상황인데, "학문적 개념이 아닌 생활과 관련된 교육과정으로 바꾸자"거나 "교사의 평가권을 확보하자"는 주장에 동조하고 있는 나 자신이 초라한 느낌이 들었어요. 가슴 한구석에 숨어 있던 계급적 적대감이 들불처럼 일어날 지경이었어요.

김종석

김 선생님의 말을 듣고 있자니 교육 현장의 답답한 모습과 또 교직 사회에 만연된 무력감과 약간의 패배주의를 엿본 것 같아 제 가슴도 갑갑합니다.

초임 시절 남자 중학교에서 1학년 담임을 할 때, 지각생이 많아 교장이 매일 반별 통계를 내서 담임을 야단쳤어요. 우리 반이 유독 지각생이 많았고, 저도 초연할 수가 없어 학급 회의를 했지요. 지각을 하지 않는 방법을 토론했는데 별별 희한한 아이디어가 나왔어요. 이게 다 초등학교에서 학습한 경험이더라구요. 한 아이가 학교에 오는 순서대로 자유롭게 그날의 자리를 아이들이 선택하게 하고 매일 맨 뒤 두 줄에 앉은 아이들이 그날 교실과 화장실 청소를 하자는 제안을 했어요. 지각을 줄이는 것만 아니라 같은 자리에 지겹게 앉는 것보다 친구들도 두루 사귀고 무엇보다 자유 의지로 선택하게 하는 것도 의미가 있을 듯해서 결정을 했어요. 그런데 다음날 아침부터 교실은 경쟁의 아수라장, 전쟁터가 되어버렸어요. 아이들이 많이 오지 않은 이른 시간에는 비교적 평화롭게 자리를 택했는데, 절반 정도 자리가 채워진 뒤부터는 자리를 대신 맡아주다 주먹다짐을 하기도 했어요. 가방을 던지는 아이, 마음에 드는 자리를 차지하려고 몸을 던지다 다치는 아이…… 교실은 갈등과 경쟁의 싸움터로 변했지요.

종례 시간에 정해둔 대로 뒤에 두 줄 아이들을 일으켜 세우고 일장 훈시를 한 뒤 청소를 시켰어요. 지각을 안 하고 등교 시간 안에 들어와도 벌을 받아야 되고 청소라는 행위가 신성한 노동과 의무와 봉사가 아니라 졸지에 징벌이 된다는 걸 우매한 저는 그때는 미처 생각하지 못했어요. 이렇게 한 지 2주쯤 지난 어느 날, 종례 시간에 맨 뒤 두 줄 아이들을 일으켜 세워서 훈시를 하고 있는데, 가만히 보니 연달아 나흘을 계속해서 일어나는 아이가 있는 거예요. 키가 세 번째로 작은 영록이라는 아이였는데, 아주 착하고 귀엽고 공부도 잘했어요. 저는 기가 막혀서 " 이놈아, 너는 집이 바로 코앞인데 그래 어쩌다 한 번도 아니고 일주일을 매일 늦는단 말이냐? 못된 놈! 너는 오늘부터 일주일 동안 청소다"라고 말했어요. 그런데 다른 아이들이 "선생님, 영록이는 매일 제일 먼저 와요" 하는 게 아니겠어요? "말도 안 돼. 제일 먼저 오는데 바보같이 왜 맨 뒤에 앉아 청소를 하니?" 그러자 영록이가 말했어요. "저는 초등학교에서도 늘 맨 앞자리만 앉아서 뒷자리에 앉고 싶었어요. 그리고 제가 앞자리를 차지하면 누군가 뒤로 밀려나잖아요. 전 청소가 좋아요."

저는 잠시 할 말을 잃은 채 가만히 있어요. "얘들아, 내가 잘못 생각했다. 영록이 말이 맞아. 오늘부터 이 제도는 폐지한다." 작고 귀여운 영록이가 우매한 저를 가르쳐 깨닫게 했고 그날부터 저는 영록이의 별명을 땅콩에서 작은 거인으로 바꿔 불렀습니다.

오늘날 우리 사회에 독버섯처럼 퍼져 있는 출세주의, 학벌주의, 지식 또는 시험 지상주의의 망국적 풍토에서 눈앞의 작은 이익과 성과에만 급급하고 정작 영록이 같은 건강한 가치와 인격과 당당함을 갖춘 사람을 기르는 교육 본래의 과제를 잊고 있지 않는가 싶어요. 운동장에서 체육 수업을 하는 것을 좀 들여다보니까 배구 토스를 두 시간 하고 평가를 세 시간 하더라구요. 특정 교과를 폄하하려는 것이 아니고 모든 교과목에 이런 부분이 우리도 모르는 사이에 들어와 있는 게 아닐까 해서요. 졸면 감점, 떠들어도 감점…… 점수를 이용해서 아이들을 억압하고 교사의 권위를 세우지 않는 경우는 없을까요?

3. 붕괴된 교실

김석규

　제가 1년간 충북의 인문계 고등학교에서 국사 과목을 가르친 적이 있는데 그때 수능시험을 대비하는 수업을 하지 않을 수 없었어요. 국사 성적을 반영하는 서울대에 입학하는 학생이 거의 없는 학교였기 때문에 크게 신경 쓸 필요는 없었지만 학교의 분위기 자체가 압력을 크게 느끼게 했어요. 옆자리의 선생님이 문제집을 들고 다니면서 수업 준비를 하고 수업 시간에도 문제집 풀이를 주로 한다는 얘기를 듣고 그 학교에 더 있고 싶은 생각이 달아났어요. 고3 학생들 수업을 맡지는 않았지만, 중간고사 시험 감독을 하러 교실에 들어가 보면 체육복으로 갈아입고 밤 11시까지 버티려고 안간힘을 쓰고 있는 아이들의 모습이 너무 안쓰러워 보였어요. 학생들이 불쌍했고 교사로서 무력감을 느끼기도 했어요. 마침 촛불시위가 한창이던 때여서 학생들이 참가하기도 했지만 공교육의 대안을 놓고 학생들이 목소리를 내는 단계로 나아가지 못해서 안타까웠어요. 대다수 학생들이 제도 속에서 신음하고 절망하고 있는 것을 알면서도, 그 학교의 많은 교사들은 올 해 서울대에 한 명 입학하게 되었다고 기뻐하고 있었어요. 저는 이런 고등학교에서 버티면서 대안을 찾기는 너무 어렵겠다는 생각을 하고 중학교로 돌아가고 싶었어요.

　사실 교직에 나와서 중학교에 근무하면서도 문제 풀이식 수업은 절대로 하지 않겠다고 다짐했지만 그 압력에서 완전히 벗어나지는 못했어요. 중간고사 시험을 완전히 주관식 서술형 논술 문제로만 내고 채점을 하느라 고생하는 객기도 부렸어요. 변별력을 위한 시험이 아니라 학생들에게 자신감을 주고 흥미를 느끼게 하려는 시험 문제였어요. 수업 시간에 논술 시험에 관련된 주제를 주고 충분히 연습도 시켰기 때문에 별도의 시험공부를 할 필요는 없었어요. 이런 방식에 대해서 일부 학부모들은 "왜 아이들이 공부할 필요를 못 느끼게 만드느냐?"라는 항의도 받았지만 교사의 평가권을 앞세우며 밀고 나갔지요.

그러다가 학급 수가 많은 학교에 배치를 받으면서 전체 학년을 통째로 맡지 못하는 경우가 생겼는데, 이런 경우에는 객관식 시험으로 하지 않을 수 없었어요. 초등학교와 중학교에서 배운 내용을 고등학교에서 되풀이하는 우리나라 교육과정의 속성상 학생들이 개념을 충분히 이해하지 못하면 고등학교 내신 성적과 대학입시에서 불이익을 받게 될 것이라는 거였지요. 학문적 개념을 전달하는 데 집중하고 있는 교육과정을 뜯어 고치지 않는 이상 개념 이해 정도를 측정하는 평가에서 벗어나기 어렵다는 점을 동료 교사가 지적하면 저의 의견을 고집하기 어려웠습니다. 그렇다고 해서 가르치는 것까지 개념 전달 위주로 하지는 않았는데, 그렇게 하지 않아도 상급 학교 진학에 집중하는 아이들은 학원을 통해서 충분히 준비한다는 생각 때문이었습니다. 수업 시간에 아이들을 관찰해보면 개념을 이해하려고 시도조차 하지 않는 아이들이 너무 많았기 때문에 그 아이들에게 필요한 것은 지적 호기심이나 자기 표현 능력과 같은 것이라고 판단했습니다. 이 아이들은 실패의 연속일 뿐인 시험에 전혀 신경을 쓰지 않았기에 그런 아이들에게 교사인 제가 할 일은 "성적이 나쁘다고 절망하거나 자기 비하에 빠지지 말라"고 말해주는 것이 더 중요했어요. 이런 과정을 겪다 보니 프랑스의 교육 실천가인 셀레스탱 프레네의 이론과 경험에서 배우고 자신의 교육철학을 정립하려고 노력하기도 했어요.

김종석

제가 가르치고 배우는 시간보다 평가하는 시간이 더 많은 경우와 점수를 가지고 아이들을 통제하는 무기로 삼는 수도 있더라는 말을 좀 부풀려서 했지요. 사실상 평가나 입시 제도, 일제고사 등의 문제는 국가적인 제도나 시스템과 관련된 거대 담론에 속하는 것이고, 물론 끊임없이 고민하고 공부하고 문제 제기를 해야 하지만 당장 어떤 혁명적인 변혁을 기대할 수는 없는 일이겠지요. 오직 이 문제만 끌어안고 주먹질하다 옥쇄할 수도 없는 일이고요. 일제고사가 학교교육 현장에 미치는 영향력은 가히 핵폭탄 급이지요. 이를 막아내기 위해서는 근본적으로 학벌주의에 대한 국민적 맹신을 깨뜨려야 되는데 그게 그리 만만치가 않다는 것이지요. 학생과 학부모는 물론 우리 교사들의 의식에서조차 학벌주의에 대한 믿음을 쫓아내기가 쉽지 않을 것 같아요. 교사들도 자식 교육에 있어서, 물론 그렇지 않은 분도 계시지만, "아닌데 이건 아닌데!" 하면서도 시류를 전혀 외면할 수 없다면서 어릴 적부터 학원 보내고 외고와 일류대에 진학시키기 위해 최선을 다하잖아요.

다 확신이 없기 때문인 것 같아요. 입시병, 일류병이 교육을 망치고 국가 사회를 망치고 개인의 삶도 결코 행복하게 할 수 없다는 것을 확실한 신념으로 내면화하고 있지 못하다는 것이지요. 교사들이 확신이 없는데, 아니 그것은 적극적이든 소극적이든 일류대만이 유일한 행복이라는 가치가 교사들의 머리와 가슴을 지배하고 있다는 말인데, 그런 교사가 학교 현장에서 어떻게 아이들을 가르칠 것이며 더욱이 학부모들의 무지한 욕망을 감동적으로 설득하겠어요? 우선 교사들부터 꾸준히 적극적으로 공감대를 만들어 나가고 설득하는 일이 중요하지 않을까 생각해요. 전교조가 자꾸 약화되는 것도 이런 일과 무관하지 않은 것 같고요. 전임자 수가 줄면서 전교조의 집행부의 업무가 너무 과다한 것은 이해합니다. 그렇다고 눈앞의 현안에만 매달리면 결국은 철학과 비전이 결핍되는 현상이 나타나 조직의 세와 힘이 급격하게 약화될 수 있다고 봅니다. 일제고사도, 4대 강도, 입시주의와 학벌주의 문제에 대해서도 우리가 학교 현장에서 학생들과 학부모들을 차분하고 충분히게 설득하고 있지 못하잖아요.

4. 일제고사 반대 투쟁과 대안 모색

김석규

일제고사 반대 투쟁에 나섰다가 해직되신 분들을 보면서 그들의 양심적 결단에 존경을 느끼고 함께하지 못해 미안한 마음이 앞섰습니다. 징계 철회 투쟁에 함께하려고 했지만 적극적으로 참가하지는 못했습니다. 전교조 본부에서 정세가 불리하다고 판단하고 전면적인 투쟁을 벌이지 않아서 대중적인 투쟁으로 조직하기에는 어려움이 많았던 것 같습니다. 하지만 투쟁 기조가 명확하지 못한 측면도 있었다고 보았는데, 예를 들면 이명박 정권의 경쟁 논리에 대항해 협동 원리를 내세우자는 것입니다. 협동 원리를 수업을 통해 보여주자면 그런 사례를 많이 만들어내야 하는데 단기간에 눈에 보일 만큼 전국 단위의 실천을 조직하기에는 역량의 한계가 있다고 느꼈습니다. 그러면서도 나부터 협동 수업 원리를 공부하고 실천하자는 결심을 하는 계기는 되었습니다. 날로 폭력적으로 변해가는 학생들과 소통하기 위해《이 선생의 학교폭력 평정기》같은 책을 읽고 평화로운 학급을 만들기 위한 실천을 하기도 했구요. 하지만 협동 수업 말고는 협동 원리를 내세운다는 것이 모호하게 느껴지기도 했습니다. 그러다가 2010년 교육감 선거 때 경쟁 위주의 교육이 교육 불평등을 심화시킨다는 비판을 제기해서 도시 중산층의 큰 호응을 받았다고 생각합니다.

교육감 선거에서 진보 교육감이 대거 당선된 것은 시험과 서열 정하기에 치중한 현재의 공교육이 올바른 모습이 아니라는 의사를 표현한 것이라고 생각해요. 제가 살고 있는 충북에서도 도시 중산층과 서민들이 대거 진보 교육감을 지지하는 현상이 나타났으니까요. 그러나 농촌 지역이나 보수적 성향이 강한 지역에서는 여전히 그 지역 출신 엘리트를 더 많이 키워야 한다는 생각이 넓게 퍼져 있음을 확인할 수 있었어요. 그래서 진보 교육감들이 대안으로 내세우고 있는 혁신학교 정책에 대해서도 학부모들은 상위권 대학 진학률도 높여야 하고 인성 교육도 잘해야 한다는 바람을 갖기 쉽다고 생각합니다. 결국 대학입시가 초등과 중등교육 전체를 좌우하는 현상은 지속되고 있기에 현장에 있는 저 같은 교사들은 두 마리 토끼를 다 좇아야 하는 상황입니다. 협동 학습, 배움의 공동체, 자기 주도적 학습, 독서 교육 등 다양한 교육 방법을 도입하겠지만 학부모들의 거대한 욕망 앞에 왜곡될까 봐 걱정이 됩니다. 그렇다고 학생들이 교육의 주체로 더 강하게 자신의 목소리를 낼 수 있는 상황도 아니고요. 문화·예술 교육으로 축제를 확대하고 학생들의 동아리 활동을 지원했던 지난 10여 년 간의 성과가 물거품처럼 사라져버린 것을 생각하면 안타깝습니다. 이런 성과를 살려갈 수 있는 입학사정관제 같은 새로운 대학입시제도도 왜곡되어 가는 모습을 보면 절망감이 엄습합니다. 이런 상황에서 선생질을 한다는 게 경쟁 교육에 공범이 되는 것 같은 생각도 자주 들지요. 소박하게 우리 학교에서 참교육을 실천해보려 하지만, 학교에만 오면 정신없이 시간이 지나가고 에너지가 부족해서 쩔쩔매다 보니 이마저 쉽지 않습니다. 그래서 혁신학교 같은 정책이 충북에도 있었으면 좋겠다는 생각이 들기도 하지만 학부모들과 소통하면서 제대로 꾸려낼 역량을 갖춘 학교를 찾기 어렵다고 생각합니다. 이제부터라도 다양한 교육 활동과 학습 모임으로 내공을 쌓아 학부모와 소통을 하려고 다짐하곤 합니다.

김종식

앞에서 저의 초임 교사 시절의 경험 하나를 소개했는데, 그 학교의 교장은 별의별 학급 표창 제도를 만들어서 담임과 학생들을 경쟁으로 몰아 세웠어요. 성적 우수반을 비롯해 청소, 환경미화, 폐품 수집, 저축, 출결 상황, 등록금 납부, 체육 등의 상장을 만들어 교실에 걸게 하고, 연말에 학급별로 상장

수에 따라 담임을 평가하고, 교장이 1년간 사적으로 모은 돈(각종 리베이트)의 일부를 교사들에게 약간의 성과급으로 연말에 나누어주는데 자기가 맡은 학급의 상장 수에 따라 성과급에 차등을 두었어요. 선생들이 눈이 뒤집혀서 난리가 났지요. 폐품 수집을 할 때 무게가 많이 나가도록 신문지에 물을 적시거나 신문지 가운데에 돌멩이를 넣었다가 들키기도 하고, 무결석 반을 만들려고 아이들을 시켜 아픈 아이를 리어카에 실어와 교문까지 왔다가 다시 데려가서 결석이 아닌 조퇴로 처리하는 경우도 있었어요. '미친 개'라는 별명의 교사가 있었는데, 시험 감독으로 그 선생 반에 들어가 보니 아이들을 얼마나 족쳐 댔는지 평균 두세 개 정도 있는 상장이 무려 30여 개나 걸려 있어 교실을 완전히 도배를 했더라구요. 소름이 확 끼쳤어요. "애들아, 너희들 1년 동안 참 수고가 많았구나. 그런데 어릴 때 상을 너무 좋아하면 사람이 크지를 못하는 법이란다." 좀 가시 달린 얘기를 했더니 "저희들이 좋아서 하는 게 아니에요. 담임이 좋아해서 미치겠어요." 그런데 유독 그 반 아이들은 활력이 없고 모두 겁에 질린 듯 기가 죽어 있었어요. 화가 치밀어 오르데요.

얼마 전 텔레비전에서 방영한 한 프로그램이 큰 인기를 끌었지요. "남자의 자격- 하모니"라는 프로인데, 노래를 좋아하는 사람들이 모여 두 달 동안 맹연습을 해서 훌륭한 합창단이 되어가는 과정을 감동적으로 보여주었어요. 마치 미운 오리 새끼들이 성장해 백조가 되어가는 과정을 보는 듯해서 더욱 공감할 수 있었어요. 또한 지휘자 박칼린 선생의 카리스마가 압권이었는데, 카리스마는 확실한 실력, 그리고 음악과 합창단에 대한 깊은 애정과 활화산처럼 타오르는 열정으로만 가능하다는 사실을 깨닫게 해주었습니다. 합창이란 단순히 여러 사람이 모여서 노래를 하는 것이 아니라 하나의 작품을 만들어가는 과정임을 보여주었습니다. 끊임없이 일어나는 수많은 갈등과 이견과 도전들을 인내와 지혜로 극복하면서 서로에게 믿음이 생기고 마침내 모두가 하나가 되어 아름다운 하모니를 내는 것임을 너무도 잘 보여주었어요.

왜 우리 교육과 학교 교실 현장에는 이런 감동이 보이지 않을까요? 저는 정년퇴직하기 직전까지 10여 년 간 여름방학마다 학생들을 데리고 지리산 종주를 했습니다. 그런데 산행을 하면서 눈을 씻고 봐도 대학생은 단 한 명도 만날 수 없었어요. 중·고등학생들은 더 말할 필요도 없겠지요. 우리나라의 미래가 떠올라 가슴이 답답했습니다. 제가 사는 곳이 서울 한강 지류인 안양천 근처인데, 자전거를 좋아해서 자주 한강이나 안양천으로 나갑니다. 시설이나 환경이 너무 훌륭하고 아름다워요. 온갖 들꽃들이 철따라 피어나고 맑은 하늘과 강을 따라 자전거길, 마라톤 코스, 인라인 코스, 축구장, 야구장, 농구장 등 각종 체육 시설이 아주 잘 구비되어 있는데, 역시 이곳에도 아이들이 없어요. 어쩌면 교사가 없기 때문에 아이들이 없는 게 아닐까 하는 생각이 들기도 하더군요.

제 말이 오늘의 주제인 '일제고사' 문제와 멀어진 것도 같지만 일제고사 문제는 그것만 딱 떼어 생각할 수 없는 것으로 입시주의 교육 풍토와 밀접하게 연결되어 있고 이를 바꾸기 위해서는 삶과 교육에 대한 일대 국민적 각성이 필요하다는 것이죠. 지난 9월, 성공회대학교에서 열린 대안교육 한마당에 가보고 전국에서 모인 대안학교 아이들의 맑고 건강하고 당당한 모습에 다시 한 번 놀랐습니다. "대안교육의 진로 지도"란 주제로 토론회도 열렸는데, 방청석에 어른들과 함께 앉은 대안학교 아이들이 세 시간 동안 진지하게 듣고 뼈 있는 질문들도 하는 모습을 보면서 만일 이 자리에 공교육의 아이들을 데려다 놓았으면 과연 어떤 끔찍하고 비참한 모습이 연출되었을까 상상하고 아찔했습니다. 지혜는 교과서나 문제 풀이를 많이 한다고 생기는 것이 아닙니다. 고등학교까지 죽어라 배운 지식이 대학에 들어가면 어떻게 되나요? 그동안 밤 새워 공부했던 문제집과 참고서를 대학에 가져가나요? 전부 쓰레기장에 버리잖아요. 대학 졸업생도 개인이 가진 가치에 따라 삶의 격이 완전히 달라지는 것을 우리는 수없이 봐 왔습니다. 꼭 죽어 봐야 저승 맛을 알려는지. 강수돌 교수의 말처럼 '깡통 계좌'를 붙들고 이전투구하는 오늘의 한심한 우리 교육 현실을 과감하게 떨치고 일어나 당당하고 멋지고 성숙하고 행복한 삶을 사는 성공적인 사례들을 전국 방방곡곡에서 실천하고 발굴해서 공개, 홍보, 계몽하는 먼 길을 긴 호흡으로 뚜벅뚜벅 걸어가는 자세가 필요하지 않을까 생각합니다.

5. 희망은 있다

일제고사 실시를 둘러싸고 한 차례 홍역을 치르면서 우리는 학벌주의와 학력주의에 대한 문제의식을 더 깊게 했고 평가 없는 학교를 만들자는 제안도 해보았습니다. 가르치는 데 평가를 종속시키는 것이 아니라 평가를 위한 문제 풀이만 중요시하는 풍조가 더 만연할수록 우리나라의 미래가 어두워진다는 느낌도 공유했습니다. 해직을 감수하고 열심히 투쟁해온 전교조 선생님들의 노력도 소중하지만, 올바른 교육을 학교 단위에서 만들어가고 선생님들의 철학을 더 굳건하게 만드는 일이 절박함을 느꼈습니다. 그러면서 패배감이나 자괴감에 빠지기보다는 늘 새로운 방법으로 올바른 교육을 시도하는 교사가 되어야 한다는 무거운 책임감을 느낍니다. 결국, 교사로서 "우리는 누구인가?" 하는 질문을 늘 마음에 품고 아이들과의 문제를 풀어가려고 노력해야 학교교육을 바꿀 수 있다고 생각합니다.

13장

일제고사를 넘어서

한만중[101]

일제고사를 반대하여 해직되었던 교사들이 다시 교단에 서게 되었다. 그러나 그들을 거리의 교사로 내몰았던 줄 세우기식 교육은 여전히 기승을 부리고 있다. 교육과학기술부는 학업성취도평가 결과를 시·도 교육청 교부금 배부 기준, 학교 성과급 지급 평가 지표로 활용하는 직접적으로 "돈"을 매개로 하는 방식을 사용하고 있다. 학교 정보 공시에 의해 평가 결과를 학교 홈페이지에 공개하게 된 상황에서 2011년 3월 18일에 학업성취도평가를 학교 평가의 주요 항목으로 하는 시행령을 통과시켰다.[102] 또한 2011년에 처음으로 도입한 학교별 성과급 지급에서 학업 성취도 향상도를 공통 지표로 설정했다.

하지만 이른바 진보 교육감이 전국적으로 학생과 교사의 절 반 이상의 지역에서 선출되면서 일제고사도 새로운 고비를 맞게 되었다. 2008년부터 시도교육감협의회가 주관하여 학년 말에 실시하던 학력 평가가 서울 경기 등 6개 교육청에서 실시되지 않았다. 마찬가지로 3월 8일 실시된 진단평가도 6개 교육청에서는 아예 실시하지 않거나 학교 단위에서 활용되는 방식으로 이루어졌다. 학년 초 진단고사—학업성취도 평가—전국연합 학력 평가의 3중 일제고

---

101 개포중학교에서 국어 교사로 재직하다가 올해에는 전교조 부위원장과 새로 만들어진 교육 상설 연대체인 '행복 세상을 여는 교육 연대' 집행위원장을 맡고 있다.

102 학교 평가는 법 제30조의 4에 따른 교육정보시스템에 저장된 자료, 〈교육 관련 기관의 정보공개에 관한 특례법〉 제 5조에 따른 공시정보 등을 이용한 정량(定量) 평가의 방법으로 한다. 다만, 정량평가만으로 정확한 평가가 어렵다고 인정되는 경우에는 정성(定性) 평가의 방법을 병행할 수 있다.

사 체제로 전국 단위로 학생과 교사, 학교를 줄 세우려던 이명박 정부의 평가 정책은 근간이 흔들리게 된 것이다. 그러나 일제고사의 문제는 전국 단위 평가 체제에 균열을 내는 방식에서 더 근본적인 차원으로 나아가야 한다. 그것은 교육의 본질에 바탕을 둔 학습과 평가가 이루어지는 시스템을 구축하는 것이다.

진보 교육 원년인 2011년에 이러한 새로운 평가로 전환하기 위한 움직임이 점차적으로 확산되고 있다. 경기교육청에 이어 서울, 전남 등에 혁신학교가 확산되어 전국적으로 127개 학교가 지정되었다. 비록 전국의 1만 2천여 개 학교의 1% 수준이지만 경쟁보다 협력에 의한 학습을 기본 원리로 하는 혁신학교에서 새로운 평가가 이루어지고 있다. 이명박 정부가 역점적으로 추진해온 자율형 사립고가 미달 사태를 빚고 있는 반면에 소외된 지역을 중점 대상으로 공교육의 혁신을 모토로 추진한 혁신학교는 주변의 집값을 올릴 정도로 주민들의 호응을 얻고 있다. 혁신학교가 학교 개혁의 새로운 모델로 부상하고 있는 것이다. 이러한 혁신학교는 경쟁 중심, 정량 평가에 의한 서열화와는 근본적으로 교육에 대한 입장을 달리하고 있다. 이러한 모델이 점차 확산되면 일제고사는 존재 의의를 잃게 될 것이다.

한편, 경기교육청은 2011년 3월에 경기 지역 고등학생을 대상으로 서술형 평가를 실시하였고, 서울교육청은 초등학교에 중간 기말고사 방식에서 수시 수행평가를 중심으로 하는 평가로 전환하려는 시도를 하고 있다. 교육과학기술부도 일제고사를 고수하고 있지만 2011년 주요 업무 계획에서 창의, 인성, 교육을 강조하고 내신 제도도 상대평가에서 절대평가로 바꾸려 하고 있다. 8등급과 9등급 학생들이 아예 학습을 포기하는 등의 부작용을 해결하기 위해 상대평가를 바꾸려 한다는 것이다. 일제고사의 몸통에서부터 일제고사의 원리와는 다른 목소리가 나타나고 있는 것이다.

1. 혁신학교와 새로운 평가

경기교육청에서 주요 사업으로 추진하고 있는 혁신학교는 6월 2일 교육감 선거에서 진보 진영 후보의 공통 공약으로 제시되었고, 6개 교육청에서 핵심 사업으로 추진되고 있다. 2009년 혁신학교 운영을 시작한 경기교육청이 71개교, 전남교육청은 무지개학교라는 이름으로 30개교, 서울교육청은 서울형 혁신학교 23개교, 전북교육청 20개교, 강원교육청은 '행복 더하기 학교' 9개교, 광주교육청은 빛고을 혁신학교 4개교가 2011년 첫발을 내딛고 있다. 혁신학교는 학교 구성원의 참여와 자발성을 기본 원리로 하는 학교로 교육과정 역시 지역과 학교의 교육 여건에 따라 다양하게 편성되어 있다. 하지만 학교를 운영하는 기본 철학에 있어서는 모두가 성장하는 행복한 공동체 학교를 지향하고 있다는 공통점을 가지고 있다. 혁신학교의 모태가 되었던 작은학교 살리기 운동과 새로운 학교 운동에서 제시하고 있는 학교 모형을 바탕으로 학교 구성원이 창의적인 교육 과정을 편성하고 있다.

＋"새로운 학교 모형"개념도

모두가 성장하는 행복한 공동체 학교
-새로운 학교-

⇧

새로운 학교의 상
– 책임과 전문성을 바탕으로 하는 공동체 학교
– 모두의 수월성과 형평성을 추구하는 학교
– 참여와 협력을 바탕으로 운영되는 학교
– 학습의 다양화가 이루어지는 학교

⇧

전문적 공동체 구축	생활 공동체 구축	학습 공동체 구축	공동체 교육을 위한 교육과정
배움과 성장을 위한 열린 학교	서로 존중하고 배려 하는 돌봄의 학교	모두에게 학습이 있는 배움의 학교	소통하며 창조하는 나눔의 학교
-새로운 학교 문화 만들기 -교수-학습 지원체 제로서 학교 조직 -열린 학교 운영 체제	-안전하고 편안한 학교 만들기 -기초생활 교육과 민주시민교육 -학생 건강과 복지 기반 구축	-학습의 개별화 -수업 방법의 다양화 -학습의 질 개선	-교육과정 편성 운 영의 다양화 -교육 내용의 다양화 -학생 중심의 교육과정

⇑

```
모델 학교(Pilot School)
-"아래로부터"개혁을 통한 확산
- 자발적 참여를 통한 동력 형성
- 교육 소외 지역에서 출발
- 학교 간 연대 및 전문 기구 지원
```

혁신학교는 개별화 교육을 원리로 하여 수준별 수업이 아닌 협력적 수업 모델을 실현하고 프로젝트 수업 등 학생들의 참여와 협력을 바탕으로 하는 수업 방법을 시도하고 있다. 따라서 이들 학교에서 이루어지는 평가 역시 석차와 등급을 매기는 줄 세우기식 평가가 아니라 학생 개개인의 장단점을 파악하고 성장을 돕기 위한 평가를 실시하고자 하고 있다.

경기도 성남 분당 지역의 집값을 수천만 원 이상 오르게 만들었다고 하는 악명(?)을 얻고 있는 보평초등학교의 학교 운영 계획서를 살펴보자

2. 질 관리 중심의 학생 평가

학생 평가

1) 목적

① 평가는 교육 목표를 어느 정도 달성했느냐에 중점을 두어 학생들의 창의력과 고등 정신 능력을 높일 수 있는 평가로 전환한다.

② 교육 목표에 대한 성취 결과를 파악하고 분석하여 수업의 질 개선을 위한 자료로 삼는다.

③ 교수·학습 활동과 평가 활동을 일치시켜 학생들의 교육 목표 도달 수준을 향상시키고 미래 사회에 대응하는 전인교육을 실현한다.

④ 교과, 재량 활동, 특별 활동의 교육 목표 달성도를 측정하여 개별화 지도 자료로 활용한다.

2) 기본 방향
① 교과와 특별 활동의 학년별 성취 수준을 설정하고 다양한 도구와 방법으로 성취도를 평가하여 학생의 목표 도달도를 확인하고 수업의 질 개선을 위한 자료로 활용한다.
② 수행평가를 전 학년에 확대 실시하되 평가의 타당도와 객관도를 높여 신뢰성 있는 평가로 반성의 자료가 되도록 하여 교수·학습 향상에 도움이 되도록 한다.
③ 학습 결과 중심의 평가에서 학습 과정 중심의 평가로 전환한다.
④ 창의성 및 정의적·심정적 영역의 평가를 확대 실시한다.
⑤ 모든 평가의 계획은 학교교육 계획에 의거해 담임이 주관하여 실시하되 학교에서 가르친 내용과 기능을 평가하며 시기와 방법도 담임이 정한다.
⑥ 평가 방법의 사전 예고제와 평가 결과를 공개한다.
⑦ 학생의 평가는 교육의 과정이므로 교육 평가에 소요되는 시간 수는 별도로 책정하지 않고, 교과·재량 활동·특별 활동의 수업 시간 수에 포함되도록 한다.
⑧ 평가 도구는 교육과학기술부와 경기도교육청에서 제공하는 성취 기준·평가 기준 자료를 본교 실태에 맞게 재구성하여 활용한다.

교과 평가
1) 목적
학습하는 방법의 학습 및 자기 주도적 학습 능력의 향상을 위하여 다양한 평가 도구와 방법으로 창의성과 문제 해결력을 기른다. 평가 결과를 환류하여 수업의 질 개선에 노력하고 학력을 증진시킨다.

2) 방침

① 〈보평 학력평가시스템〉을 활용한다.

② 교육과정 중심의 목표 지향 평가와 학습 과정 중심의 평가로 전환하여 창의력, 비판력, 사고력 등 고등 사고 능력을 측정하는 평가가 되게 한다.

③ 흥미, 태도, 행동발달상황 등 정의적 영역에 대한 평가를 강화한다.

④ 학습의 실제 진행 상황에서 평가가 이루어지도록 하고, 평가에 필요한 자료는 학생 개인의 포트폴리오로 작성하여 변화 과정을 지속적으로 평가한다.

3) 교과 영역별 평가 항목

각 교과의 영역별 수행 평가 항목은 다음과 같이 선정한다.

① 배움 school 평가 영역 및 평가 방법

교과	평가 영역	평가 방법
국어	듣기, 말하기, 읽기, 쓰기, 국어 지식, 문학	·주관식 ·논술식 ·설명식 ·면담, ·자기 보고 ·누적된 관찰 기록 ·토론 과정 ·체크 리스트 ·포트폴리오
수학	수와 연산, 도형, 측정, 확률과 통계, 문자와 식, 규칙성과 함수	
바른 생활	내일 스스로 하기, 예절 지키기, 다른 사람 생각하기, 질서 지키기, 나라 사랑하기.	
슬기로운 생활	나, 사회, 자연(살펴보기, 무리 짓기, 재어보기, 조사, 발표하기, 만들기, 놀이하기)	
즐거운 생활	놀이와 표현, 감상, 이해	

② 나눔 school 평가 영역

교과	평가의 관점	평가 방법
국어	듣기, 말하기, 읽기, 쓰기, 국어 지식, 문학	· 주관식 · 논술식 · 설명식 · 면담 · 자기 보고 · 토론 과정 · 누적된 관찰 기록 · 찬반 토론법 · 체크 리스트 · 자기 평가 및 상호 평가 · 포트폴리오 · 연구보고서 · 주관식 지필 검사 · 실음을 통한 지필 평가 · 창의력 분석 평가 · 감상문 작성 평가 · 흥미 태도 관찰 평가 · 일화식 보고서 작성
도덕	개인 생활, 가정 · 이웃 · 학교 생활, 사회생활, 국가 · 민족 생활	
사회	인간과 공간, 인간과 시간, 인간과 사회	
수학	수와 연산, 도형, 측정, 확률과 통계, 문자와 식, 규칙성과 함수	
과학	지식(에너지, 물질, 생명, 지구), 탐구(탐구 과정, 탐구 활동)	
체육	체조 활동, 게임 활동, 표현 활동, 보건	
음악	이해(리듬, 가락, 화성, 형식, 셈여림, 빠르기, 음색) 활동(가창, 기악, 창작, 감상)	
미술	미적 체험, 표현, 감상	
외국어(영어)	3학년 : 듣기, 말하기 4학년 : 듣기, 말하기, 읽기	

③ 보람 school 평가 영역

교과	평가의 관점	평가 방법
국어	듣기, 말하기, 읽기, 쓰기, 국어 지식, 문학	· 주관식 · 논술식 · 설명식 · 면담 · 자기 보고 · 토론 과정 · 누적된 관찰 기록 · 찬반 토론법 · 체크리스트 · 자기 평가 및 상호 평가 · 포트폴리오 · 연구보고서 · 주관식 지필 검사 · 실음을 통한 지필 평가 · 창의력 분석 평가 · 감상문 작성 평가 · 흥미 태도 관찰 평가 · 일화식 보고서 작성 · 교사 점검표
도덕	개인 생활, 가정 · 이웃 · 학교 생활, 사회생활, 국가 · 민족 생활	
사회	인간과 공간, 인간과 시간, 인간과 사회	
수학	수와 연산, 도형, 측정, 확률과 통계, 문자와 식, 규칙성과 함수	
과학	지식(에너지, 물질, 생명, 지구), 탐구(탐구 과정, 탐구 활동)	
실과	가족과 일의 이해, 생활 기술, 자원과 환경의 관리	
체육	체조 활동, 게임 활동, 표현 활동, 보건	
음악	이해(리듬, 가락, 화성, 형식, 셈여림, 빠르기, 음색) 활동(가창, 기악, 창작, 감상)	
미술	미적 체험, 표현, 감상	
외국어(영어)	듣기, 말하기, 읽기, 쓰기	

이 계획서에는 학생 개개인이 갖고 있는 다양한 능력과 잠재력을 계발하는 과정이 평가의 목표임을 구체적으로 구현해놓았다.

핀란드 교육은 개별화 교육을 바탕으로 학생 개개인에게 난이도가 다른 시험지를 제공하고 시험 시간에 학생이 감독 교사에게 시험 문제에 대해 자유롭게 질문할 수 있다. 점수화된 결과로 학생들을 줄 세우는 평가가 있을 수 없는 것이다. 이러한 평가 모델을 한국적 상황에 맞게 재구성하는 모델들도 혁신학교를 통해 나타나고 있다. 경기도 양평의 서정초등학교에서는 시험 시간을 제한하지 않는 평가, 매달 학생들의 생활과 학습 상황을 있는 그대로 적어 보내는 달적이를 가정마다 발송하고 있다.

○ 서정 종합 학습력 평가 실시

– 평가 문항 제작을 위한 T/F 팀 구성 : 평가 문항에 대한 집중 고민과 논의를 위한 학년당 1명
으로 구성된 T/F팀을 구성하여 6월 말에 실시하는 평가에 대비하여 6월 1주까지 평가 문항
에 대한 가이드라인을 제시하기로 하였습니다.
– 1차 협의 내용
– 문항 비율 8(객관식) : 5(서술형) : 2(논술형, 단 2문제 중 선택하기)로 하기로 함.
– 학습력 평가 가정 통신 양식 : 점수를 기록하지 않고 다음 양식처럼 아동 학습 성취를 기록
하여 학생이 잘한 부분과 부족한 부분이 파악되도록 함

문항 분류	번호	영역	관련 단원	평가 내용	평가 목표			난이도	통과 여부
					지식	이해	적용		
객관식	1								통과
	2								미통과
	3								
서술형	9		1. 생생한 느낌 그대로	반복되는 표현을 살려 시를 낭송하는 방법 알기				상	상, 중, 하
	10							중	
	11							하	
논술형	14								복수 채점

– 평가 시간은 40분을 기본 시간으로 하되 하루에 한 과목씩, 각 학년 마지막 시간에 실시하
고 평가 시간을 제한하지 않는다. 또한 평가를 학생 스스로 만족하고 그만둘 때까지 실시할
수 있게.
– 핀란드 평가처럼 다시 생각해보게 하던지, 과정에 대한 안내 등을 통해 평가 결과만을 중시
하는 기존 평가에서 벗어나 학생이 맞고 틀린 것만 보는 것이 아니라 제대로 알아가는 과정
이 되게.
– 마지막 논술형 문항은 창의적 문제 해결력 측정 문항으로 교과와 관련된 문제 상황을 제시
하고 2문제 중에서 1문제를 선택하여 해결.
– 문항은 2005년도, 2010년도 서울시 서술형, 논술형 평가 예시안을 참고하여 제작.

– 달적이에 대한 학교 카페에 올라온 학부모 반응

어릴 적 일기를 쓰면서 이 일기를 선생님이 보시면 어떻게 생각하실까 하는 생각에

일기 쓰는 것이 부담스러웠던 적이 기억이 납니다... 우리는 너무 글이나 말들을 곧이곧

대로 받아들이기보다는 뒤에 깔린 의도를 파악하려고 하는 경향에 여러 오해가 생기는

것 같습니다. 학부모들이 달적이를 있는 그대로 받아 들여야 선생님들도 아이의 있는

그대로를 적어주실 수 있을 겁니다. 그리고 그것이 학생과 학부모 그리고 선생님이 서

로 제대로 소통할 수 있는 길일 것 같습니다.10.05.13 14:52

➕ 엄마생각

저도 달적이를 받아보고 우리 아이가 잘하고 있다는 내용보다는 그렇지 않은 부분을

읽을 때는 기분이 좀 상하더라구요. 거기에 날짜까지 있어서. 근데 가만히 생각해보니

날짜를 적으셨다는 건 객관적인 평가를 위해서 그리 하신 것이 아닌가 하는 생각도 들

고, 또 선생님과 이미 상담 시간에 들었던 내용도 있어서 선생님의 마음을 알수가 있었

기에 상한 마음을 접었구요. 아이에게도 다음 달엔 잘한다는 내용이 한 가지만 더 늘도

록 노력하자고 했습니다. 에휴 말썽쟁이들 가르치시려니 얼마나 힘드실지.... 달적이를

보고 우리 아이가 구체적으로 어떻게 산만한지, 또 친구와 어찌 지내는지, 또 수업중엔

어떤 자세로 있는지가 머리 속에 10.05.13 14:33

✚ 예지사랑

전 상세하게 적혀진 달적이를 보고 감탄했습니다. 우리 아이가 학교에서는 이렇게 행동하는구나 . 그리고 부족한 점, 잘못하는 점이 있어 앞으로 부모로서 어떻게 노력해야 하는지 고민도 하게 되고 반성도 했습니다. 역시 혁신학교라 다르다라는 생각이 들어 좋았습니다. 그리고 선생님들이 아이에 대해 세심한 관찰을 해주신다는 것에 감사한 마음이 들더라고요. 많이 바쁘실 텐데 형식적인 달적이가 아니라 진정 아이에게 관심과 애정이 깃든 사랑의 메시지라 생각하니 서정초에 더욱 믿음도 생겼습니다. 10.05.13 23:45

2011년, 혁신학교로 지정된 서울 상현초등학교의 학교 운영 계획서는 이러한 새로운 평가의 개념과 방향을 압축적으로 제시하고 있다.

평가와 통지 방법 혁신

결과 중심의 일제식 지식 평가에서 과정 중심의 종합적 수행평가로 전환하고 통지표는 어린이의 발달 단계를 고려하여 서열 및 점수식은 지양하고 서술식으로 하되, 학생의 일상적인 교과 학습 상태와 변화를 파악할 수 있도록 개선해 나감

서울 상현초등학교 학교운영 계획서 중 발췌

이러한 개별 학교들의 새로운 시도와 함께 교육청 차원에서 기존의 오지선다형 평가, 결과 중심의 평가에서 창의성과 문제 해결 능력 계발, 과정 중심의 평가로 전환하도록 유도하기 위한 노력들이 이루어지고 있다. 경기교육청은 전국에서 사실상 최초로 교육청 단위에서 창의, 서술형 평가를 실시했다.

'새로운 깨달음의 내용을 편지의 주제와 연관 지어 서술하되, 편지에 활용된 대조적인 표현을 사용해 서술하시오.'(고2 국어)

'고층 빌딩의 숲과 빼곡히 들어선 상점의 간판, 많은 인파로 북새통을 이루는 거리의 경관이 나타나게 된 원인을 도시 내부의 기능 지역 분화 요인을 포함하여 서술하시오.'(고2 사회)

'동메달리스트가 은메달리스트보다 행복해 보이는 이유를 주어진 글에 근거하여 우리말로 서술하시오.'(고2 영어)

경기도교육청이 10일 전국에서 처음으로 고교 1~2학년을 대상으로 실시한 '창의·서술형 평가' 시험문제들이다. 이번 시험은 경기도 내 고교 409곳 가운데 평가를 희망한 학교와 학생(1학년 331곳 13만2960명, 2학년 321곳 12만7931명)을 대상으로 치러졌다. 1학년은 국어·수학·영어·사회·과학 등 5개 과목, 2학년은 문과와 이과로 나눠 국어·수학·영어와 사회나 과학 중 택일하도록 했다. 문항은 과목별로 8개 문항이고, 배점은 50점 만점에 문제별로 4점·7점·10점 등으로 차등해 출제했다.

학생들은 '생소하지만 참신하다'는 반응이 많았다. 김홍지 양(용인 보평고 2년)은 "객관식으로 나온 보기에서 답을 고를 때와 달리 작문해서 답을 써야 해서 어색했지만, 어느 부분을 더 중점적으로 공부해야 하는지 감이 잡혔다"고 말했다. 이병호 군(수원 고색고 1년)은 "처음 보는 문제라서 약간 당황했지만 전체적으로 무난했다"고 밝혔다.

교사들은 학생들의 사고력과 창의력을 평가하는 계기가 됐다고 밝혔다. 용인 보평고 김정미 교사는 "학생들의 과학적 사고력과 창의력을 평가해볼 수 있는 좋은 기회였다"고 말했다.

난이도에 대한 평가는 다소 엇갈렸다. 수원 고색고 김보영 교사는 "수학 서술형 평가는 학생들이 고교에 입학해 처음 접한 문제 유형이라 생소할 수 있지만, 수학의 기초가 쌓인 학생들에겐 비교적 무난한 문제들이었다"고 밝혔다.

반면 수원 영덕고 신성해 교사는 "한글 답안은 아이들의 입장에서 여러 가지 답변이 나올 수 있어 채점하는 데 어려울 것 같다"고 말했다.

경기도교육청의 김완기 교수학습지원과장은 "학생의 성적 서열화 및 선발 도구로 활용하는 형태의 시험이 아니라, 학생 스스로 자신의 수준을 파악하고 미흡한 부분을 파악해 창의성을 키우고 보완 방법을 찾도록 하기 위한 시험"이라고 밝혔다. 이번 시험 결과는 학교 내신 성적에 반영되지 않고, 학년 초 상담 자료로 활용된다고 경기도교육청은 설명했다. 경기도교육청은 이 같은 창의·서술형 평가를 매년 한 차례 시행할 계획이라고 밝혔다.

《경향신문》, 2011년 3월 11일자, 심혜리 · 경태영 기자

이와 함께 서술형 평가를 활성화하기 위해 예시 자료집을 제작해 보급하는 등 지원 활동이 이루어지고 있다. 서울교육청은 초등학교부터 기존의 정기 고사 방식에서 교사에게 평가권을 갖고 수시 평가를 실시하는 평가제도의 전환을 시도하고 있다. 이러한 평가 방식의 전환에 대해 학교 현장에서는 찬반양론이 존재하고 있고, 교사별 평가 제도의 제도화와 교사가 교육과정 구성과 평가에 대한 전문성을 갖추기 위한 연수 등이 강화되어야 한다. 하지만 진보 교육감이 당선된 교육청을 중심으로 이러한 새로운 평가 제도가 확산되고 정착할 수 있게 된다면 기존의 선발형 평가가 교육 본연의 목적에

맞는 평가인 과정형 평가로 바뀌게 될 것이다.

3. 일제고사와 교육 시장화 정책의 파산 그리고 대안

　학교 평가-교원평가-학업성취도평가를 축으로 하는 신자유주의 평가 체제의 본산이라고 할 수 있는 영국에서도 일제고사는 존폐 위기를 맞고 있다. 영국의 경우에 교원평가, 학교 평가, 학업성취도평가를 주관하는 국가 장학청이 전체 예산의 4분의 1 정도를 사용하고 있다. 하지만 이러한 평가 정책은 교사들의 스트레스 증가와 신분 불안 등으로 대량 이직 사태를 낳고, 성적 공개 정책에 대해 2009년 4월에 영국의 교장회와 초등 교원들이 학업성취도평가 업무를 거부하는 일들이 벌어지고 있다. 대표적인 사립학교인 이튼 스쿨과 럭비스쿨 교장은 학업성취도평가가 교육과정의 왜곡을 가져온다면서 반대하는 입장을 2008년에 발표한 바 있다. 2008년에 학업성취도평가를 미국의 민간업자 ETS에게 3년간, 157 밀리언 파운드(약 3천 억 원) 계약으로 위탁을 했었는데, 채점 과정이 엉망이 되어 문제가 되고 있다.

　일제고사 방식의 평가 제도를 도입하기 위해 이명박 정부와 시장주의 교육 세력들이 제시한 것은 기초학력 보장과 교육 격차의 해소 문제이다. 이를 위해 정보공시제도와 평가 제도를 연계해 학업성취도평가와 수학능력고사 등을 공시하고 학교 평가, 성과급 지급 등과 연계하는 정책이 지속되어 왔다.

　하지만 일제고사가 실시된 지 3년이 지난 시점에서 기초학력 부진 학생 문제는 학력증진 중점학교에 천억 원 이상을 투자하는 노력을 기울여왔지만 개선의 조짐은 보이지 않는다. 수학능력시험의 경우에도 2010년 실시 결과에 나타난 것은 특목고와 자율형 사립고, 농어촌의 전국 단위 선발이 가능한 기숙형 학교가 있는 곳의 성적이 높았다는 뻔한 결과를 확인시켜주고 있을 뿐이다. 이를 발표한 교육과정평가원에 대해 기자들이 원인과 대책을 물어보자 원인 분석조차 하지 못했다는 대답이 나오고 있는 수준이다. 미국의 NCLB 정책을 모방하고 있지만 미국에서 실시하고 있는 기초학력 부진 학생을 위한 연방 교육재정 지원법안인 Title 1 등의 정책은 전혀 진전이 이루어지지 않고 있다.

미연방정부 초중등교육법 제1장

교육 격차 해소 프로그램 요약

Part A –
지방 교육기관에서 수행하는 (학업 성취) 개선 기초 프로그램(Improving Basic Programs Operated by Local Educational Agencies)

(1) 목적
 이 프로그램은 주 교육 기관(State educational agencies: SEAs)에서 주는 재정적인 지원금을 가난한 학생들의 비율이 높거나 그 수가 많은 지방 교육기관(Local educational agencies: LEAs)과 공립학교에 제공함으로써 모든 학생들이 달성하고자 하는 국가 학업 내용과 학생 학업 성취 기준을 만족시킬 수 있도록 도와주는 데 그 목적이 있다. 지방 교육기관은 그들이 받은 타이틀1의 기금을 저소득층 가족들의 자녀들이 가장 높은 비율로 존재하는 공립학교들에게 집중 투자한다.

 2011년에 들어서만 세 명의 KAIST 학생이 스스로 목숨을 끊는 사태가 벌어지고 있다. 성적에 따른 차별적인 등록금 제도를 도입한 이후 평점 3.0(만점 4.3)에서 0.01점 낮아질 때마다 약 6만 원(2012년 기준)을 다음 학기 전까지 지불하도록 한 상대평가를 전제로 한 카이스트 학점 체계는 재적 인원의 3분의 1이 등록금 부담을 피할 수 없게 되어 있다. 이 학교의 정재승 교수는 학교는 우정과 환대의 공간이어야 한다고 전제하면서 학생들이 학문의 열정과 협력의 아름다움, 창의의 즐거움을 배울 수 있도록 장학금 제도를 바꾸

고 교수-학생, 학생-학생 간의 관계를 개선해 KAIST가 질책이 아닌 격려의 공간이 되기 바란다고 자신의 트위터에 제자들의 죽음을 안타까워하는 글을 올렸다.

한편, 자율형 사립고는 미달 사태를 빚고 있고, 학교교육 만족 두 배, 사교육비 절반을 내세웠던 이명박 정부는 폭등하는 사교육비에 전전긍긍하고 있다. 이제는 이미 파산한 교육 시장화 정책에 대한 비판과 저지를 넘어서 진보적 교육개혁의 대안을 실현해 나가야 할 시점이다. 한국 교육 문제의 본질인 학벌주의와 대학 서열 체제, 학력 간 업종 간의 과도한 임금 격차 문제를 해결하고 일제고사를 넘어선 새로운 평가, 새로운 학교, 새로운 교육을 만들어 나가야 할 것이다.

저자 약력

김종식
2010.2월28일 오류중학교를 끝으로 38년간의 교직 생활을 마치고,대화와 실천을 위한 교육사랑방에서 우리 교육의 희망을 위한 공교육의 혁신과 변화를 위하여 공부하고 있다.

김석규
충북 청원군 내수중학교에서 사회를 가르치고 있다. 증평군 시골에서 텃밭 농사를 짓고 마을 공부방에서 농촌 아이들과 공부를 하며 살고 있다. 한국 민중 교육을 경험했던 사람들에 대한 생애사 논문으로 박사학위를 받았지만 학문 활동보다 현장에서부터 변화를 만들어가는 데 관심이 더 많다. 우선 교사들이 공부하는 소모임을 만들어 이들과 함께 지역사회에서 연대와 소통을 모색하는 방향을 추구하려고 한다.

김윤주
2008년에 해직(일제고사 저항 건)되었다가 올해 구로남초등학교로 복직되었다. 오랜 만에 아이들과 만나서 정신없이 생활하고 있다. 공사다망했던 해직 시절에 비한다면 현재는 내적 성장과 치유를 위한 나날을 보내고 있다.

설은주
서울 우이초등학교에서 아이들을 가르치고 있다. 2008년 교육과학기술부에서 실시한 일제고사를 거부하는 학생들에게 체험학습을 허가한 이유로 해임되었다가 2011년 4월에 복직했다. 차별과 경쟁이 없는 학교, 아이들이 마음 편히 배울 수 있는 학교가 되길 꿈꾼다.

성열관
경희대학교에서 교육과정 및 교육평가, 지구시민교육, 교육사회학 등을 강의하고 있다. 신자유주의 교육정책에 대한 비판적 연구 활동을 해왔으며, 한국 교육의 경로를 창출할 수 있는 혁신 모델을 개발 중이다. 일제고사의 부당성과 해악성을 교육학적으로 설명해왔으며, 현재 내부형 일제고사(중간, 기말고사)의 석차를 폐지하고 이를 대체할 수 있는 학생 평가 방안에 대해 고민 중이다.

손지희
상신중학교에서 수학을 가르치고 있으며 진보교육연구소 연구원이다. 교육공공성의 개념 탐구, 공교육 새 판 짜기, 새로운 평가 패러다임, 대학 체제 개편 방안 등의 협력 연구에 참여했다. 최근에는 현장 교사 10여 명과 진보교육연구소 '비코츠키 교육학 실천연구모임'을 하고 있다.

송경오
조선대학교에서 교육행정, 교육정책 관련 과목을 강의하고 있다. 공교육의 개혁 방향 탐색을 주된 연구 관심으로 삼고, 사교육과 공교육과의 관계, 공교육 내실화를 통한 내적 책무성 강화, 학교교육의 공공성 강화 등을 바람직한 공교육 개혁 방향으로 삼고 이에 대한 공부를 세

속하고 있는 중이다.

신은희

충북 비봉초등학교에서 2학년 아이들과 지내고 있다. 초등교육과정연구모임에서 초등학생에게 너무 어려운 교육과정 문제를 연구하고 초등학생의 발달 특성에 맞는 교육과정 재구성을 어떻게 할 것인가를 주로 고민해왔다. 월말고사, 문제 풀이 수업 부활에 맞서 '시험지옥에서 우리 아이들을 구해내기 위한 충북시민모임'을 만들어 활동하고 있다.

양성관

건국대학교에서 교육행정, 교육정책 관련 과목을 강의하고 있다. 교육의 책무성과 관련해 학교 평가, 교원평가, 학업성취도평가와 관련한 연구를 해왔으며, 학교 구성원의 참여와 학습을 강조하는 '내재적 책무성'에 관한 연구, 교원의 전문적 학습 공동체를 활성화하기 위한 방안, 학교 변화에 대한 수용, 각종 교육 관련 자료의 활용 방안에 관심을 갖고 있다. 입학사정관제와 관련해 대입 전형에 관한 연구도 계속하고 있다.

양은주

광주교육대학교에서 교육의 역사적 철학적 이해, 교육 고전, 예술과 교육, 초등교육의 철학적 탐구 등을 강의한다. 교육 현실의 변화는 관료적 통제를 극복하고 자신의 교육 실천에 대해 깨어 사유하며 공동 탐구하는 교사들을 통해 가능하다고 믿는다. 교사를 위한 교육철학하기의 의미와 방법, 교육적 경험의 원리와 가르침의 예술적 차원, 아동기에 대한 철학적 이해 등을 탐구하고 있다.

이계삼

1973년 경남 밀양 출생으로 고려대학교 국어국문학과 및 교육대학원(국어교육 전공)을 졸업했다. 경기 김포 통진중학교, 통진고등학교를 거쳐 경남 밀양 밀성고등학교에서 아이들을 가르치고 있다. 전교조 밀양지회에서 활동하면서《녹색평론》,〈한겨레〉,《우리교육》,《한겨레21》,〈프레시안〉,《교육희망》,《함께 여는 국어교육》등 여러 매체에 교육과 사회에 관한 글을 써왔다.

이성우

경북의 여러 초등학교에서 23년째 아이들을 가르치고 있다. 교육학박사로서 브라질의 진보교육철학자 파울루 프레이리에 관한 논문을 썼다. 교육운동에 관심이 많으나 기존의 운동 방식에 적잖은 문제의식을 가지고 있다. 현재 대구가톨릭대학교 교직부의 외래 교수로서 교사를 꿈꾸는 학생들에게 '진보적인 현실교육학'을 신명나게 가르치고 있다.

이윤미

홍익대 교육학과 교수로 재직 중이다. 비교교육사, 교육 역사 사회학적 접근에 기반하여 서구적 근대성과 교육에 대한 비판적 연구를 해왔으며, 교육제도 및 정책의 비교역사 사회적 맥락 분석에 관심이 있다.

한만중

개포중학교에서 국어 교사로 재직하다가 올해에는 전교조 부위원장과 새로 만들어진 교육 상설 연대체인 '행복 세상을 여는 교육 연대' 집행위원장을 맡고 있다. 일제고사와 같은 무한 입시 경쟁 교육의 유산을 청산하고 새로운 사회를 열어갈 새로운 교육을 위해 노력하고 있다.

홍순희
어렸을 때 받아쓰기 시험 성적이 나빠서 마음의 상처를 받아 아이들에게는 시험에 대한 상처를 주지 않으려 노력하는 서울 수서초등학교 교사다. 2010년 서울시교육청 혁신학교 자문단 연구분과에서 매뉴얼 개발을 했다. 초등교육과정모임에서 여러 교사들과 교육정책과 교육과정 연구를 함께하고 있다. 현재 학생의 발달과 성장을 돕는 평가 방법을 연구해 실천하고 있다.

진보적 교육담론의 생산과 확산
참된 교육을 위한 교육정책의 설계 및 제시,
교육연구자–현장 교사들간의 네트워킹,

바로 이를 위해 존재해야 하는 것이
한국교육연구네트워크 입니다

한국교육연구네트워크

저희 한국교육연구네트워크는
연구자들과 교사들이 자신들의 고민, 의견, 전문성 등을
널리 공유하고 환류시킬 수 있는 개방적이면서도
책임감 있는 연계망의 형성을 지향합니다.

이를 위해 월례발표회, 학술대회, 이슈토론회, 교육정책 설계,
각종 강좌 및 워크숍 개최 등을 기획하고 운영하고 있습니다.

|월례발표회| 2005년부터 총 23회 개최
|토론회| 교육이슈 및 현안에 대한 각종 토론회 개최
|학술대회| 2008년 11월 1일 "국가수준 학업성취도
　　　　　 평가와 정보공시 정책" 등 매년 2회 개최

후원 계좌번호 하나은행 : 573–910004–88005
예금주 : 사단법인한국교육연구네트워크

사단 법인 한국교육연구네트워크
120–012 서울 서대문구 충정로2가 75번지 Tel. 02–363–3304